古代史に秘められたDNA暗号

桂樹佑●Katsuragi Yu

たま出版

まえがき

毎年初夏に現れ、秋には刈り取られて消えていくミステリー・サークル。1980年頃から世界中の人々の興味と関心を釘づけにしてきたミステリー・サークル。しかし、一部の者が悪戯《いたずら》でミステリー・サークルをこしらえたことで、「やはりミステリー・サークルは人工物だったか」と疑いの目を向けられ、純粋な人々の心はズタズタになってしまいました。他方、そんな騒動は瑣末《さまつ》なことと嘲笑《あざわら》うかのように、ミステリー・サークルは相変わらず、毎年美しい形状を見せてくれています。ほんの数分、数十分で作られるミステリー・サークルは、初期の単純な形状から進化して、今ではコンピュータでしか描けないような複雑な形状を作り出しています。昨年（2003年）の特徴は立体的なものが多かったことですが、今年はどんな形状を私たちに見せてくれるのでしょうか？　また、どんなメッセージを私たちに伝えようとしているのでしょうか？

ミステリー・サークルが表現している形状は多種多様なものに及んでいます。私たち人類の活動分野全てに及んでいると言ってもいいくらいです。哲学・宗教・歴史・生命科学・天文学・スポーツ・未来の出来事等……。そして、いろいろなメッセージを私たちに伝えようとしています。今は遺伝子組み換えとクローンの時代です。そこで、本作ではその中でも特に生命科学にスポットを当ててみました。

今から約5000年以上も前にすでに遺伝子の組み換えやクローン技術があったと言ったら、皆さんは信じられますか？　嘘かどうかはこの書物を読まれる皆さんの知性にかかっています。人類の未来も、それにかかっていると言っても過言ではありません。

そのようなわけで、生命科学と宗教が歴史の中でどのように織り成されて一枚のタペストリーを作っていくのかをご覧いただきたいと思います。今回の強力なナビゲーターは「直感」と「比較言語学」です。

カバラの「生命の樹」の世界初の完全解読に始まり、古代シュメールから古代倭国までの約４０００年に及ぶ「ＤＮＡ暗号」解読と、「ＤＮＡの樹《いのちのき》モチーフ」発見の旅を、どうぞごゆっくりお楽しみください。

なお、第１章はカバラとＤＮＡとの関連を読み解く革命的な章ですが、生命科学にあまり親しんでいない人には少しとっつきにくいかもしれません。古代史ファンのあなたは第２章から読み始められた方がいいかもしれません。いずれにせよ、目次を眺めて、面白そうな章から読み始めていただければ結構です。それではいざ、本編へ！

〔目　次〕

終章　21世紀は「神と等しくなる」時代

第1章　世界初の完全解読！カバラ「生命の樹」とは「DNAの樹」のことだった

ミステリー・サークルに出たカバラ「生命の樹」

インターネットで紹介されたミステリー・サークルをプリントアウトしてみたところ、その中の何か変てこなジャングルみたいな図形が急に目に飛び込んできました（図1）。おや、これは何だろう？初めて見る図形だったので早速調べてみますと、91年と97年の2回、イギリスの菜の花畑に現れていました。そして、その形はユダヤ教の神秘哲学の心髄《しんずい》といわれるカバラの「セフィロトの樹」あるいは「生命の樹」と呼ばれていることが、つまりカバラのシンボルであることがわかりました。

カバラとセフィロト。初めて耳にする言葉でした。宗教哲学にかなり詳しい友達に聞いてみたところ、『カバラ』（矢島文夫著　青土社）という本を薦めてくれました。正直、「宗教か、苦手な分野だな」と思いながら読みかじってみたところ、セフィロト（sephiroth）というのはヘブライ語で、「球（体）」とか「サファイア」とか「光」という意味の言葉だということがわかりました。

確かに「セフィロトの樹」にはその「球体」が10個ありますが、でもそれでいったい何を表そうとしているのでしょうか。その時には見当も付きませんでした。さらに読んでいきますと、「カバラ（Kabalah/Kabbalah/Cabala/Cabbalah）」とはヘブライ語のカバル（Kabal「受け取る」）が語源であ

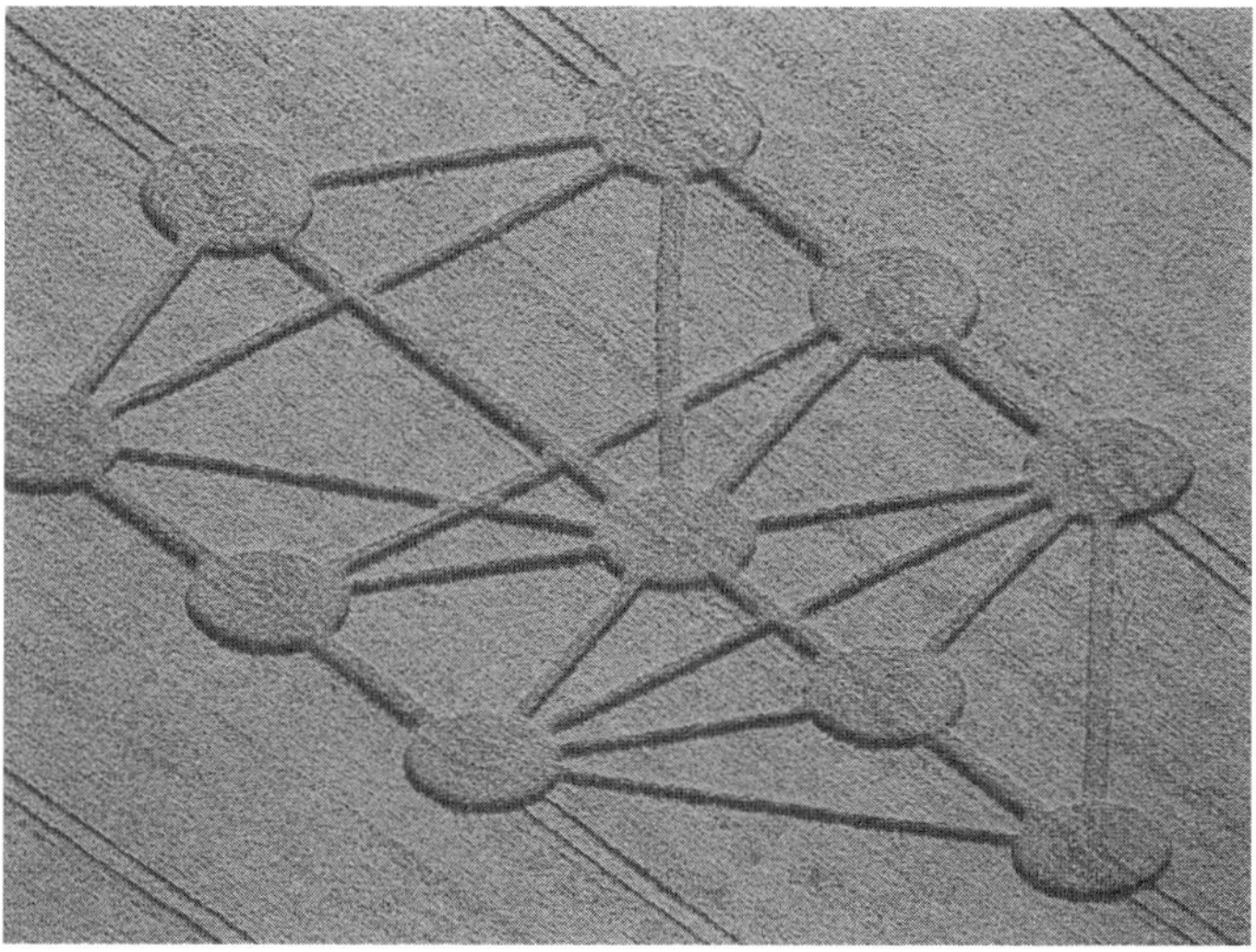

図１：1997年にイギリスの菜の花畑に出現した「ＤＮＡの樹」（『ミステリーサークル2000』パンタ笛吹　たま出版より）

り、「受け取ったもの」「伝承を引き継ぐ者」とか「伝統」という意味だということがわかりました。カバラとは、少数の聖人あるいは（尊）師からその弟子へと、口伝《くでん》の形で長い間伝えられてきたものを指しているようです。

その「伝統」とはどういうものなのかと思って、『図説　世界宗教大事典』（ぎょうせい）という本で調べてみると、カバラとは「ユダヤ教による聖書の伝統的神秘的解釈」とありました。どの聖書を指すのかと思い、さらに調べてみました。すると、ユダヤ教の場合は旧約聖書、外典《がいてん》、偽典《ぎてん》、それからモーセ五書（別名トーラ。旧約の初めの創世記、出エジプト記、レビ記、民数記、申命記の五書を指す）の注釈書としての性格を持つタルムード、そしてゾハル（『光輝の書』）などの神秘思想文献と、かなり幅広いものを指していることがわかりました。カバラの場合はその中でも特に『創造の書（イエツィラ）』、『光輝の書（ゾハル）』、『光明の書（バヒル）』を三大経典としていることもわかりました。

また、「聖書の秘密を解く鍵こそがカバラである」といわれていることもわかりました。つまり、カバラこそが聖書に秘められた謎を解くキーワードだというのです。いったいどんな謎なのでしょうか。ワクワクしてきました。

カバラが書かれたのは2〜6世紀の間だと一般的にはいわれていますが、それがなぜまた21世紀目前になってミステリー・サークルという形で私たちの目の前に甦ってきたのでしょうか？　そのミステリー・サークルは誰が作っているのでしょうか？　そこにはどんなメッセージが隠されているのでしょうか？　何か暗号でもあるのでしょうか？

近所の高校生にこの「生命の樹」のミステリー・サークルのコピーを見せたところ、「あっ、これ知ってるよ。『エヴァンゲリオン』という映画の中に出て来たよ」と言います。そこで早速レンタルビデオ屋さんに行って『エヴァンゲリオン』を借りて観てみました。

でも残念なことに、場面展開が速くて「生命の樹」がどこに出てくるのか、結局わからずじまいでした。情けない話だなと思い、今一度『カバラ』を読んでみました。「セフィロトの樹」あるいは「生命の樹」の図柄はちゃんとありました。

大雑把な言い方をしますと（少し語弊があるかもしれませんが）、唯一神であるヤーウェからそうみだりに何度も自分の名前を唱えるなと言われてきたせいでしょうか、カバリストたちはその恐れ多い、目に見えない隠れた神というものの特性を、なんとか目に見える10個の球体という形で表現しようとしたようです。長い間、口伝という形式を取ってきたせいか、統一された定番というものがないようです。諸説があります（図2、3、4）。その中では図2のヨゼフ・ギガティラのものが、一番有名な「セフィロトの樹」のようです。ただ、ミステリー・サークルに出ていた図形と比較すると、図4のキルヒアのものが形状的には一番正確です。ただし、かなり占星術的な要素を取り入れているといわれています。

いずれにしても、神の特性が一番上の「ケテル（Kether　神の王冠）」から始まって、一番下の「マルクト（Malkuth　神の王国）」まで、3本の柱となって上から下へと各セフィロトを通って「流出」しているようです。さらには、この3つの柱あるいは流れを縦型に取ってみたり、横型に取ってみたりで、いろいろな類別と解釈の仕方があるようです。しかし、深入りすると段々複雑になってわけがわからなくなりますから、この辺で切り上げたいと思います。ただ、単純なことですが、理解できないことが一つだけあります。それは皆さんも同じだと思います。

それは何かといいますと、これではなぜこれが「生命の樹」なのかが全然わからないということです。つまり、「生命」の「生」の字も説明されていないということです。神の特性やら属性ばかりが説明されていても、肝心要《かなめ》の「生命」が少しも説明されていないのです。いったいどうなっているのでしょうか？

要は、私が言いたいことは、「どんなに立派なものであれ、ことであれ、人であれ、おかしいと思ったらまず疑ってかかれ」ということです。「生命」の「生」の字も説明されていないわけですから、こ

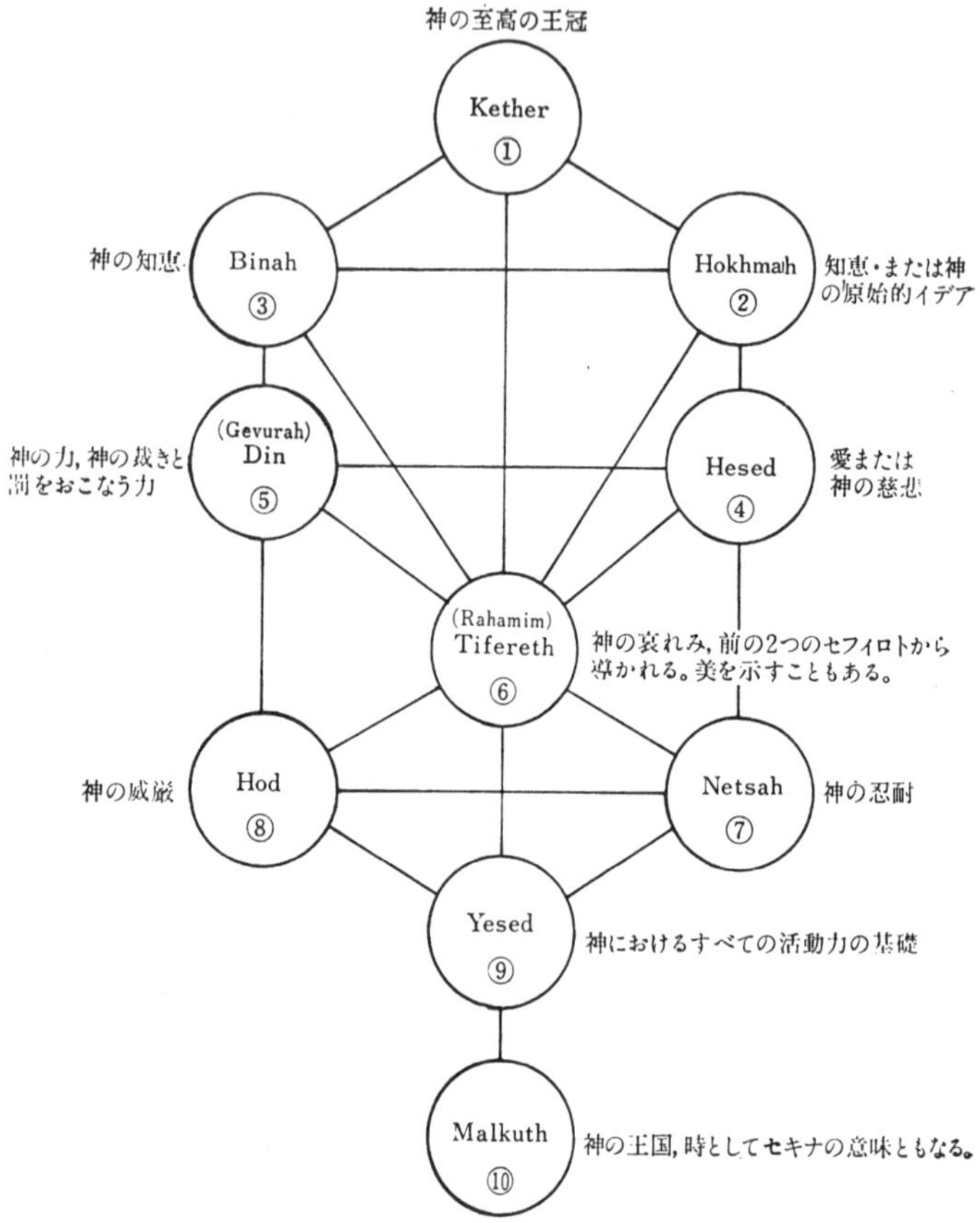

ヨゼフ・ギガティラによる10のセフィロトの象徴的意義

図2：ヨゼフ・ギガティラによる10のセフィロトの象徴的意義（『カバラ』箱崎総一　青土社より）

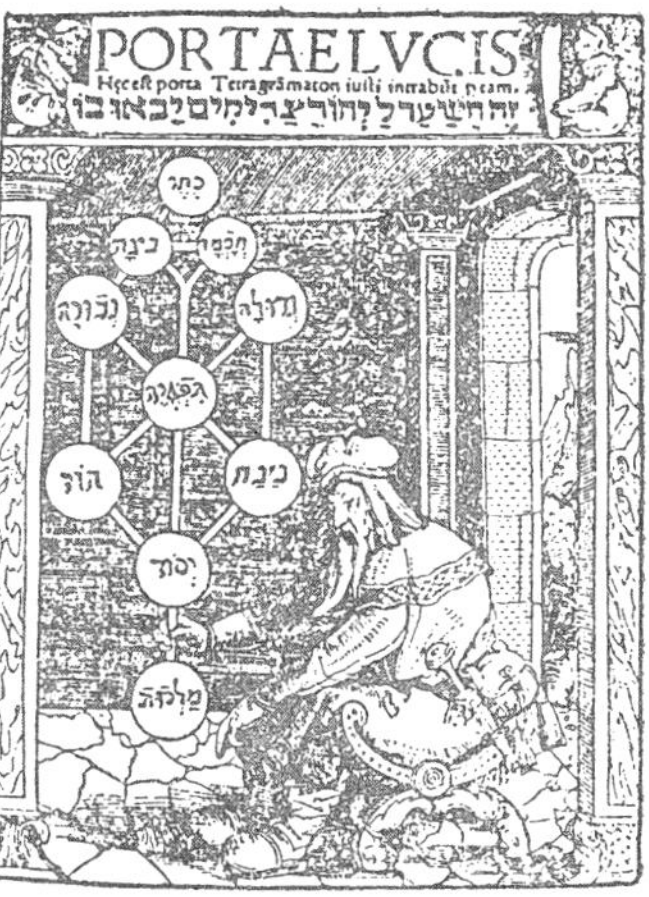

図３：リキウスによるセフィロトの樹（『カバラ』より）

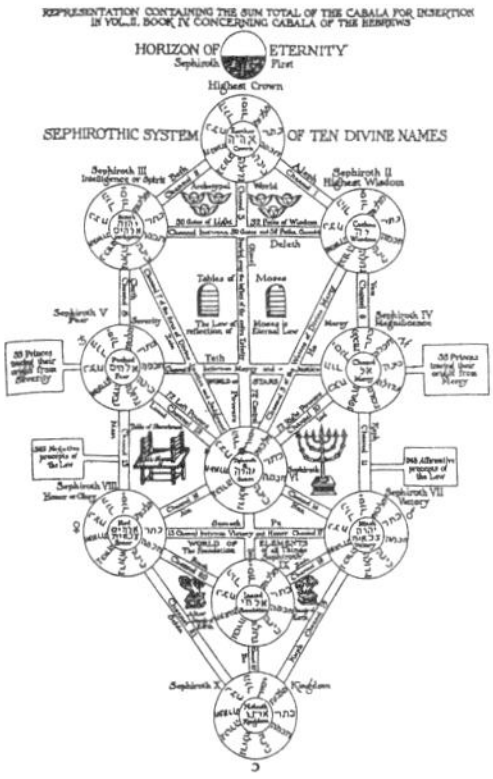

図４：Ａ・キルヒヤによるセフィロトの樹（『イメージの博物誌15　生命の樹』ロジャー・クック　平凡社より）

れまでの説明と解釈は捨てた方がいいのです。それでは皆さんいったん捨ててください。頭の中の整理をしてください。物を捨てられないということは、一見物を大切にしているかと思いきや、そういう人ほど整理が苦手で、頭の中はもうゴチャゴチャなのです。これは物事の本質を見抜けない、一生かかっても真理に到達できないタイプの人に多い傾向です。

……さて、頭の中には何もない状態になりました。ですから、今皆さんの頭の中は純粋無垢な子供と同じように、感性が研ぎ澄まされていると思います。それでは初心に帰って、今一度なぜ「生命の樹」と呼ばれているのかを考えてみましょう。今度はその理由を「生命」の観点から探ってみることにしましょう。全てはこの単純な発想から始まったのです。

「生命の樹」の説明書・『創造の書』解読開始――エロヒムとの出会い

何のことはないのです。「セフィロトの樹」あるいは「生命の樹」については、カバラの三大教典の一つである『創造の書』第一章「宇宙創造」のところで、次のように説明されていました。しかし、どの文をとっても一筋縄ではいかないものばかりです。失敗は成功の始まりです。さあ、皆さんとご一緒に、世界初の解読を進めてみましょう！

> 律1・1
> 聖なる知恵の三つの経路によって、主なるＹＨ、ＹＨＷＨ、イスラエルの神、永遠の王、救世主、慈悲深く仁慈に満ち、高くそして高揚されし永遠に存在する高貴にして聖なる御名は刻印せられた。そして彼は三つの印をもってこの宇宙を創造した。それは、境界、文字および数である。

「聖なる知恵の三つの経路」に「ＹＨＷＨ」、それに「三つの印」の「境界、文字および数」。何のことを言っているのかさっぱりわかりません。見当も付きません。本当に難解な、近づく者を拒むような〈律1・1〉でした。ページを少し先の方まで捲《めく》ってもこんな調子のようで、お先真っ暗ですが、とにかくもう少し読み進めてみましょう。「朝の来ない夜はない」のですから。

イスラエルの神がこの宇宙を創造したというその「境界、文字および数」の中の「文字」が、ヘブライ語のアルファベット22「文字」を表していると何度も何度も説明されています。でも、ヘブライ語の「ヘ」の字さえも私は知らないのです。おまけに、内容が宗教哲学のことですから、説明されればされるほど、かえってわからなくなってしまいます。

私にもちんぷんかんぷんで、本当に投げ出したくなってしまいました。大変失礼な言い方になってしまいますが、イスラエルの人たちは――特にカバリストたちは――よくもまあこんなわけのわからないものを約1500年以上も大切に守ってきたものだな、とつくづく感心してしまいます。どれくらい「わからない」かって？　例えば、これくらいです。

律2・1

二十二の文字は基礎である。
彼はそれを刻み、
彼はそれを切りはなち
彼はそれを結びあわせ
そして、それらを対立させ、
そして、それらを通して総《すべ》ての形づくられたものが形をなした、
そして、総てのものは形づくるように予定されている。（ルビ引用者。以下も）

別のところではこんな感じです。

律2・4
　二十二の文字は基礎である。
　彼はそれを二三一の門のある壁のように輪の形にめぐらして設置した。さらにこの輪の形は前へ、後ろへと回転する。そして、そこにつけられたしるしは―快楽の上に善きものはなにもなく、痛みより以下の悪《あ》しきものはなにもない。

　どうですか？　少しは何かわかりましたか？　これを心地よく読めた人がいたなら、その人は天才です（?）。しかし、これでは〈律1・1〉どころか他も全滅になってしまいます。きっとどこかにわかる部分がある、どこかに突破口があるに違いありません。私たちと同じ人間がやっていることですから。そう信じて、まずは簡単そうに見えた〝YHWH〟から手掛けてみましょう。
　世の中巧くしたもので、ちょうど知り合いにとても誠実な「エホバの証人」の方がいるものですから、早速〈律1・1〉のことを聞いてみたところ、YHWHは聖四文字であり、エロヒム（Elohim）という神々を表していることがわかりました。「やった」と思い、もっと調べてみたところ、それが古代ヘブライ語では“el”＝「天（空）」、“im”＝「人間の複数形」であり、全体として「天より地に降りし者」、つまり「天空より飛来した人々」というれっきとした人間の複数形であることがわかったのです。

つまり、イスラエル人の、ユダヤ人の神（々）を表す「エロヒム（Elohim）」とは、どうも「他の惑星から（ＵＦＯで）この地球にやって来た人たち」ということになりそうです。さらにもっと調べてみると、地球上最古の文明といわれているシュメールの神々も、「アヌンナキ（Anunnaki）」といい、"anu"＝「天（空）」、"na"＝「〜から」、"ki"＝「地（球）」で、全体としては「エロヒム（Elohim）」と全く同じく「天より地に降りし者」という意味になることがわかりました。

「天（空）」といえば、エジプトの「ラー」という最高神も、ギリシャ語では「天空の光」という意味でした。多分、光り輝くＵＦＯに乗って来たのでしょう。つまり、私たちが神（々）と呼んでいたものは、太古の昔に、他の惑星から、多分ＵＦＯか何かでやって来たヒューマノイド型の知的生命体ではないかと思えてくるのです。

そうなると、聖書は宗教教義書であるという常識あるいは価値基準はあっけなく崩れてしまいます。古いものに拘《こだわ》って固執するのは愚かな証拠なのかもしれません。それよりも大切なものは真実です。「積み木崩し」と同じように、ある理論が間違っているとわかったら、それを崩して、また新しく積み上げれば——つまり新しく理論構築をすれば——いいだけのことです。天動説を崩して、また新しく地動説を積み上げたように、今私たち人類には、そのような勇気と決断の時期が迫っているような気がします。

また、先に出てきたエジプトの太陽神ラーは「レー」とも言います。一説では、「レー」は太陽（あるいはＵＦＯ）が空に「上がる」「昇る」という動詞から来ているということです。神（々）と呼ばれていた人たちが、私たち地球人よりもはるかに高度のテクノロジーを携えて太古の昔に地球に飛来していたならば、当然遺伝子操作技術だけでなくクローン技術もマスターしていた、そしてDNAを人工合成するテクノロジーもマスターしていたに違いありません。そこで、旧約聖書の次の一節が俄然《がぜん》真実味を帯びてきました。

「我々にかたどり、我々に似せて、人を造ろう」〈創世紀1：26〉

今までずっと、この一節を宗教的にしか受けとめていませんでしたが、これからは聖書全体をもっとテクノロジーの、特に「生命科学」の観点から見直す必要があるように思えます。なぜなら、今や人類も体細胞一つでその生命体全体のクローンを創る技術をほぼ完全にマスターしたわけですから。例えば、アメリカのテキサス農工大の研究者たちが、なんとペットのクローンを作る事業をもうスタートさせた、という記事が出ています。ましてや、今から少なくとも1万年以上も前に地球に飛来したほどの異星人なら、そんな技術などはとうの昔にマスターしていたに違いないでしょうから。

しかし、それにしても〈律1・1〉の「境界、文字および数」とは、いったいどことどこの「境界」なのか、また、どんな「文字」なのか、そして何の「数」なのかが、さっぱりわかりませんでした。そこへ追い打ちをかけるように、『創造の書』最大の謎である〈律1・2〉がいきなり続きます。

いきなり最大の謎に遭遇　役に立たない常識

律1・2
そこには無形の十のセフィロトおよび基礎となる二十二の文字がある。そのうち三つは母なる文字であり、七つは重複し、十二の文字は単音である。

ここにきて初めて「二十二の文字」＝「母なる文字」3個＋「重複し」た文字7個＋「単音」文字12個であることがわかります。より具体的になってきました。しかし、それが具体的には何を指しているのかが、からきしわかりません。ますます神秘主義の迷路にはまってしまいました。余計わけがわからなくなっていくようです。参考までに、どれくらいわけがわからなくなるのかを少し紹介してみます。これくらいです。

律2・1
二十二の文字は基礎である。三つの母なる文字、七つの重複文字、十二の単純文字。三つの母なる文字、ALEF・MEM・SHEEN、これらは価値の等級および罪の等級として基礎づけられ、神の戒律がそれらの間を平均している言葉である。
ALEF・MEM・SHEENの三つの母なる文字のうちMEMは独立音、SHEENは摩擦音、ALEFは精霊の空気で両者の間の平均された等級を示している。

これでは何のことなのかさっぱりわかりません。部分的にはヘブライ語の言語学的な特徴でも説明してあるのかなと思い、早速『現代ヘブライ語辞典』（キリスト聖書塾）を編纂されたA先生にお電話をして伺ったところ、子音だけのヘブライ語アルファベット22文字には、「三つの母なる文字」にも「七つの重複文字」にも、そして「十二の単音文字」にも該当する文字が1個もないことがわかりました。

百歩譲って、〈律2・1〉にあるように、「三つの母なる文字」がヘブライ語アルファベットのALEF（א）・MEM（מ）・SHEEN（ש）であると認めても、「これらは価値の等級および罪の等級として基礎づけられ……」とくると、もう全く理解できなくなり、頭痛がしてくるだけです。おまけに、「神の戒律がそれらの間を平均している言葉である」などとくると、もう逃げ出したくもなります。でも、面白いことに、この「二十二の文字は基礎である」についての図解までもが行われているのです。しかし、これでは余計わけがわからなくなり、何やら得体の知れない神秘哲学という暗いイメージだけしか残りませんでした。

早くも最大級の謎「三つの母なる文字」解読！
DNAの「アミノ酸対応言語トリプレット」のことだった

こんなわけのわからないものを、カバリストたちはどうやって理解していたのでしょうか。その思考回路には全く入っていけませんでした。でも、私の直感がこう言うのです。「これはどうも神秘哲学とは別なことを言っているな。あの変てこな形が『生命の樹』と言われているのだから、きっと生命科学か分子生物学に関連していることが書かれてあるに違いないぞ。いや、ひょっとしたらDNAのことかもしれないぞ」と。そして、私の直感はものの見事に当たりました。

ある日のことでした。知り合いの高校の生物の先生にかまをかけて聞いてみました。上記の〈律1・2〉の文章を見てもらって、「どうもDNAのことを説明しているように思えるのですが、何かわかることはありませんか?」と。その先生も唐突な質問にかなり面食らったようでしたが、しばらくして、小声でぽつりと「『三つの母なる文字』は3つで一組になっているDNAの塩基のことですよね?」と言ってくれたのです。なるほど、そうなのです。「三つの母なる文字」とはヘブライ語のא（アレフ）・מ（メム）・ש（シン）の3つではなく、なんとそれは「DNAに記された3つで一組の塩基という文字、つまり遺伝暗号トリプレット」だったのです！（図5）

これでようやく、生命科学と「三つは母なる文字」とが――つまり科学と宗教が――「DNA」という糸で、世界で初めて結ばれました。これは大発見でした。4種類の塩基があることは知っていましたが、そのうちの3つが一組となって「遺伝暗号トリプレット」（トリ＝3）を成していることは知りませんでした。そのきっかけを作ってくれた鶴岡先生に感謝。

これで『創造の書』最大の謎の一角がようやく解けました。そこで早速DNA関係の書物を3～4冊購入したり、図書館で借りたりして、約1ヶ月半、にわか勉強をしてみました。

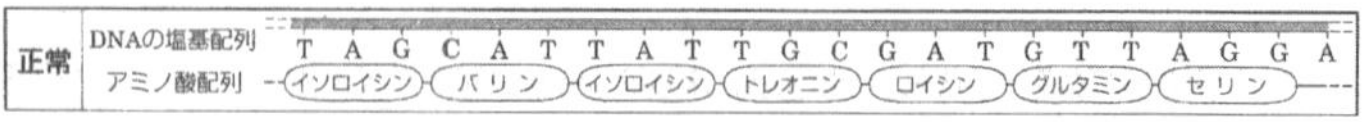

正常	DNAの塩基配列	T A G C A T T A T T G C G A T G T T A G G A
	アミノ酸配列	イソロイシン　バリン　イソロイシン　トレオニン　ロイシン　グルタミン　セリン

図５：「三つは母なる文字」＝遺伝暗号トリプレット（塩基３個が１組になってアミノ酸を指示する遺伝暗号のこと）だった！（『新詳　生物図表』浜島書店より）

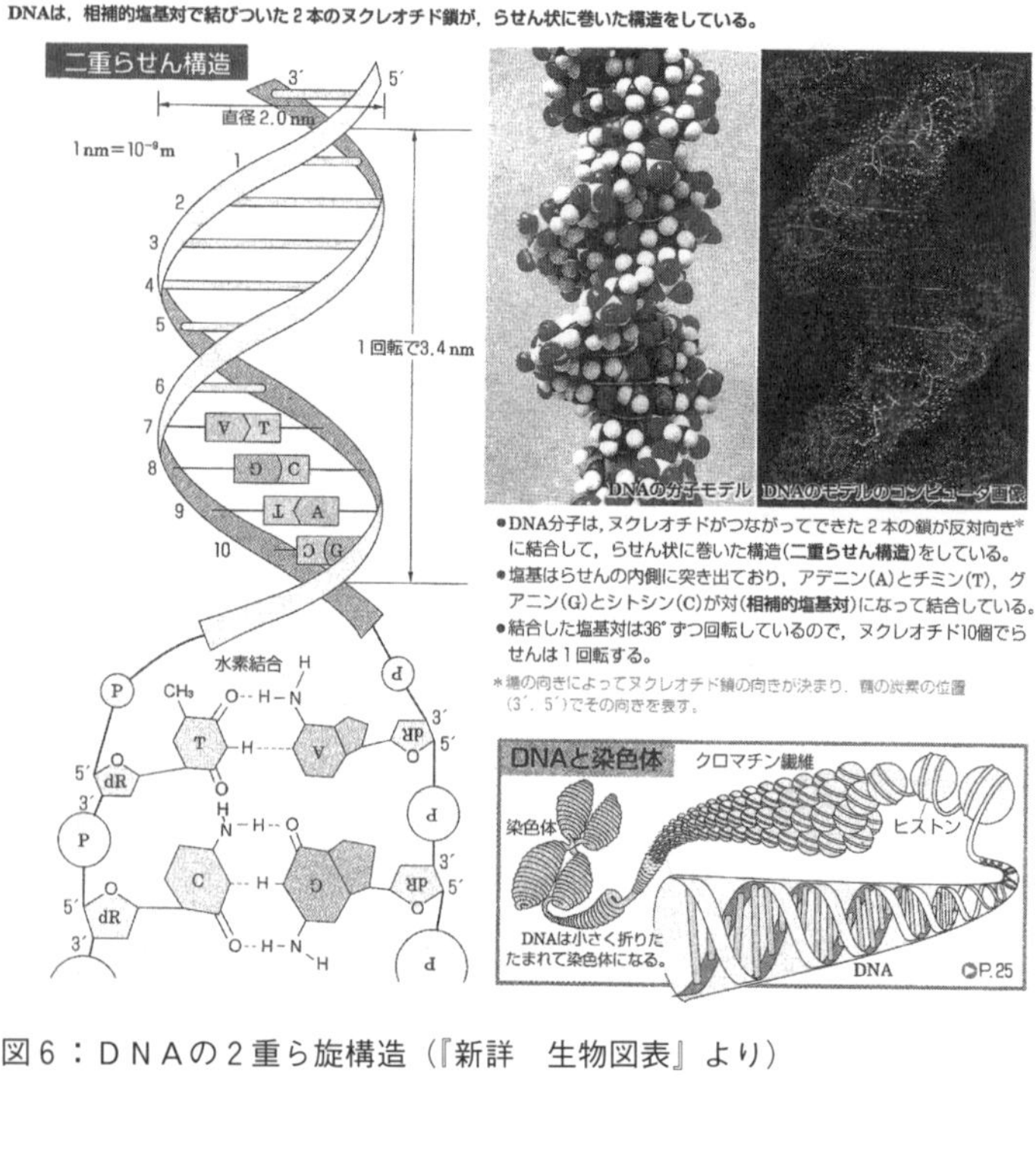

図６：ＤＮＡの２重ら旋構造（『新詳　生物図表』より）

カバラ『創造の書』とはＤＮＡの分子構造図のテキストだった！

それにしても、2〜6世紀頃に書かれたといわれているカバラにＤＮＡの記述があるなどと、誰が想像できるでしょうか。宗教教義書にＤＮＡの記述があるなどという話は聞いたことがありません。ひょっとしたら私たちがそれに気付かなかっただけなのかもしれません。でも、このＤＮＡ情報の説明を聞いた原始地球人は、どんな思いでこれを受け止めていたのでしょうか？　当時はもちろん、ＤＮＡなんて言葉も無ければその知識もありませんでした。ましてや構造などとてもわかるはずもなかったでしょう。私たち人類だって１９５３年にワトソンとクリックらがＤＮＡの分子構造モデルを発表して初めて、その存在を知ったくらいですから。また、その時に初めて、ＤＮＡというものが二重ら旋形をしているということを知ったわけですから（図６）。

それより約１５００年以上も前にすでにＤＮＡの記述がユダヤ教のカバラにあったなどということは、誰も信じられないと思います。でも、これを無下《むげ》に否定したり、無視したり、ネジ曲げたりすることは学問的ではありません。事実は尊重しなければなりません。ちなみに、ワトソンとクリックらは後にこの発見でノーベル賞を受賞することになります。

さて、カバラ最大の謎「三つの母なる文字」は解けましたが、「十のセフィロト」、「七つは重複し」、「十二の文字は単音」の部分が依然としてわかりません。しかし「セフィロト」がヘブライ語で宝石の「サファイア」を意味するものであり、その後「光」とか「球体」等と解釈されていったということはわかりました。しかし妙なことに、他の〈律〉のところでは、「三つの母なる文字」とか「七つの重複文字」とか「十二の単純文字」の説明が十分過ぎるくらいあるのに、この「無形の十のセフィロト」についてぱ、その説明文がどこにも無いのです。

〈律1・2〜9〉まで毎回同じセリフ「そこには無形の十のセフィロトがあり」あるいは「〜ある」が、8回も繰り返されるばかりで、あるのはただ、〈律1・3〉にカッコ付きで「それは十本の指の数である」だけなのです。

「無形の十のセフィロト」とは「極微の10個のヌクレオチド対」のことだった！

「十」・「七」・「十二」……解読の糸口は全然見えてきませんでした。でも書物を〝にわか研究〟していくと、なんとなくわかり始めてきました。DNAは二重ら旋構造、つまり梯子《はしご》をねじったような構造をしているということは、皆さんもご存知かと思います。そして、その梯子の外側がリン酸と糖（正確には五炭糖）でできています。梯子の一段一段がA（アデニン）とT（チミン）、G（グアニン）とC（シトシン）の塩基ペアであり、それぞれが外側の糖と結合しています。さらに、「リン酸―ペントース―塩基」をDNAの一つの基本分子単位とし、これを「ヌクレオチド」と呼びます（図7、8）。

さらに興味深いことに、DNAのこの基本分子単位ヌクレオチドは、その塩基の部分が36度ずつねじれていて、それを10個重ねて繋《つな》ぐと360度、つまり一回転することになっているのです。これがDN

DNAの二重らせん構造

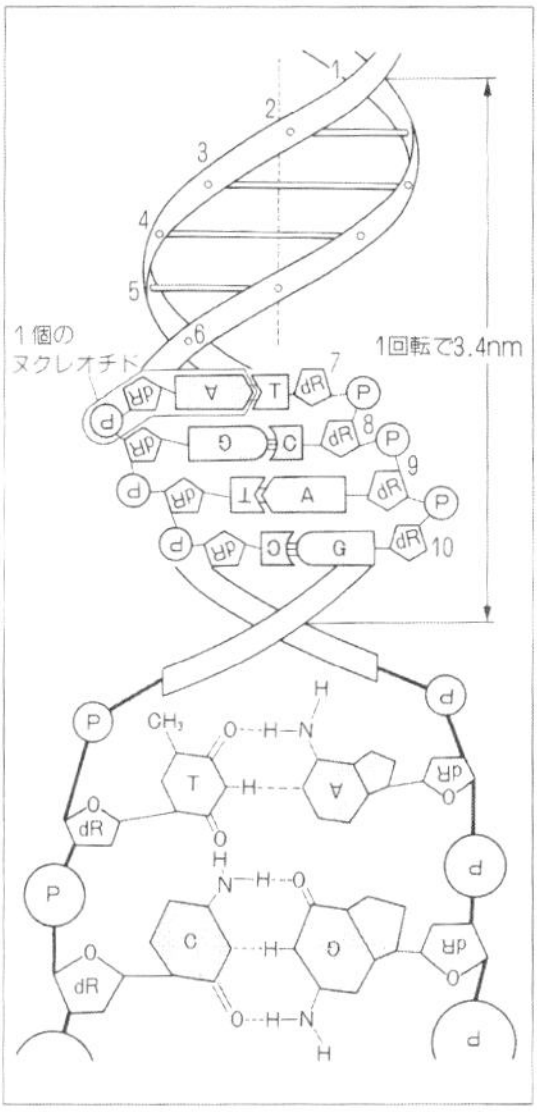

図７：「無形の十のセフィロト」＝10個のヌクレオチド対のことだった！
　１ターン（ひねり）の中には10個のヌクレオチド対が入っている。（『新詳　生物図表』より。下も）

核酸の構成要素＝ヌクレオチド

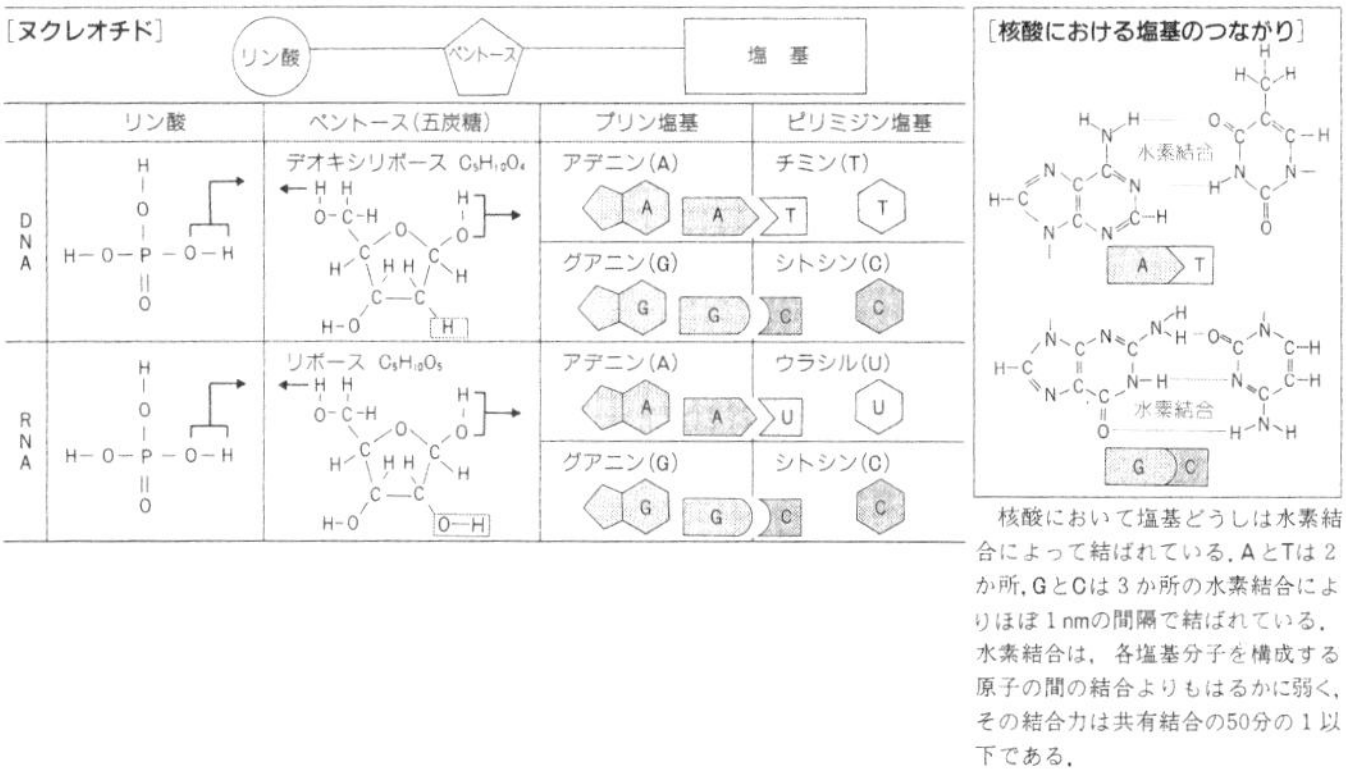

図８：DNAの基本分子単位ヌクレオチドと塩基対

Aのねじれの現象なのです。これでわかりました。第二の最大の謎が解けました。すなわち、「十のセフィロト」とは10個の「球体」、つまりDNAの二重ら旋一回転（1ターン）の中にある「10個のヌクレオチド対（塩基対を含む）」のことを指していたのです！　ミステリー・サークルにも出ていた「生命の樹」が10個の「球体（ヌクレオチド対）」で表されているのはこのためなのです。そして、それが「球体（セフィロト）」であることは図6（既出28ページ）の「DNAの分子モデル」の写真を見ればわかります。「球体」というよりは「球体の集合体」なのです。

ちなみに「無形の」とは「形が無いくらい極微の」という意味なのでしょう。なぜなら糖もアミノ酸もヌクレオチドも約0・5〜1nm（ナノメートル）の大きさで（ナノ＝10億分の1）、1ミリの100万分の1ですから、もうメチャクチャに小さいのです。ウィルスとかバクテリアなどはこれに比べたら超高層ビルのような大きさなのです。「無形」とは0・5〜1nm（ナノメートル）のことを言っていたのです。

つまり、〈律1・2〉の「無形の十のセフィロト」というのは「形が無いくらい極微の10個のヌクレオチド対」という意味だったのです。

エロヒムから最初にＤＮＡを教わった地球人アブラハム

ここで再び、例のDNAの分子構造モデルを見てください。この小さな0・5〜1nmの糖、リン酸や塩基、そしてヌクレオチドの球体がびっしり並んでくっついています。ちょっと想像してみてください。

生命構造の鍵であるDNAの分子構造モデルを前にして、原始地球人に説明しているエロヒムのことを――。お互いにどんな気持ちでいたのでしょうか？　カバリストたちは、この『創造の書』を書いたのは旧約聖書の中に出てくる「人類の始祖」といわれているアブラハムだと主張しています。

さて、この「生命の樹」のミステリー・サークルと呼応するかのように、1996年にイギリスの南西部に、二重ら旋構造のようなミステリー・サークルが現れました（図9）。やはりそこには10個のヌクレオチド対がありました。このようにDNA関係のミステリー・サークルを出すことによって、〝彼ら〟は私たち地球人に知性の発達を促しているのかもしれません。

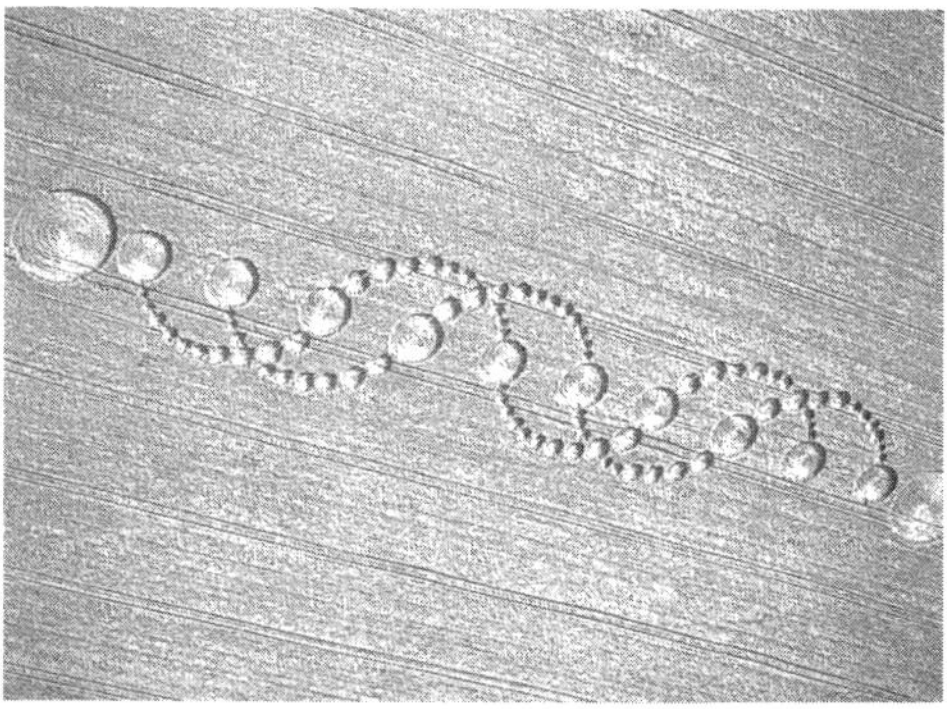

図９：1996年イギリスに出現した「DNAの２重ら旋構造」（『ミステリーサークル2000』より）

「七つは重複」は各塩基対の二重結合の数7だった！

とにかく、これで最大の謎「無形の十のセフィロト」と「三つの母なる文字」は解けました。ところが、残りの「七つは重複」と「十二の文字は単音である」も難問です。文章だけではさっぱりわかりません。でも核酸における塩基のつながりA（アデニン）―T（チミン）、G（グアニン）―C（シトシン）のそれぞれをよく見ると……なるほど、わかりました。プリン塩基のA—Tの場合、Aが二重結合を4個（C＝N）×3個、（C＝C）×1個、Tが3個（O＝C）×2個、（C＝C）×1個の合計7個になります。他方、ピリミジン塩基のG—Cの場合もGが二重結合を4個（C＝N）×2個、（C＝C）×1個、（O＝C）×1個、Cが3個（C＝N）×1個、（C＝C）×1個、（O＝C）×1個の合計7個になります。つまり、どちらの塩基対も、二重結合が7個あるのです。そうなのです。「七つは重複」の意味は「各塩基対には二重結合が7個ある」ということだったのです！（図8）

「二重結合」なんて原始地球人にはわかりませんからね。「重複」が精一杯の表現だったのでしょう。エロヒムも苦労しますね。教わった地球人も大変だったでしょう。わけのわからないことを丸暗記するわけですから。よく地球人も落ちこぼれなかったものだと思います。

「十二の文字は単音である」は各塩基の一重結合の数12だった！

これで「無形の十のセフィロト」の「10」、「三つは母なる文字」の「3」、そして「七つは重複」の「7」の謎が解けました。残るは「十二の文字は単音である」の「12」だけです。これが解ければ、3＋7＋12＝22ですから、〈律1・2〉の「基礎となる二十二の文字」の「22」も自ずとわかります。ここまで来たら、DNAから外れることはまずありません。

今一度各塩基の分子構造図を見てみますと、なるほど、わかりました。AもTもどちらも一重結合が12個あるではありませんか。ヤッター、これで「生命の樹」の謎は全部解けた。「十二の文字は単音である」というのは、それぞれの「塩基の一重結合の数、12個」を意味していたのだ、と喜んだのも束の間でした。なんと、G―Cについては一重結合が12個ではなかったのです。ショックでした。なんとGは13個で、Cは10個でした。弱ったたな、どうなっているのだろうか？　と少し不安になってきました。どう理解したらいいのか、私の小さな思考回路はパンク寸前でした。しかし、「セフィロトの樹」がDNAの分子構造のモデルを――そして塩基のつながりと各塩基の分子構造を――述べていることは間違いないのです。

95％までは解読できました。あと5％か。うーん、待てよ、G―Cの方が水素結合本数がA―Tの2本よりも1本多い3本だから、（G）13＋（C）10＋1＝24。それを（G、C2つあるから）2で割ったら、ちょうど12になるではありませんか！　めでたし、めでたし。

カバラ「生命の樹」とは「DNAの樹」のことだった！

ほんの少し未完成ですが、カバラの「セフィロトの樹」または「生命の樹」は、生命を創造するために必要な遺伝情報「DNA」を表していることがほぼ100％わかりました。「三つの母なる文字」が4つある塩基のうち、「3つで一組のトリプレット」という基本的な遺伝暗号を表し、「七つは重複し」が各塩基対における「7つの二重結合」数を表し、そして「十二の文字」とはA―Tの塩基対における「12個の一重結合」数を表していることがわかりました。

わかった数字をそれぞれ足してみますと、3＋7＋12＝22となります。これが「基礎となる二十二の文字」です。カバラの「生命の樹」に関する最古の書物『創造の書』における最大の謎が解けました。〈律1・2〉の暗号が解けました。やはり、「DNAの樹」のことだったのです。

ヘブライ語のアルファベット22文字はアミノ酸対応言語数でもあった？

余談ですが、ここでこの「22」という数について、面白い話をしてみます。ヘブライ語の子音アルファベットが徒者《ただもの》ではないことがわかると思います。これまでDNAの話ばかりしてきましたが、そのDNA情報を転写する仕事をしているのが伝令RNAあるいはm―RNA（メッセンジャーRNA）と呼ばれるものです。この伝令RNAのトリプレット暗号に対応しているアミノ酸が全部で20種類あることは、私もそうですが、少しDNAをかじったことのある人なら誰でも知っていることです。以前、カナダ在住のユダヤ人の数学者ミッシェル・ベルエさんの講演の中に、

「ヘブライ語の文字数はこのアミノ酸の20という数に、始めを表す文字と終わりを表す文字を付け加えた合計22文字と考えられます」

という言葉がありました。当時ヘブライ語のへの字もアミノ酸のアの字も知らなかった私には、何のことだかさっぱりわかりませんでした。しかし知識を少し付けた今は、彼が言った意味がよくわかるようになりました。つまり、こういうことなのです。

ヒトの場合、塩基の配列が30億～32億あるとされていますが、この遺伝情報というのは文章と同じようなもので、カンマがあったりピリオドがあったりするのです。私たちはタンパク質を合成したり生

一番目の文字	二番目の文字 U	二番目の文字 C	二番目の文字 A	二番目の文字 G	三番目の文字
U	UUU, UUC フェニルアラニン (Phe)	UCU, UCC, UCA, UCG セリン (Ser)	UAU, UAC チロシン (Tyr)	UGU, UGC システイン (Cys)	U C
	UUA, UUG ロイシン (Leu)		UAA, UAG ナンセンス* (Nons)	UGA ナンセンス*	A
				UGG トリプトファン(Trp)	G
C	CUU, CUC, CUA, CUG ロイシン (Leu)	CCU, CCC, CCA, CCG プロリン (Pro)	CAU, CAC ヒスチジン (His)	CGU, CGC, CGA, CGG アルギニン (Arg)	U C
			CAA, CAG グルタミン (Gln)		A G
A	AUU, AUC, AUA イソロイシン (Ile)	ACU, ACC, ACA, ACG トレオニン (Thr)	AAU, AAC アスパラギン (Asn)	AGU, AGC セリン (Ser)	U C
	AUG メチオニン(Met)**		AAA, AAG リジン (Lys)	AGA, AGG アルギニン (Arg)	A G
G	GUU, GUC, GUA, GUG バリン (Val)	GCU, GCC, GCA, GCG アラニン (Ala)	GAU, GAC アスパラギン酸 (Asp)	GGU, GGC, GGA, GGG グリシン (Gly)	U C
			GAA, GAG グルタミン酸 (Glu)		A G

遺伝暗号(コードン)は3個の塩基配列が単位となって1個のアミノ酸に対応している(トリプレット暗号).

1種のアミノ酸を指定するトリプレット暗号は数種ある.

[表の見方] トリプレット暗号AGGの場合.
①第1文字Aの欄を右へ.
②第2文字Gの欄を下へ.
③①, ②が交わる欄の中で第3文字がGのアミノ酸をさがす.

AGGはアルギニンを指定するトリプレット暗号である.

(「DNAと遺伝情報」)

[停止信号と開始信号] UAA, UAG, UGAに対応するアミノ酸がなく, これらのトリプレット暗号までくるとタンパク質の合成は停止する. また, AUGはメチオニンを指示するが, 同時にタンパク質合成の開始信号となる. タンパク質合成は常にメチオニンから始まるが, この部分は合成完了後に切り離される.

*ナンセンス(Nons)は停止信号. **開始信号.

図10：遺伝暗号トリプレットに対応するアミノ酸(「停止信号」と「開始信号」を含む)(『最新　図表生物』より)

産したりして生命活動を営んでいるわけですが、そのタンパク質を合成する際、なんと巧いことに、ちゃんとトリプレット暗号の中にＡＵＧという「開始記号」があるのです(図10)。これが数学者ベルエさんの言っていた「始めを表す文字」だったのです。

このＡＵＧというトリプレット暗号はメチオニン(Ｍｅｔ)というアミノ酸を指示するという仕事も同時にこなしています。開始記号ですから、何万種類もあるどのタンパク質の合成においても、必ず頭にこのＡＵＧが来ます。さらに興味深いことに、タンパク質合成後はちゃんと切り離され、次の仕事を待っているのです。まあ小憎らしいぐらいに巧くできているではありませんか。

さらに、ＡＵＧという「開始記号」があれば、当然「停止記号」もあります。ＵＵＡ、ＵＡＧ、そしてＵＧＡという3つのトリプレット暗号です。これらは一般に「Ｎｏｎｓ(ナンセンス)」と呼ばれていますが、「意味がない」のではなく、ちゃんとタンパク質の合成終了時の「停止記号」

という大切な仕事を持っているのです。これが「終わりを表す文字」なのです。

これでようやくミッシェル・ベルエさんが言っていたことがわかりました。この停止記号が無ければ、どこで情報ならぬ文章が切れているのかさっぱりわかりませんから、ジェームス・ジョイス（1882〜1941、アイルランドの小説家・詩人）の『ユリシーズ（Ulysses）』のようなカンマ・ピリオドのない、意識の流れを表す難解な文章になってしまいます。大学院で初めてこの作品の後半部分を読んだ時、「何やこれ、けったいな文章やな！」と私も思いました。

それはともかく、ヘブライ語の子音だけのアルファベット22文字の数が、アミノ酸20種類とタンパク質合成の時の「開始記号」と終了時の「停止記号」とを合わせた22という数に等しいとは、何という一致なのでしょうか。皆さんはどう思いますか？　これは単なる「偶然の一致」だと考えますか？　しかし「この宇宙においては偶然というのは何一つない。必然があるだけだ」ともいわれます。もしそうならば、創造者エロヒムは微に入り細に入り、桁外れの科学力と哲学を持っていることになります。もう一つ、数学者ベルエさんに教わったことがあります。

徒者《ただもの》ではないヘブライ語――マルチ情報言語

「円の角度は360度ですが、この数をぴったり割り切れる数は何個あるか知っていますか？　ただし、少数は除きますよ。なんとこれもぴったり22個なんですよ！」

その時は「ほなそうかいな！」と思っただけですが、自分でも確かめてみるとやはり22個でした。皆さんも電卓でも用意してやってみてください。まず2、3、4、5、6、8、9、10。それから12、15、16、18、20、24、25。そして30、32、36、40、50、60、１２０。全部で22個ありました。う〜ん、ここまで来ると、ヘブライ語子音アルファベット22文字の意味がもっと深みを増してきます。

ヘブライ語は創造者エロヒムの言語なので、意味が3重にも4重にもなっているのかもしれません。それにヘブライ語というのは幾何学的なデザインのようですし、私などは個人的にはあれは「蛇」文字だと思っています。ל（ラメド）やר（レーシュ）を見るといつもそう思います。創造者エロヒムと「蛇」がどこかでつながっているのではないかと思います（この点については第2章以降で解説します）。

それに、たった22文字の子音だけの言語で、この宇宙のこと全てを表現するわけですから、なんて凄い言語なんでしょう。やはり、ヘブライ語は徒者じゃないですね。

古代ヘブライ語＝染色体数も表していた？

驚きついでにもう一つ。生命の設計図であるＤＮＡは、コンパクトに折り畳まれて染色体という形になっていますが、23番目のＸＸ（女性）とＸＹ（男性）の性染色体を除くと、ＸＸの常染色体は全部で22対あるのは皆さんもご存じかと思います。ここでも、ヘブライ語の文字数22がＸＸの常染色体の22という数と一致していることがわかります。単なる偶然の一致だとはとても思えません。アミノ酸対応言語だけでなく、染色体数にもその数が対応しているなんて、いったいヘブライ語というのはどんな言語なのでしょうか？　私には、ＤＮＡのことを熟知していた科学者たちの言語であるとしか想像できません。古代ヘブライ語の母体が古代シュメール語ともいわれています。機会があればその点にも触れてみたいと思っています。

周易の八卦表は「アミノ酸対応言語トリプレット」表のことだった！

さらに、驚きついでにもう一つ。今度は数字の「64」です。「64」と聞くと誰でも8×8＝64を連想するのではないかと思いますが、この「64」もやはり、徒者《ただもの》ではありませんでした。それでは少し覗いてみましょう。もう一度前の「伝令RNAのトリプレット暗号に対応するアミノ酸」の一覧表を見てください（前出・図10）。アミノ酸の種類は全部で20個しかありませんが、それを指示する伝令RNAのトリプレット暗号（コドン）がいくつあったか数えてください。数学が苦手という人は一覧表の縦と横を全部数えてください。

——正解です。全部で「64」個あります。数学が少しできるという人は、4個ある塩基のうち、3つで1組の組み合わせの確率は4の3乗、つまり、4×4×4＝「64」を得ることができると思います。この「64」という数字をよく覚えておいてください。

次に、「64」ときたら「8×8＝64」となるくらいですが、「8」とくると「当たるも八卦《け》、当たらぬも八卦《け》」の周易の「八卦」を思い付く人もいるかと思います。つまり、これも易経の「八卦」×「八卦」＝「64卦」なのです。アミノ酸が指定するトリプレット暗号の数「64」と易経の「64卦」の「64」とがぴったり同じになるのです！　今でも占いに心を預ける人は多いようです。アメリカのクリントン前大統領夫人もそうだと聞いています。実はこれが単なる偶然の一致の「64」ならば笑っていられますが、ことはそう単純ではありませんでした。

「卦」は「け」とか「か」と読みます。━印（陽）と╍印（陰）の2進法の上下6本の組み合わせでできています。そして、この上下6本線を「六爻《ろくこう》形」と言います。易経ではこの卦を縦と横にそれぞれ八個ずつ並べて正方形を作ります。八卦×八卦で64卦になります。算木《さんぎ》に現れるこの卦の形象で、人間界も自然界も全部その吉凶を判断するのだそうです。これが次の図11ですが、なんとこの数の一致に心を留める人がこの地球上にはいたのです！ それがドイツの数学者（特に微積分学）ライプニッツ（1646～1716）でした。近代コンピュータと数理論の創始者とも言われています。やはり、知性が高い人はどこか違います。目のつけどころが違います。それで早速「遺伝暗号卦コード表」なるものを作り上げてしまいました（図12）。

両者を比べてみてください。伝令RNAの64種類の遺伝暗号（コドン）がそっくりそのまま64種類の卦とぴったり一致し対応しているのです！ うーん、驚きました。開始コドンAUGや停止コドンUAA、UAG、そしてUGAまでもがぴったり一致しているとは恐れ入りました。しかし、驚いてばかりはいられません。少し長いですが、「伝令RNAのトリプレット暗号に対応するアミノ酸占い」なんて聞いたら、「こいつはアホちゃうか?」と皆さんはきっと言うと思いますが、易経の原理はまさにそれなのです。ですから、「当たるも八卦、当たらぬも八卦」で当然なのです。信じてしまう方がアホなのです。アホと言われてもどこか心の片隅に信じてみたい気持ちを隠し持っている、そんな弱い面を持っ

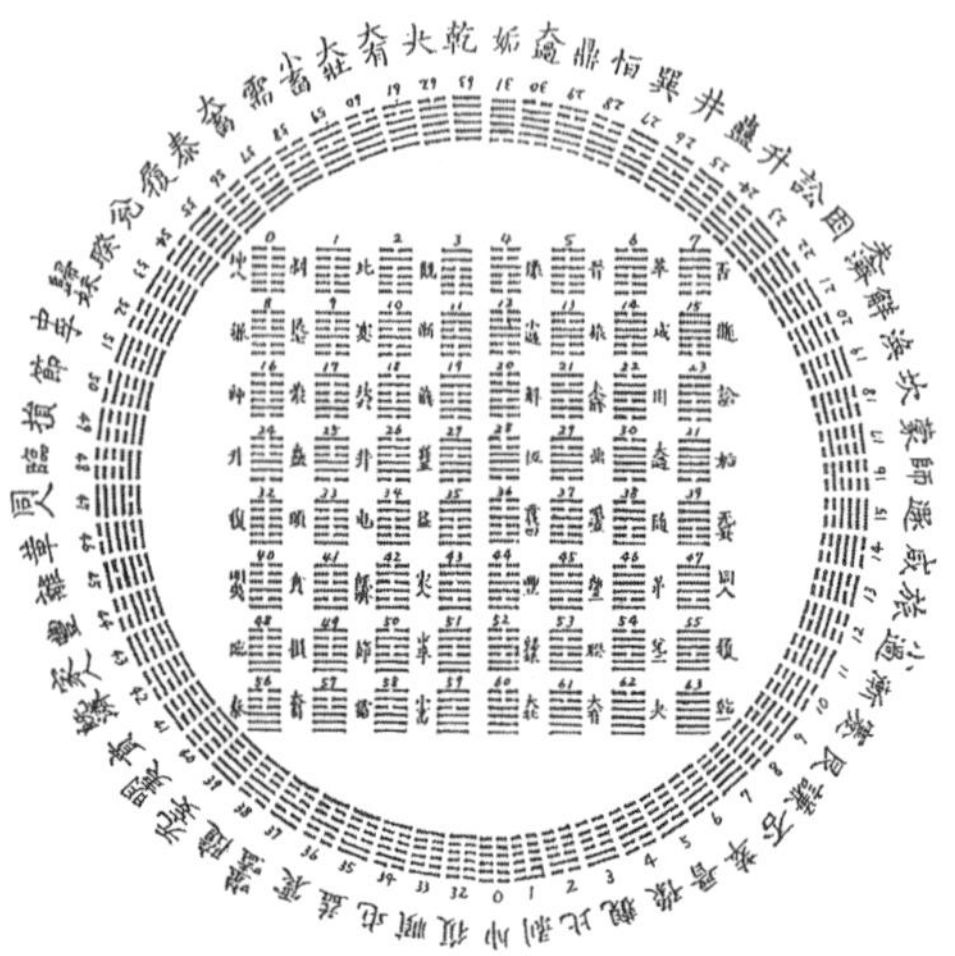

図11：炎帝神農が作ったといわれている64卦方位図（『易のニューサイエンス』東方書店より）

1＼2	U	C	A	G	3
	① ② ③ ④				
U	F UUU 333 渙 13	S UCU 313 觀 29	Y UAU 303 小畜 37	C UGU 323 家人 53	U
	F UUC 331 巽 5	S UCC 311 漸 21	Y UAC 301 益 61	C UGC 321 中孚 ⑦ 45	C
	L UUA 330 坎 14	S UCA 310 比 30	終結1 UAA 300 需 ⑥ 38	終結2 UGA 320 既濟 54	A
	L UUG 332 井 6	S UCG 312 蹇 22	終結3 UAG 302 屯 ⑧ 62	W UGG 322 節 46	G
C	L CUU 133 蒙 15	P CCU 113 剝 31	H CAU 103 大畜 39	R CGU 123 賁 55	U
	L CUC 131 蠱 7	P CCC 111 艮 23	H CAC 101 頤 63	R CGC 121 損 47	C
	L CUA 130 師 16	P CCA 110 坤 32	Q CAA 100 泰 40	R CGA 120 明夷 56	A
	L CUG 132 升 8	P CCG 112 謙 24	Q CAG 102 復 64	R CGG 122 臨 48	G
A	I AUU 033 解 12	T ACU 013 豫 28	N AAU 003 大壯 36	S AGU 023 豐 52	U
	I AUC 031 恒 4	T ACC 011 小過 20	N AAC 001 震 60	S AGC 021 歸妹 44	C
	I AUA 030 訟 9	T ACA 010 否 25	K AAA 000 乾 33	R AGA 020 同人 49	A
	M 開始 AUG 032 姤 ⑤ 1	T ACG 012 晉 17	K AAG 002 无妄 57	R AGG 022 履 41	G
G	V GUU 233 困 10	A GCU 213 萃 26	D GAU 203 夬 34	G GGU 223 革 50	U
	V GUC 231 大過 2	A GCC 211 咸 18	D GAC 201 隨 58	G GGC 221 兌 42	C
	V GUA 230 未濟 11	A GCA 210 晉 27	E GAA 200 大有 35	G GGA 220 離 51	A
	V GUG 232 鼎 3	A GCG 212 旅 19	E GAG 202 噬嗑 59	G GGG 222 睽 43	G

図12：驚異の遺伝暗号卦コード表。『易経』の64卦は64個の遺伝暗号に完全に対応している！（『易のニューサイエンス』より）

た存在が人間なのです。

余談になりますが、「八掛《はっけ》」ということで、江戸時代で最も有名な浄瑠璃作家・近松門左衛門を思い出しました。近松の3大姦通物《かんつうもの》といえば、『堀川波鼓』、『鎗の権三重帷子』、そして『大経師昔暦』が有名ですが、『大経師昔暦』は京都の大経師《だいきょうじ》の妻・おさんと手代の茂兵衛が下女・お玉の仲介を通して不義密通をし、それが発覚して3人とも処刑されたという実話に基づいたものです。その後、『恋八掛柱《こいはっけはしら》暦《ごよみ》』と名を変えて再上演となったそうです。こんなところにも恋占いとして「八掛」が使われていたんですね。

とにかく「伝令RNAのトリプレット暗号に対応するアミノ酸の一覧表」と易の「64卦方位図」が同じだったなんて信じられませんが、事実は事実として尊重しなければなりません。それよりこう考えられないでしょうか？　つまり太古の時代にエロヒム（古代中国神話では伏羲）がDNAの知識を原始地球人に授けましたが、それが十分理解されないまま、アミノ酸を指示する伝令RNAのトリプレット暗号の数だけが易経の中で生き続けていたのではないか――と。

世界初の完全解読！「聖なる知恵の三十二の経路」とは全てDNAのことだった

再び本題に戻りますが、これでほぼ完全に〈律1・2〉は解読できたことになります。〈律1・1〉についても「聖なる知恵の三十二の経路」と、「境界、文字及び数」のうちの「文字及び数」はわかりま

	「無形の十のセフィロト」（10個のヌクレオチド対）	（10）
	「三つは母なる文字」（塩基3個で1組の遺伝暗号トリプレット）	（3）
	「七つは重複」（各塩基対が持つ7個の二重結合）	（7）
＋	「十二の文字は単音」（A・Tが持つ12個の一重結合）	（12）
計	「生命の樹」（＝「DNAの樹」）の「聖なる知恵の三十二の経路」＝	（32）

した。〈律1・1〉〈律1・2〉をまとめてみますと、上の表のようになります。

この「聖なる知恵」とは古代ユダヤ思想における宇宙発生論の重要概念の一つ「ホクマ」だと考えられていますが、どうやら科学、特に生命科学ないしは科学的な知識のことを表しているというのは確かなようです。

「カバラ・コード」はあるのか？

話を先に進めようかと思いましたが、ちょっと待ってください。1997年にマイケル・ドロズニンが出版し、世界中を震撼させた問題の書物『聖書の暗号』（新潮社）ではないけれども、ひょっとしたら「バイブル・コード」同様に、「カバラ・コード」とか「生命の樹コード」などというものもあるのかもしれません。なぜなら、その対象となった「モーセ五書」（旧約聖書の「創世記」、「出エジプト記」、「レビ記」、「民数記」、そして「申命記」の5つ）とはヘブライ語原典（30万4805文字）ですが、カバラにも『創造の書』、『光輝の書』、『光明の書』の3大聖典があり、ヘブライ語のものが残っているからです。

聖書と同じようにコンピュータを使ってあるコードで検索したら、解読できる情報がひょっとしたらあるのかもしれません。もうすでにドロズニンや他の人たちがそうしているかもしれません。あるいは私のようにスキップ・コードを使わなくても別な視点・観点から見たら、また別の違った情報が入っているのかもしれません。

確かにカバラでは、ユダヤ教とその哲学・思想などが22個の子音だけのヘブライ文字と10個のセフィロト（球体）の、合計32本の経路によって複雑に説明されています。もっとも、それだけでも難解で私たち素人には近づけない代物《しろもの》ですが、ひょっとしたら象徴的な数3・7・10・12・32にも違う情報がインプットされているのかもしれません。

本書ではこれらの数字に――そして「生命の樹」に――全く違った観点から光を当ててみたら、いったいどうなるかを皆さんとご一緒にここまで見てきました。わずか22個の子音と数だけで、世界の、宇宙の諸々の現象を説明しているわけですから、それだけでもヘブライ語というものが複雑で重層なマルチ情報言語だと言えるのかもしれません。私たちがそのことに気が付いていないだけなのかもしれませんこの点で、「聖書の暗号（バイブル・コード）」は非常に多くの強力な示唆を私たちに与えてくれています。

「聖書の暗号」を組み入れたのはやはりエロヒムだった！

過去についてのあれだけ正確無比な歴史情報を、いったい誰が聖書に予《あらかじ》め入力（インプット）したのでしょうか？　『聖書の暗号は本当か』（徳間書店）の著者である聖書アナリストの久保有政さんが「創世記」を検索してみたところ、明確な答えがそこにありました。

「エロヒムが組み入れた。エロヒムは真理である」（創世記29：32〜37：12）

（注・久保さんの原文では「神」とありましたが、ヘブライ語原典では「エロヒム」とありますので、勝手ながら本書の趣旨に沿ってこちらの方を採用させていただきました）

なんと、あの正確無比で膨大な情報を暗号入力したのは「エロヒム（Elohim）」だと書いてありました！　前にも何度も説明しましたが、「エロヒム」とは古代ヘブライ語で「天空より飛来した人々」というれっきとした「人間の」複数形なのです。そうしますと、太古の昔、他の惑星から地球にやってきたヒューマノイド型の異星人エロヒムが、コンピュータを使って入力したということになります。その14文字のスキップ・コードのすぐ下の方に、「誰のしるしかお確かめください」（創世記38：25）というコードもあったそうです。凄いことですね。コンピュータを駆使した神々とはね。

時代を見据えた警告集「ダニエル書」――エロヒムの思いやり

今一度この情報を基にカバラの『創造の書』〈律1・1〉を読み直してみますと、「聖なる知恵の三十二の経路によって、主なるYH、YHWH、イスラエルの神（中略）聖なる御名は刻印せられた」は、「DNA情報にはエロヒムの生命科学のテクノロジーが生かされている」ということになります。ここで初めて、DNAとコンピュータが1本の線で結ばれました。これが後で役に立ってきます。

聖書の表の意味は、皆さんがよく知っていますように、エロヒムと人間とのコンタクト年代記と警告集みたいなものです。ところが、まさか裏の意味があって、それがコンピュータで複雑に暗号化されていたとは知る由もありませんでした。きっとエロヒムは、銀河系の中にある何千億個もの惑星をつぶさに観てきたのでしょう。そして、一つの惑星を一つの生命体と考え、どの成長段階ではどういう失敗を犯す傾向にあるのか、またどういう知恵を身につけていくものなのかを統計学的に知っていたのです。そして、その貴重な知識を彼らが創造した愛しい人類の健全な成長のために活かそうと思ったのです。他の惑星と同じ轍《てつ》を踏ませたくはなかったのです。そこで、愛しい人類が犯しやすい統計学的なデータを予め「モーセ五書」の中にコンピュータを使って暗号化しておき、人類にその準備をさせようとしたのです。いつか人類もコンピュータを開発し、それを創造者エロヒムという親からの「警告」として読み解くことができるであろうことを願って。

つまり、裏を返せば、エロヒムが「モーセ五書」の中にコンピュータを使って暗号化したおびただしい数の警告は、人類がコンピュータを開発しなければそれが大切な警告だと理解されることはなかったわけです。ですから、コンピュータが無い時代には当然エロヒムのコンピュータのシミュレーション通りになり、エロヒムの「警告」が実現するわけです。しかし、コンピュータが開発された現代では、エロヒムの暗号を読み取ることができますので、人類がその「警告」を真摯に受け止め、予め方策を講じておけば、その「警告」を首尾よく回避することができるのです。

つまり、何も怖がる必要はないのです。エロヒムは危険な情報をいち早く私たちに教えてくれているわけですから、コンピュータで読み取り、それを回避するように人類が努力すればいいだけのことです。

私たち地球人にいろいろと教えて警告してくれているエロヒムに、逆に感謝しなければならないくらいなのです。そしてエロヒムを、もっともっと身近で大切な創造者として考えるべきだと思うのです。エロヒムは、コンピュータのない暗黒の時代に予め「警告」を残して人類にその準備をさせようとしたのですが、多分コンピュータが開発されるまでは理解されることはないだろうと思ったのです。だから、エロヒムは預言者ダニエルにこう言うのです。

「ダニエルよ、終わりの時が来るまで、お前はこのことを秘め、この書を封じておきなさい」（ダニエル書12：4）

「終わりの時」とは「テクノロジーが発達していない暗黒の時代が終わる時」を指しているようです。それはともかく、もしかしたら「モーセ五書」や『創造の書』等も、ジョディ・フォスター主演の『コンタクト』みたいに、もっと複雑で高次元の情報が暗号化されているのかもしれません。それにしても、冷静に考えてみますと、たかだか子音22文字でよくもあれほどたくさんの情報を多次元的に、しかも正確無比に入力できるものだと感心してしまいます。何か桁外れのテクノロジーをエロヒムが持っているに違いないと感じるのは私だけではないと思います。しかも、エロヒムがそれらの情報を暗号化して入力したのは、少なくとも今から約3000年も昔のことだといいますから、本当に驚いてしまいます。

不明なままの「境界」

さて、本題に戻りましょう。「境界」とは何なのか、依然不明のままです。DNAについての何かの「境界」を表しているのでしょうか。「DNAの1個のヌクレオチド＝リン酸＋ペントース（五炭糖）＋塩基」ですので、ヌクレオチドそれぞれの境界のことを言っているのでしょうか。それとも、DNAの中心は塩基対ですので、A—T、G—Cを一つの単位として分けているのでしょうか？　あるいは、3つの塩基を一つの単位とするトリプレットを一つの境界としているのでしょうか？　多分、このうちのどれかだと思います。この「境界」について言及した個所は1ヶ所だけありましたが、DNAとは全く無関係でしたので、これは少し保留にせざるを得ません。

さて、これで『創造の書』の第1章が終わったわけではありません。今終わったのは〈律1・1〜2〉だけです。最大の謎解きの部分は終わりましたが、まだ〈律1・14〉まで残っているのです。そして、ここからは別の想像力が必要とされるのです。独りよがりにならないためにも、残りの〈律1・3〜14〉を全てご一緒に確かめてみましょう。

「統合の契約」とは各塩基の水素結合のことだった！

律1・3
そこには無形の十のセフィロト（それは十本の指の数である）があり、五つと五つが向かいあっている。そして、中心には、舌（発声器官）のような、裸体（機関）のような統合の契約が設置されている。

「10のセフィロト（それは十本の指の数である）」はDNA二重ら旋構造のうち、一巻きないしは一回転（360度）するのに必要な「10個のヌクレオチド対（塩基対を含む）」の数であることは、〈律1・2〉で述べた通りです。そのDNAの二重ら旋構造は「半ひねりのDNA縄ばしご」の中央に5個の塩基対があり、そして後半の半ひねりにも5個の塩基対があるのは皆さんご存じかと思います（図13）。そして、一つ一つの梯子段に相当するA（アデニン）—T（チミン）、G（グアニン）—C（シトシン）の相補的塩基対はA＝Tが2個の、そしてG≡Cが3個の水素結合でできています。

実は、「中心には、舌（発声器官）のような、裸体（機関）のような統合の契約」とはこの「水素結合」のことだったのです。「半ひねりの縄ばしごの中央には左右それぞれ大きいプリン系の塩基AとGが、小さいピリミジン系の塩基TとCとが5対ずつバランス良く結合している」のです。これが「五つ

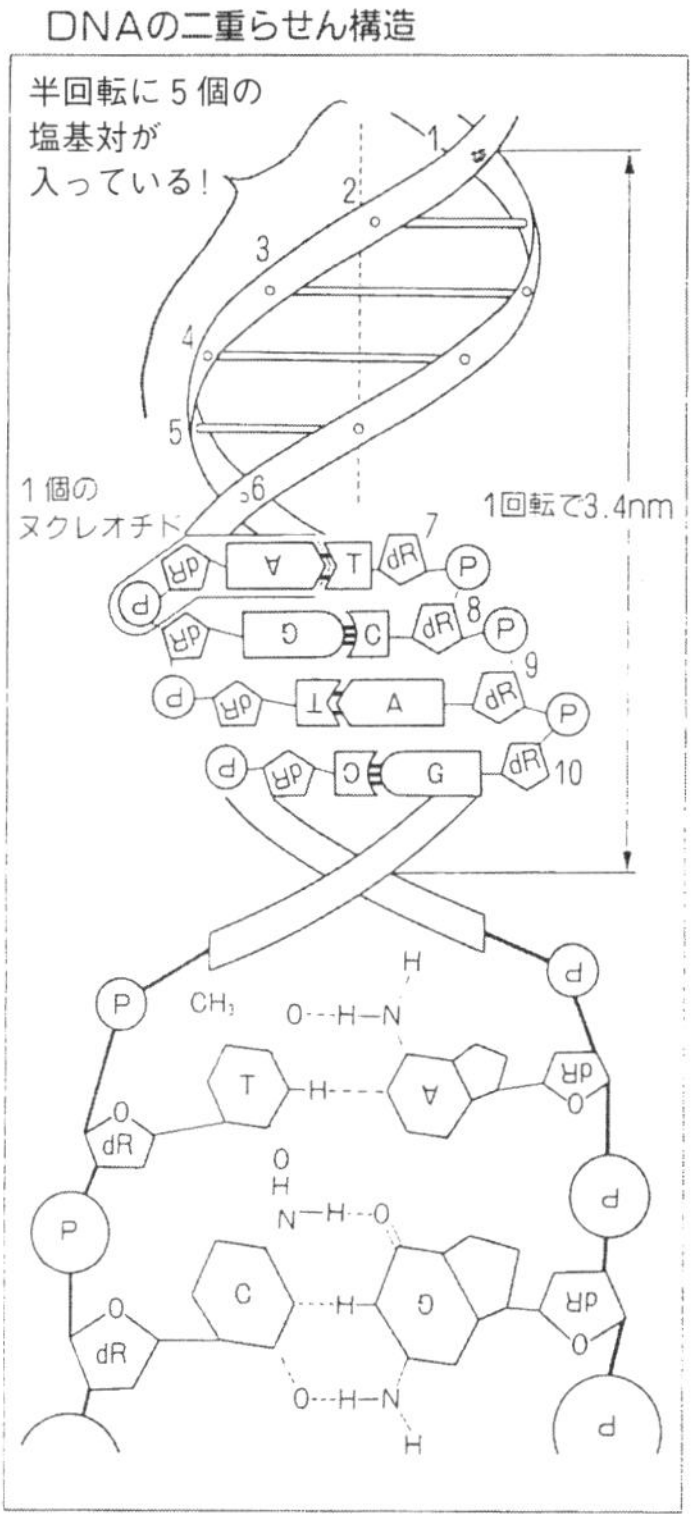

図13：絶妙なバランスの水素結合。交差している所にもそれぞれ塩基対がある。目に見えないので塩基対が４個しかないと誤解されている。（『最新　図表生物』の図を改変）

と五つが向かいあっている」ことだったのです。「中心には舌（発声器官）のような、裸体（機関）のような」とあるのは水素結合のマーク（||、|||）」だったのです！

絶妙なバランスの水素結合

それでは、どんな「統合の契約」が水素結合の中にあるのか、見てみましょう。水素結合とは一般の原子と原子間の共有結合と比べると、その結合力は１／５０くらいなのですが、この小さな微妙な結合力がミソなのです。それは、原子間の共有結合みたいに結合力が強すぎると、縄ばしごが中央から分離できない、つまりズボンのチャックのように真ん中から分かれないということです。真ん中から分かれないということは、DNA情報がRNAによってコピー（複製）されなくなり、従って、3つで一組の伝令RNAのトリプレット暗号に対応するアミノ酸もできなくなり、ひいては最も重要である何万種類ものタンパク質が合成できなくなるということです。

どんな生命体の細胞も、主としてタンパク質でできていますし、そのタンパク質を合成したり生産したりして、生命活動を営んで自己増殖していくわけですので、そのタンパクの合成ができないということは、その細胞が（そしてその生命体が）生命活動を維持できない——つまり、死んでしまう——ということなのです（69ページの図14）。

だからこそ、水素結合というのは、DNAの二重ら旋の縄ばしごの中央で絶妙なバランスをとっているのです。強過ぎもせず切れもせず、です。こんなものが自然にできると考える方がよっぽど不自然であるということが、皆さんにもわかるのではないでしょうか。やはり、〈律1・3〉も、DNAの基本的な特徴のことを原始的に説明していたのです！　この原始地球人（アブラハム）は、エロヒムからもっと詳細で専門的な水素結合に関する説明を受けたのでしょうが、せいぜい記憶できたのは「五つと五つが向かいあっている」と「統合の契約」ぐらいだったのです。今から3000年ほど前にこんな授業をされたら、私たちだって全員落ちこぼれてしまいますよね。

未だに解けぬ「十のセフィロト」の必然性

律1・4
そこには無形の十のセフィロトがあり、それは九ではなく十であり、十一でなく十である。それは知恵によって理解される。理解するには賢明でなければならない。それを検証し、探究し、事柄を徹底的に理解しなければならない。そして創造主は彼の場所に復帰せしめられる。

「無形」というのは形が無いほどに極微のナノメートル(nm)、つまり1/10億メートルの世界のことだということは前にも述べました。それは、DNAの基本構成物質(糖、リン酸、そして塩基)にしても(それらが3つで一つのユニットになっている)ヌクレオチドにしても、わずか0・5nm〜1nmの大きさでしかないからです。「十のセフィロト」とは「10個のヌクレオチド対」を表しています。「九ではなく十であり、十一でなく十である」と「十」の必然性が2度も強調されています。DNAの二重ら旋は一巻あるいは一回転で360度です(ちなみに、一回転の長さは3・4nm)。

興味深いことに、1つのヌクレオチドはそれぞれ36度ずつねじれています。そして10個のヌクレオチドがつながると360度になります。これが「十である」ことの結果的な説明となります。しかし、なぜ36度なのか? 専門家の方々にお聞きしましたが、大した説明にならないような答えが帰って来るばかりでした。

「十」の必然性についての専門家のご意見

「謹啓
『細胞の分子生物学』に関するご質問について、お答え致します。

ご質問の内容は、以下の通りと把握しております。

「DNAの二重らせんを構成している塩基対が、1ターン（一回転）当たり10個であることに、何か生物学上、とくに進化の面で特別な意味が内包されていると考えられるか？　10個の必然性は何か？」

結論から申し上げますと、上記のような内容が成立するとは考えにくいと思われます。その理由の根拠となる何点かを、下記に列挙致します。
①DNAの立体構造は、その回折によりいくつかのパターンに分けられるが、それぞれの型により1ターンごとに塩基対の個数が異なっており、平均して約10個であること。
②DNAの塩基対の構造は、分子―分子間、分子―原子間もしくは原子―原子間の物理・化学的な性質（化学結合の角度など）によってのみ、決定されてしまうこと。

③塩基対の配列を人為的に作り変え、自由ならせん回転角を持つ新たなDNAを合成することが可能であること。

④もし仮に、生物にとって上記の内容の必要不可欠な性質であったとすると、生物の進化過程における拘束条件が厳し過ぎ、生存に著しく不利と考えられること。

生命を形成している物質の合理性を知るにつれて、ますますその神秘性を強く感じることがありますが、一方で生物は多くの柔軟性も兼ね備えているようです。それは、生物が厳しい自然環境と生存競争に勝って生き残ってきた結果を示していると思われます。今回のご指摘の質問内容については、『キッカリ10個である』という神秘性よりも、『いくらかの幅の範囲内における10個前後』という柔軟性の方が強く作用しているのではないか、と考えています」

残念ながら、期待していたような回答を得ることはできませんでした。でも、DNAの1ターン（一回転）に塩基対が「約10個」あるいは「10個前後」とありましたので、後日、調べてみましたら、11塩基対のもの（ピッチ2・8㎚と少し短い）やジグザグ系のものもありました。また、二重ら旋構造も、大体3種類（細かくは5種類。不安定）あるようです。それぞれ塩基配列、相対温度、対イオン濃度等によって、構造変化が生じるようです。でも、その多くが不安定で短命です。

基本はあくまでも1ターン（回転）10個の塩基対です。地球上に数千万種あるともいわれている多種多様な生命体のほとんど全てがこの基本的な10個の塩基対なのです。必然性を感じない方がおかしいのではないかと思います。私たち人類がエロヒムの生命科学レベルに達するには、まだまだたくさんのことを学習しなければならないようです。

「理解するには賢明でなければならない」

1個のヌクレオチドが次のヌクレオチドと重なり、つながる角度が35度でも37度でもダメなのです。一回転が360度にならないのです。数千万種といわれる地球上の生きとし生けるもののほとんどが、この一巻10個のパターンであるのは、それが一番基本的で安定しているからです。36度になる必然性――つまりヌクレオチドが10個で一回転する必然性――についての答えを出せる人は、今のところ、当のエロヒム以外にはいないようです。

その必然性を私たち人類が「徹底的に理解していかなければならない」とあります。そのような必然性をいつも「自然だ」とか「神秘的だ」とかといって片付けてばかりいないで、「もっと科学的に客観的に検証しなさい」とエロヒムが私たちに言っているのでしょう。それが理解できたならば、創造者エロヒムは「彼の場所に復帰せしめられる」と言うのです。さて、ではその「場所」とはいったいどこなのでしょうか?

カバリストたちやカバラの研究者たちは、「セフィロトの樹」の中央にはティファレトという、8つの「径路」が集中するヘソのようなセフィラがあり、ティファレト（美あるいは崇高）こそが「彼の場所」であると考えているようですが、本当でしょうか？　DNAの世界からはほど遠いように思えます。私たち人類がDNAの必然性、生命の神秘を宗教的にではなく科学的に客観的に理解できるようになったなら、神なる創造者エロヒムは地球上の生きとし生けるものの「科学的な創造者として理解され、敬愛されることになる」のでしょう。「彼の場所」とは「科学的な生命創造者としての位置」のことだったのでしょう。

ナノ（10億分の1）メートルの世界――DNA

律1・5
そこに十の無形のセフィロトがあり、これらは十のおわりなきものである。始まりの深さ・終わりの深さ・善の深さ・悪の深さ・高位の深さ・深淵の深さ・東の深さ・西の深さ・北の深さ・そして南の深さである。
唯一の神、EL、信仰深き王、全ての宗規は永遠なる居住地に住む聖なるものから由来する。

ヘブライ語で「律」のことを「ミシュナ」と言いますが、私には「ミスんなよ」と言っているように聞こえます。だから、「ミス」らないように「律」の内容を一つ一つ細かく検証していきたいと思います。皆さんもご一緒にどうぞ。律はまだあと10個もあるのですが、最も大切なものは〈律1・1〜4〉

で、もうすでに終わりましたので、気楽に行けるかと思います。分析を再開します。これからが面白いのです。

「十の無形のセフィロト」とはnm（ナノメートル）の世界の「10個のヌクレオチド対」のことです。そして、それが「十の終わりなきものである」とあります。つまり、「終わりなき」という特徴が10個あるということです。それでは皆さんと一気にnm（ナノメートル）の世界に入ってみましょう。

ヒトのDNAという二重ら旋の縄ばしごは、幅は2nm（ナノメートル）ぐらいしかないのですが、その長さは大体1・8～2mもあります。5年ほど前に亡くなられたプロレスラーのジャイアント馬場さんが身長2m以上もあったのに比べたら大した長さじゃないと思われるかもしれませんが、それは勘違いというもの。2mもの長さのものが、大体1～10ミクロン（1ミクロン＝1／100万メートル）というものすごく小さな細胞核の中に格納されているんですよ。1ミクロンを1メートルに換算してみれば、その凄さがわかります。

例えばDNAの縄ばしごを釣り糸にしますと、1m四方の細胞核という箱の中に2m×100万＝200万m、つまり約2000kmのテグスを納めることになるのです。2000kmですよ。2000kmだと大体北海道～九州間の距離になります。もしあなたが釣り師であったら、2000kmのテグスを巻き上げようと思う前に気絶しているはず。それくらいに長いのです。それにテグスであるDNAの縄ばしごの幅は、わずか2ナノメートル、つまり100万分の2mmです。もうメチャクチャに細いのです。テグスは細ければ細いほどからみやすいのは、あなたも知っての通りです。よくもまあ、こんなに長いものがあんなに小さな箱に納まっているものだとつくづく感心してしまいます。

右も左も上も下もＤＮＡばかり

感心してばかりはいられません。今一度あなたがnm（ナノメートル）の細胞核の世界にいることを想像してみてください。周り中ＤＮＡの二重ら旋の縄ばしごだらけです。どこが始まりなのか終わりなのか、皆目見当も付きません。右も左も上も下もさっぱりわかりません。これが「始まりの深さ・終わりの深さ」であり、「東の深さ・西の深さ・北の深さ・南の深さ」なのです。時は今クローン（複製）の時代です。人類のために有効利用する可能性も、逆に悪用したりする可能も、どちらも無限大にあるのです。だからＤＮＡの持つ意味合いというのは大変深いわけなのです。従って、ＤＮＡを扱う人は意識レベルの高い人でなければなりません。これが「善の深さ・高位の深さ・深淵の深さ」なのです。

生命創造プロジェクトチームの総監督ヤーウェの遺伝子を受け継いだ私たち人類

「唯一の神、ＥＬ、信仰深き王」とは、前に〈律の１・１〉で説明しました「天空より飛来した人々」、つまり「科学的な創造者チームの総指揮者ヤーウェ」その人のことを指しています。エホバとも呼ばれています。「ＥＬ」はギリシャ語で「天（空）」を表していることは前に述べた通りです。「エロヒム・ヤーウェは寛大ですが、とても厳格な人である」と聖書に書かれている通りです。これらのことも、そして「全ての宗規《しゅうき》」も、「永遠なる居住地に住む聖なるものから由来する」とあります。「永遠の居住地」とはどんな場所・惑星なのでしょう？

最近の科学的な調査によると、エジプトのスフィンクスの年代は紀元前1万年以上前にさかのぼるともいわれています。ということは、「天空より飛来した人々」エロヒムは、少なくともそれよりも前に地球に降り立ったのでしょう。そして、地球を改造し、生命体が生きることができるように地球環境を整えていったのでしょう。旧約聖書「創世記」第1章にはそのことが記されています。

その時すでにＤＮＡを１００％科学的に人工合成できるテクノロジーを持っていたのでしょう。だから、「我々にかたどり、我々に似せて、人を造ろう」（創世記１：２６）と言って、最初の人間アダムを地球の大地から造ったのです。正確には、地球の大地に含まれている成分を用いて、ＤＮＡを科学的に１００％人工合成して、アダムを創ったのでしょう。「土」はラテン語で〝humus〟と言いますが、人間はその土から創られたので、〝human〟と呼ばれています。語源的には正しい説明です。

ちなみに、英語で「語源」は〝etymology〟と書きますが、これはギリシャ語では「真実の科学」という意味になります。もちろん、「我々にかたどり、我々に似せて」ですから、私たち人類よりもはるかに科学と文明が進歩しているエロヒムのＤＮＡ、つまりエロヒムの遺伝子コード（設計図）通りに私たち人類も創られているのです。私たち人類は神（々）と呼ばれているエロヒムの遺伝子を持っているのです。私たち人類も、エロヒムと等しい存在に、いやそれ以上になる可能性があるということです。嬉しいですね。これは本当に凄いことです。

突然変異——世の中そう都合良くは動かない。致命的な欠陥あり

私たち人類、いや地球上の生きとし生けるものは全て、やはり「天空より飛来した人々」であるエロヒムによる科学的な創造物であるようです。決して自然進化による産物ではないようです。技術的・科学的な進歩はありますが、突然変異と自然淘汰《とうた》による自然進化という考え方は、空想の産物にすぎないようです。なぜなら、突然変異は遺伝情報の変化ですから当然起こりますが、だからといって、突然変異が必ずプラスの方向に働き、生命力のある新しい遺伝情報を持った新しい種を創り出しているということにはならないからです。

世界中にある実験室を見てください。そんな実験結果報告など皆無なのです。皆無ということは自然進化しない、つまり（エロヒムによる）創造しかないということです。なぜなら、突然変異を繰り返していくと、一つの致命的な欠陥に行き当たるからです。これは（犬や猫や小鳥や豚などの）ブリーダーの方なら皆さん良くご存知だと思います。何だと思いますか？

それは、生命力と生殖能力の低下です。だから、日本ではいろいろ掛け合わせて品種改良した豚の生命力が弱いので、再び中国原産の、見た目は悪いが生命力溢れる豚と掛け合わせていますが、それはこのような理由からなのです。私も小鳥を飼っていましたから、そのあたりのことは良くわかります。だから、突然変異を繰り返しているとその種は逆に途絶えてしまうのです。

自然進化と考えることは創造者（エロヒム）にとってはとても悲しく辛いことであり、それはまた彼

らに対する最大の侮辱にもなるのです。自分のお腹を痛め、大切に子供を育てた母親が、自分の子供から「俺は自分の意志で生まれてきたんだ。お前に産んでくれと頼んだ覚えはないぞ!」なんて言われたら、きっとその母親は腹が煮えくり返るくらい怒り、悲しむのではないでしょうか。

「永遠なる居住地」とは「不死の惑星」のこと?

少なくとも1万年以上も前に地球に飛来したエロヒムの科学者たちは、DNAを100%科学的に人工合成して、次から次へと地球上の生きとし生けるものの創造を手がけていったのでしょう。ですから、本国である彼らの惑星では、とうの昔にクローニング(複製)の技術をマスターしていたことは十二分に考えられます。ただ、大きな違いは、今のこの地球ではいくらクローニング(複製)といっても、一つのクローン細胞が成体になってしまうまでに、まだ成長過程を経なければならないという難題があります。

今のあなたと同じクローンを創るにしても、あなたが今40歳なら、今から40年も経たないとクローンのあなたには会えないということです。もっとも、その時にはあなたが倍の80歳になってしまいますが……。それも、遺伝子コード(設計図)は同じですが、生まれ育つ時代・環境・教育が全く違いますので、あなたのクローンに会ったところで、外見は40年前のあなたと瓜二つですが、性格や記憶などは全くの別人なのです。地球のこのクローン技術はまだ第2段階なのです。

しかし幸いなことに、古代の地球人の中に、「クローン＝不死」のことをすでにエロヒムから教わった人がいました。35歳にして悟りを開いたといわれる仏陀です。なぜなら、その「悟り」とは古代インドのサンスクリット語では"amrita/amridae"(アムリタ)、つまり"a"=「〜ない」で、"mrita/mridae"=「死」ですから、「死がない」、つまり「不死」という意味だからです。「不死」を手に入れるにはクローン技術しかありません。シリーズ第3弾で詳しく説明しようかと思いますが、大乗仏教によると、どうやら仏陀は「不死の惑星」を49日間訪れていたようなのです。

夢のような話ですが、神々と呼ばれたエロヒムの「血」ならぬ「DNA」を引き継いだ私たち人類も、もうすぐ「不死」の技術を手にすることでしょう。しかし、それでは人口爆発が起きてしまいます。不死の資格を得るのは特別な人たちで、特定の居住地にいるのでしょう。

つまり、「永遠なる居住地」とは、トップのエロヒム・ヤーウェを含めた「不死の人たちの特別な居住地」つまり「不死の惑星」という意味なのでしょう。

エロヒムのクローン技術を目の当たりにしたエゼキエル

ちなみに、エロヒムがクローン技術をマスターしていることは、旧約聖書の「エゼキエル書」(37:8)に次のように述べられていることからもわかります。

He said to me, "Mortal man, can these bones come back to life?"(エゼキエル書37:3)(下線筆者)

"He"は「主」と訳されていますが、正しくはヤーウェのことです。"me"はエゼキエルのことです。ヤーウェがエゼキエルに"Mortal man"と呼びかけています。一般には「人の子」と訳されていますが、これは正確な訳ではありません。正しくは「死ぬ運命にある人」です。つまり、裏を返せばこれを言っているヤーウェ自身が、"Immortal man"（不死の人）であることの証しでもあるわけです。

「私が見ていると、見よ、それらの骨の上に筋と肉が生じ、皮膚がその上をすっかり覆った」（エゼキエル書37：8）

映画『透明人間』の再生シーンを思い出します。亡くなったイスラエルの民が、ヤーウェの指示で再生されていくのを目の当たりにしたエゼキエルの驚きはどんなものだったでしょうか？　多分、死者の骨が集まって来るのを見ただけでも、腰を抜かしたことでしょう。多分、私がエゼキエルなら、私も同じように腰を抜かして唖然《あぜん》としたに違いありません。

エロヒムの願い――「全ての宗規」

エロヒムとて人の子ですから、普通の親と同じように、自分たちの子供である地球人が大きく正しい方向に育ってほしいと切に願うことは、自然な感情なのでしょう。そのエロヒムの教えたことが宗教となり、今日に至っているわけです。「全ての宗規は永遠なる居住地に住む聖なるものから由来する」とは、こういう意味だったのです。

これまで『創造の書』第1章の〈律1・1～5〉までを、皆さんとご一緒に分析・解読してきました。まだ〈律1・14〉までありますので、約3分の1までが終了したことになります。いかがでしょうか？やってみると意外に面白くて、宗教的なイメージが剥《は》がされ、生身のエロヒムの姿が身近に迫ってくるのではないかと思います。それにまず、学校や大学や教会では絶対に教わらない素顔の人類の歴史に触れることができるわけですから、ワクワクしますね。では、分析・解読を続けましょう。

DNAの詳細な描写〈律1・2〉

> 律1・6
>
> そこには無形の十のセフィロトがあり、それらは稲妻のような外見をしており、無窮なるものである。さらに彼らは行きつ戻りつしながら語り合い、彼の言葉はつむじ風のように走り、そして神の御《み》座《くら》の前にひれ伏す。

前に解読した〈律1・2〉の内容さえ頭に入れておけば——つまり「無形のセフィロト」というのは要はDNAのことなのだと覚えておけば——何が出てきても理解できるようになると思います。ここでは、ＤＮＡの二重ら旋構造の縄ばしごが「稲妻のような外見をしており、無窮なるものである」と表現されています。「稲妻」と書いてありますが、本当にジグザグの形をしていると考えなくてもいいのです（カバリストたちやカバラの研究者たちの中にはそうしている人たちもいますが……）。なぜなら、古代エジプトにおいても他の世界においても、蛇は電気や「稲妻」のシンボルにされていたのですから。ここで「稲妻」とあるのは、蛇のようにニョロニョロとくねっているものの形容だと考えればいいのです。

つまり、二重ら旋のことです。その証拠に、世界中の至るところに――例えば、地球最古の文明といわれるシュメールのグデア王の奉納の壺や円筒印章にも、古代ギリシャ神話のヘルメスが持っていた2本のカドゥケウスにも、さらには中世のホルバインの書物の挿し絵にも――皆2匹の蛇が絡み合っている絵があるのです！　ＤＮＡのことを残してあるのは何もカバラだけではなかったのです。家を建てる時に一番大切なのが設計図であるのと同じように、生命を創造する時に一番大切なものが、ＤＮＡという設計図なのです。

エロヒムがそんな大切な情報を説明してくれたわけですから、原始地球人自身にはそれが理解できなくても、それをシンボル化して後世に伝えて残そうとする行為は、ごく自然なものでした。ただ残念なことに、シンボルだけが残り、その本来の意味がすっかり忘れ去られてしまったようです。しかし、『創造の書』を分析・解読することによって、「生命の樹」の本当の意味が――「科学者としての」創造者エロヒムの姿が――今まさに「再生」されつつあると思います。

「いい仕事してますね」――絶妙な「右利き同士」

さて、次にDNAの分子構造を思い浮かべてみましょう。ヒトの場合、通常塩基は約30～32億個配列されていますから、膨大な数になります。それを見て「無窮なるもの」、つまり果てしなく続くものと表現したのは自然なことです。

「彼らは行きつ戻りつしながら語り合い、彼の言葉はつむじ風のように走り」はどんな意味なのでしょうか？　DNAは2本の縄ばしごですから、擬人法を使えば「彼ら」となり、その1本1本は単数形ですから「彼」になり、それぞれら旋形を描いてねじれていますので、「つむじ風のように」ということになったのです。

DNAのこの2本の縄ばしごで実に凄いと思うのは、糖とリン酸からできている2本の縦縄自体が、なんとお互いにそれぞれ反対方向に向かい合っていることです。この二重ら旋が360度回転して、元の位置に戻ってきますので、「行きつ戻りつしながら」とあるのはこのことだったのです。それにしても、なぜ反対方向なのでしょうか？　この反対方向を向いている2本の縦縄の一段一段に相当するのがA（アデニン）―T（チミン）、G（グアニン）―C（シトシン）の相補的塩基対です。ところが、実はこれも反対方向を向いているのです（31ページの図8）。

ですから、正確にはA―ꓕ、∀―Tであり、G―Ɔ、⅁―Cなのです。もっと正確には、大変弱そうですが絶妙なバランスの水素結合をしていますので、A＝ꓕ、∀＝Tであり、G≡Ɔ、⅁≡Cなのです。それも、約2㎚（ナノメートル）という凄く狭い幅の中に大きなプリン系（何か美味しそうでしょう）の塩基（A、G）同士が入らないように、必ず小さなピリミジン系（何か小さそうでしょう）の塩基（T、C）と結合するように――こうして相補的な塩基対同士が結合する際、絶対に混乱が生じないようにするために――互いに〝右利き同士〟になって結合、つまり握手しやすいようになっているのです。う〜ん、巧くできていますね。さすがはエロヒム。思わず、「良い仕事をしてますね」なんて言いたくなります。

どれもこれも、DNAの分子構造の形状の特徴を原始的に説明したものであることがわかります。最後の「そして神の御座を前にひれ伏す」とは、DNAを辿っていくと最終的には「DNAを人工的に100%科学合成した創造者エロヒムに行き着く」というように理解できます。それとも、今創造されたばかりの人間が、エロヒムの前に行って「ひれ伏」して、感謝の気持ちを表したということでしょうか。

約3億個もつながっている10個のヌクレオチド対からなるユニット

律1・7
そこには無形の十のセフィロトがあり、その終わりは始まりと結びつく。それはちょうど炭に火が結びついているようである。唯一なる神、そして彼は二つとない、唯一なるもの以前をどのように教えることができるのか。

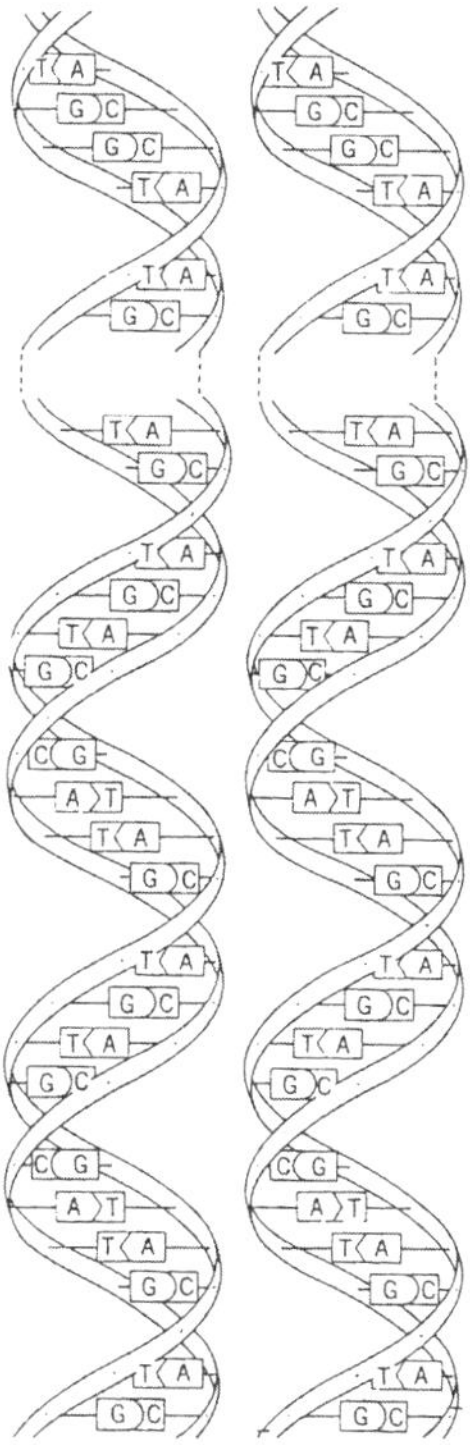

図14：「無形のセフィロトがあり、その終わりは始まりと結びつく」（『最新図表生物』より）

後半のエロヒム・ヤーウェが「二つとない、唯一なるもの以前をどのように教えることができるのか」と言っているのを読んで、少し滑稽に思いました。生命を創造する際に最も大切なDNAについて、エロヒム・ヤーウェがいくら説明したところで、原始地球人であるアブラハムにはチンプンカンプンだったに違いありません。ましてやエロヒム「以前」はどうだったとか、エロヒムが彼らに似せて地球人を創造したように、彼らもまたエロヒム的な存在によって創造されたのだといくら説明しようとしたところで、全くお手上げ状態だったであろうことが想像できます。

前半のセフィロトの「終わりは始まりと結びつく」ですが、2本のら旋形の縄ばしごは、それぞれが反対方向を向き合っている縦の2本の主鎖と同じように、その一段一段が反対方向を向き合った相補的な塩基対であることは前に述べました。そして、この10個の塩基対からなる一つのユニットが次のユニットと、ヒトの場合、約3～3・2億個もつながっているのです。10個のヌクレオチド対からなる一つのユニットの「終わり」は次の10個のヌクレオチド対からなるユニットの「始まり」と、延々と「結び」ついていることになるのです（図14）。

これこそが、「無形の十のセフィロトがあり、その終わりは始まりと結びつく」の意味だったのです。この〈律〉もまた、先の〈律1・6〉同様にDNAの分子構造の形状を説明したものにすぎません。ここまで来ればもう皆さんも解読に迷うことはないでしょう。自信をもって残りにチャレンジしてみましょう。

アブラハムにとっては想像を絶する複雑さ——DNA

律1・8

そこには無形の十のセフィロトがあり、そこであなたの口は語るのを止め、心は思考することを停止してしまう。もしあなたの口が語り、心が思考すれば（もとの）場所へ戻ってしまう。だからこのように記されているのだ。

「生きものは、稲妻のひらめきのように速く行き来していた」

この言葉によって契約を断ち切られる。

原始地球人がＤＮＡの分子構造モデルを前にして、エロヒム・ヤーウェからあれこれ説明を受けても、理解するための言葉も素養も全くなかったのですから、ただ唖然として立ち尽くしてしまったことでしょう。それが「口は語るのを止め、心は思考することを停止してしまう」状態なのです。気を取り直して、どうなっているんだと考えても堂々巡りであり、到底考えられるものではありません。それが「口が語り、心が思考すれば（もとの）場所に戻ってしまう」ということなのです。原始地球人には仕方のないことなのです。

しかし、どうも少しわからないのが、後半の〈原始地球人がどれだけ考えてもわからないから〉「だからこのように記されているのだ」以下の次の2行です。〈「生き物は、稲妻のひらめきのように速く行き来していた」この言葉によって契約は断ち切られる〉です。「生きもの」というのは先の〈律１・６〉で分析したように、まるで「生きている」ように見えたＤＮＡの二重ら旋構造をしている分子構造モデルのことです。

ヘブライ語の「セフィロト」には宝石の「サファイア」の意味もありますので、そのＤＮＡの分子モデルはサファイアのように光り輝き、互いに反対方向を向き合っている縦の2本の鎖も、それぞれが反対方向にライトが点滅して、速く流れていたのでしょう。だから「稲妻のひらめきのように速く行き来していた」となるのです。しかし、どうもわからないのが最後の一文です。「この言葉によって契約は断ち切られる」とは、いったい何のことでしょうか？

「この言葉」とはすぐ前の「稲妻のひらめきのように速く行き来していた」のことです。では、なぜこの言葉によって「契約は断ち切られる」のでしょうか？　「契約」とはいったい何の契約なのでしょうか？　ここでは創造者（エロヒム）と被創造物人間との契約ではないようですし、とすると、やはりあの〈律1・3〉で分析した「統合の契約」しかないようです。さらに分析を続けましょう。

「契約を断ち」とは、細胞分裂をする際に水素結合を断ち切ることだった！

この「契約」という言葉が『創造の書』の最後の〈律6・7〉のところに3回立て続けに出てきますので、その全文も見てみましょう。

律6・7
　われらの父、アブラハムが平和の裡に安息している時、彼は眺め、見つめ、理解し、探求し、刻み、分断し、そして成功させた。
　総てのものの神は、その秘密を明かした。
　彼は根底を設置し、
　彼はその頭部に接吻し、
　彼は〝わが愛するアブラハム〟と呼んだ。
　そして、

彼はその（a）契約をたち、永遠に種をまく、
それはつぎのようにしるされている。
〝主を信じた。主はこれを彼の義と認められた〟
そして、彼は彼の手の十本の指の間で（b）契約を断ち切った。
それは（c）言葉による契約、彼の十本の足趾の間の、彼の割礼によるものである。
彼は彼の言葉を二十二の文字によって律法に結び、彼は秘密を明かした。（後略）
（傍線a・b・c筆者）

この〈律6・7〉を見る限り、エロヒム・ヤーウェからDNAの説明を受ける原始地球人は、「人類の始祖」といわれているアブラハムのことになります。しかし、だからといって、この〈律6・7〉がDNAのことを言っているとは限らないのです。なぜなら、〈律2〜6〉までは「十の無形のセフィロト（DNAの10個のヌクレオチド対）」という言葉は、ただの一度も出てこないからです。出てくるのは子音だけのヘブライ語のアルファベット22文字と、それに絡んだ哲学とか律法とか、私たちには理解しがたいものばかりです。それこそ神秘哲学と言われているものばかりです。

それに、何を言っているのかわからない個所が多すぎます。まず、何を「眺め、見つめ」、そして「刻み、分断」したのかがわかりません。でも、〈律1・10〉で分析したように、コンピュータの画面上に塩基対の分子構造図が複雑かつ立体的に描かれていくのでしょう。また、何の「根底を設置し」たの

かもわかりません。「その頭部に接吻し」とあるからには、何か具体的な棒状か柱状のものであるに違いありません。多分、DNAの分子構造モデルのことなのでしょう。

しかし、次の「その契約をたち、永遠に種をまく」は難問です。さっぱりわかりません。でも、落ち着いて旧約聖書の「創世記」のところを調べてみましょう。ヤーウェとアブラハムとの「契約」と割礼の項目がありました。きっと何かの参考になるかもしれません。アブラハムは99歳になるまではアブラムという名前でしたが、99歳になった時ヤーウェが目の前に現れてこう言ったのです。

「わたしは、あなたとの間にわたしの契約を立て、あなたをますます増やすであろう」(創世記17：2　傍線筆者)

「これがあなたと結ぶわたしの契約である。あなたは多くの国民の父となる」(同17：2　傍線筆者)

ちなみに、「国民の父」と訳してありますが、日本聖書協会の英文では"the ancestor of many nations(諸国民の始祖)"となっています。これからたくさん生まれてくる諸国民の開祖・始祖といったところです。それ以降「ハ」の字の入ったアブラハムと名乗るように言われ、滞在しているカナンの土地を永久に与えられます。「約束の地カナン」のことです。そして、子々孫々に及ぶまで、この契約を守るように言われます。

2種類の「契約」

さて、考えてみますと、ヤーウェがアブラハムと繁栄の「約束」をしたばかりなのに、もうその「約束をたち」とはどういうことなのでしょうか？　もしかしたら誤訳なのでしょうか？　すぐ後に「永遠に種をまく」とあります。つまり、全く反対の意味になっているのです。辻褄が合いません。つまり、ここでは〈律1・3〉で分析した「統合の約束（水素結合）」と「ヤーウェとアブラハムとの間に交わされた繁栄の約束」の2種類を考えなければならないことになります。

それでは、傍線の（a）（b）（c）のそれぞれの「契約」とは、どちらの「契約」を指しているのでしょうか？（c）は簡単です。「言葉による契約」とありますから、後者の「繁栄の約束」です。問題は（a）と（b）です。今ヤーウェがアブラハムとの間に「繁栄の約束」をしたばかりなのに、それを「たち」とか「断ち切った」では意味不明になってしまいます。消去法でいきますと、残るは「統合の契約（水素結合）」しかありません。（a）の「約束をたち」の「ち」が「て」であったなら、「約束をたて」で、意味が通ったのですが、ヘブライ語の原文がありませんので、誤訳かどうかは判断できません。もっとも、原文があったところで私はヘブライ語が読めないので、確かめようがありません。

では、訳文が正しいと仮定して、話を進めましょう。訳文が正しいなら、「統合の契約（水素結合）」しかありません。（b）ははっきりと「契約を断ち切った」とありますから、「統合の契約（水素結合）」

のことです。それに「十本の指の間で」とありますから、DNAの1ターンには10個のヌクレオチド対のことを指していますから、多分間違いないでしょう。

〈律1・3〉には「そこには無形の十のセフィロト（それは十本の指の数である）があり、五つと五つが向かい合っている」とありますから、「統合の契約（水素結合）」のことです。間違いありません。（a）（b）（c）がどの「契約」を指しているのかはわかりましたが、依然として、全体の意味が通りません。そこで、再び〈律1・8〉の後半に戻っていきましょう。何かわかるかもしれません。

ナノメートルの世界の絶妙な法則

「契約」とはやはり、相補的塩基対を結びつけている「水素結合」のことを指しているとしか考えられません。部分的にはわかったのですが、どうもまだ最後から2番目と3番目の文の意味がしっくりきません。どういうことなのでしょうか？　この『創造の書』を翻訳した人が誤訳したのでしょうか。どう解釈したら良いのでしょうか？

逆に考えてみましょう。「契約は断ち切られる」とは「水素結合が断ち切られる」ということです。水素結合が切れるとDNAの二重ら旋が解けていきます。何のために、いつ解けるのかというと、DNAをコピー（複製）する時です。そうなのです。これでようやく謎が解けました。この後半の2つの文章は、DNAをコピー（複製）する時の梯子《はしご》のことを述べていたのです！　DNAをコピー（複製）するということは、皆さんもご存じのように1本の縦縄（主鎖）を鋳型《いがた》として、半保存的に複製をすることなのです。

塩基対の水素結合が切れると二重ら旋も解けていきます。そして次に、核内にある相補的な塩基を持ったヌクレオチドが選ばれて、それぞれ結合していきます。例えば、元の鎖のAにはT―ヌクレオチドが、GにはC―ヌクレオチドがそれぞれ結合していきます。そして、隣り合った相補的なヌクレオチド同士が結びつき、新しい縄ばしご（ヌクレオチド鎖）が作られ、元の縄ばしご（ヌクレオチド鎖）と結びついて、新しいDNA分子が作られていくのです（既出・図14）。

ここで興味深いのは、DNAの縦縄（主鎖）が解けると、コピーが直ちに「速く」始まるだけでなく、そのコピー（複製）方向は解けた末端方向に行くのではなく、常に正反対の解けているその分岐点に向かっているということです。これが「生き物は稲妻のひらめきのように行き来していた」の意味なのでしょう。この「言葉」があるということは、とりもなおさず水素結合という「統合の契約」がすでに切れていることになるのです。

原始地球人にとってはDNAの説明でさえもちんぷんかんぷんなのに、さらにDNAのコピー(複製)の話などされたら、わかるはずもありません。だから、口をぽかんと開けて立ちつくすしかないのです。それにしても、コピー（複製）をする際には少しのタイム・ラグ（時間差）も許さないという強い意志が感じられます。DNAのコピー（複製）というのは、それほど大切なのだということでしょう。エロヒムって凄いね。こんなnm（ナノメートル）の世界にも絶妙な法則を用意しているんですから。

以上より、「契約をたち」や「契約を断ち切った」が「水素結合が切れる」ことを表していることが明らかになりました。再びやり残した〈律6・7〉の解釈に戻りましょう。

「永遠に種をまく」とは優秀なＤＮＡを子孫に伝えることだった

「彼は契約をたち、永遠に種をまく」はこう解釈できそうです。つまり、ヤーウェはアブラハムがきわめて忠実であることを喜び、その子孫を繁栄させることをアブラハムに「約束」します。まずこれが「言葉による契約」です。そして、次は技術レベルでの、つまりＤＮＡレベルでの「契約」です。アブラハムの忠誠心に心打たれたヤーウェは多分、アブラハムのＤＮＡをじっと「眺め、見つめ」ていたのでしょう。そして、アブラハムのように忠実で信仰心が篤い民族を願うために、まずアブラハムの精子をコピーし、それからサラの卵子もコピーします。それを試験管の中で受精させます。早い話が体外受精です。

その受精卵を遠隔操作でサラの子宮に移植することを考えついたわけです。こうすれば、生まれてくる子供は優秀なＤＮＡを持ち、その子はまた自分の子にそのＤＮＡを伝えていくことになります。「永遠に種をまく」とはこのことだったのです。そして実際に、アブラハムのＤＮＡの中央にある各塩基対の水素結合を、つまり「契約をたち」切っていたのです。エロヒム・ヤーウェがアブラハムに「多くの国民の父となる」と約束したのはこのことだったのです。これで大体〈律6・7〉も解読することができました。やはり、ここでも基調はＤＮＡのことでした。

ギネスも認める世界最高齢出産

せっかくですので、次の〈律1・9〉に行く前に、ここでアブラハムに関する小話を紹介してみたいと思います。第一に、アブラハムの子孫を繁栄させるというヤーウェの約束は実は、アブラハムの精子とサラの卵子をコピーして体外受精させ、それを遠隔操作で妻のサラの子宮にインプットするということについてです。読者の中には「いくら何でもそりゃあ、あんたの勝手な想像の産物じゃないの?」という人も多いかと思います。ちょうどいい機会ですから、紹介したいと思います。

ヤーウェがアブラハムの前にその姿を現したのは、アブラハムがもう99歳の時でした。さしずめ、金さん・銀さんの夫婦版だと考えればわかりやすいでしょう。妻のサラも89歳で、とうの昔に月経は終わっていましたし、夫婦間のセックスなども「とうの昔に忘れちゃった」ということでした。それなのに、ヤーウェはアブラハム老夫婦に「男の子を授けよう」とおっしゃるのです。そんな馬鹿な! と思ってアブラハムが笑うと、馬鹿にされたヤーウェはそれを戒めるためでしょうか、生まれてくるその子に、ヘブライ語で「彼は笑う」という意味を表す「イサク」と命名しなさいと言うのです。そして、翌年、ヤーウェの予告通り、90歳のサラにイサクが生まれたのです。

さて、セックスも「とうの昔に忘れちゃった」この老夫婦にどうやって子供が生まれたのでしょうか? 射精もほとんど無いアブラハム爺さんと月経も無いサラ婆さんにです。『ギネスブック』によると、世界最高齢出産は1994年63歳で男児を出産したイタリア人女性だそうです。サラ婆さんの場合はそれよりも26歳も上の89歳です！　月経が無いということは卵子を作れないということです。ということは精子があっても受精できないということです。

となると、考えられることはたった一つ、クローンしかありません。アブラハムの精子のコピーを作り、それを予めコピーしておいたサラの卵子と受精させるのです。つまり、体外受精です。そして、その受精卵をリモコンでサラの子宮に着床させます。これで目出度く「ご懐妊」ということになります。現在、私たち地球人が行っていることと同じことをやったわけです。

ヤーウェが子供を「授ける」と約束したのはこのことだったのです。なぜなら、エロヒムの惑星ではとうの昔にクローン技術をマスターしていたからです。このように、聖書にはDNAやクローン（複製）の話があちこちにちりばめられています。本当に貴重で面白い書物だと思います。ただの宗教教義書などでは決してないのです。ですから、読む時はいつも「DNAモード」とか「クローンモード」とかにあなたの脳のスイッチを切り替えないと、貴重な情報が取り出せない仕組みになっています。この点はカバラも同じですし、仏典も同じです。

唖然とするしかなかったアブラハム

さて、〈律1・8〉のまとめですが、ここはDNAのコピー（複製）のことを言っているのは確かなようで、今度は原始地球人がパソコンのモニター画面でも見せられているのでしょう。光がサファイアのように点滅して、まるで生きているかのように動いているDNAの二重ら旋構造。その中央にある塩基対の「水素結合が解けて」、素早くコピー（複製）が始まっていく様子を観て、全く理解できないこの地球人は、語る言葉も考える気力も失くして、ただ唖《あ》然として立ち尽くしていました。その様子が「口が語るのを止め、心は思考することを停止してしまう」なのです。いくら考えてもわかるはずもないのですから「口が語り、心が思考すれば（もとの）場所に戻ってしまう」しかないのです。

ついにカバラのベールが剥がされた――全てはDNAのことだった！

〈律1・9〉まで来て初めて〈律1・1〜8〉までが一つの前編で、〈律1・9〜14〉までが後編であることがわかります。なぜなら〈律1・9〉には「第一番目に」、〈律1・10〉には「第二番目に」と書かれ、以下同じように続き、最後に〈律1・14〉が来ているからです。

後編に行く前に、ここで〈律1・1〜8〉までをまとめてみますので、皆さんもご一緒に確認してください。全て「DNAの樹」の説明です。

○〈律1・1〉「天空より飛来した人々」であるエロヒムが、DNA（ディオキシリボ核酸）組み換えの技術を駆使して、とりわけこの地球での生命創造を行う。

○〈律1・2〉DNAは二重ら旋構造をしており、一巻き（1ターン）にヌクレオチド対（塩基対を含む）が10個入っている。そしてDNA情報は4つの塩基のうち、3つが一組になったトリプレットが基本的な遺伝暗号（コドン）である。それぞれの塩基対の分子構造

○〈律1・3〉には二重結合が7個、一重結合が約12個ある。

○〈律1・4〉DNAの二重ら旋はヌクレオチド対が10個で一巻き（あるいは1ターン）が基本であり、それぞれの半ターンの中には5個の塩基対が入っていて、絶妙なバランスの水素結合で結ばれている。

○〈律1・5〉なぜDNAの二重ら旋はヌクレオチド対が10個で一巻き（あるいは1ターン）なのか？　それは私たち人類が徹底的に解明しなければならない。その時初めて「天空より飛来した人々」であるエロヒムが神としてではなく、科学的に生命を創造した人々として理解される。

○〈律1・6〉DNAの世界は10億分の1m、つまり㎚（ナノメートル）という極微の世界のことであり、この知識を平和的に利用するのも悪用するのも無限大である。そして、すでにクローン技術を完成させた不死の惑星に住むエロヒムは、彼らの創造物である地球人が正しい方向に進んでいってほしいと切に願って、いろいろな知識を教えたことが宗教という形になっている。

○〈律1・7〉DNAは二重ら旋構造をしており、その塩基配列は約30～32億個もあり膨大である。

○〈律1・8〉DNAの二重ら旋はヌクレオチド対が10個で一巻きであるが、それがずっと約3億～3・2億個もつながっている。

地球人を創造したエロヒムでさえ、エロヒムを創造したエロヒム的な存在をどうやってその地球人に教えたらいいか悩んでいる。エロヒムが原始地球人にＤＮＡのことを説明しても、理解できなくて唖然としてしまう。ましてやＤＮＡのコピー（複製）のことは尚更である。

「いにしえの知恵の正しさ」――温故知新

面白いですね。カバラといえばユダヤ教と中世キリスト教の神秘哲学の心髄といわれ、誰も近づけない世界だと思われていたわけですが、今こうして見ただけでも宗教とは全く違った、ＤＮＡという生命科学の顔を私たちに見せてくれます。こんなところで宗教と科学が一つになっているなんて、いったい誰に想像できたでしょうか？　案外、宗教と科学なんて一つのことなのかもしれません。単にまだ科学が宗教に追いつかないだけのことかもしれません。

ではここで、偉人の言葉に耳を傾けてみましょう。アメリカの物理学者オッペンハイマー（１９０４〜１９６７）は科学と宗教についてこう述べています。

「原子物理学の発見によって示された人間の理解力は必ずしもこれまで知られていなかったわけではない。また別段新しいというわけでもない。われわれの文化にも先例があり、仏教やヒンドゥー教では中心的な位置を占めていた。原子物理学はいにしえの知恵の正しさを例証し、強調し、純化する」

（『タオ自然学』Ｆ・カプラ著　吉福伸逸他訳　工作舎）

宗教（religion）――それは「結びつける」もの

ちょっと辞書で確認してから、後編の〈律１・９～１４〉に進みましょう。宗教は英語で“religion”ということは高１か高２ぐらいの生徒なら知っていると思います。ラテン語“religio”は「結びつける」という意味です。それでは何と何を「結びつける」のでしょうか？　わかりました。他の惑星から地球にやって来て、ＤＮＡを組み換えて地球上の全ての生命を創造してくれた科学者と芸術家グループ――つまりエロヒムと彼らの創造物――とを結びつけるもの、あるいはそれらを結びつける関係や歴史、これが宗教の本来の意味だったのです。

私たちが「宗教」と言う時、神・仏などの超人的・絶対的なものを思慕《しぼ》・崇拝・信仰することだということで精神的な面ばかりが強調されていますが、それでは本来の生命科学的・歴史学的な意味とはズレているようです。どうして数千年の間にそんなにズレてしまったのでしょうか？　それは「伝言ゲーム」をしてみればすぐにわかります。

ここに１００人の人の列を３列、つまりＡ、Ｂ、Ｃと並べて、最初の人に「ずっと昔、エロヒムという異星人が地球にやって来てＤＮＡを組み換えていろんな生命を創造していきました」と伝えます。それを次の人に伝えます……。その情報を１００番目の最後の人が受け取る頃にはいったいどんな風にねじ曲がったものになるか想像してみてください。傑作な答えが出てくることは間違いないです。良くて「昔々ヒエロムという火星人が地球のNBAのメンバーをいろいろ入れ換えました」、悪ければ「昔、バルタン星人がやって来ていろんな改造人間を創りました」なんてことにもなるかもしれません。単純な情報でさえこうですから、目に見えない超自然的な精神性の世界なら尚更です。それに数千年という時間の問題もありますから。

さて、それでは後編の〈律1・9～14〉の謎解きを続けていきましょう。いったいどんな内容が発見できるのかと思うとワクワクしてきます。大丈夫です。DNA関係から外れることはありませんから、安心してください。

実際に生きて存在している神

律1・9
そこに無形の十のセフィロトがある。第一番目に、生きた神の精霊がやどり、永遠に生きる彼の名前は声と精神と言葉によって祝福されねばならない。

「無形の十のセフィロト」が「DNAの10個のヌクレオチド対」だということは、これまで8回も検証してきました。そして、「神」とは「天空より（地球に）飛来してきた人々」であり、DNAを100%科学的に人工合成し、地球上の生きとし生けるものを創造していった科学者グループであることも検証してきました。少なくとも今から1万年以上も昔にクローン（複製）技術もマスターして、不死を手に入れていただろうということも分析してきました。

まず、実際に生きて存在している生身《なまみ》のヤーウェですから、「生きた神」となっています。実はこれはとても重要なことなのです。なぜなら、私たちは神は姿形のない形而上学的な霊的な存在だと長い間教わってきましたが、こんな古い書物でも、すでにそうではないことをはっきりと述べているからです。この点は旧約聖書の中でヤーウェ自身がモーセに伝えている言葉からもわかります。

〝神はモーセに言われた。「私は有って有るもの」。また言われた。「イスラエルの人々にこう言いなさい。『〈わたくしは有る〉というかたが、わたしをあなたがたのところにつかわされました』と〟（出エジプト記３：１４）

「有って有るもの」――煮ても焼いても食えない和訳

「有って有るもの」。よくもまあこんなわけのわからない訳をしたものだとつくづく感心します。こんなことも私たちが聖書とか宗教を嫌いになった理由の一つなんだなと今考えるとわかります。もっと素直に単純に「実際に生きて存在している人」と訳せば、神秘主義的な宗教にならずに済んだのに、と思います。ヤーウェ自身もそのことは始めから心配していたのでしょう。だから、ここでも、そして最後に出てくる〈律１・１４〉でも、「生きた神」と繰り返し念を押しているのです。

もう一つおまけに、その「生きた神」と格闘して勝った地球人の話をしましょう。その人の名はヤコブといいます。「人類の始祖」といわれたアブラハムの子供がイサクで、そのイサクと妻リベカの間に生まれた双子の兄弟がいますが、その弟がヤコブなのです。先に生まれたエサウの踵《かかと》（アコブ）をつかんでいたのでその名が付いています。ある夜、ヤコブは家族に川を渡らせます。一人残ったヤコブは突然ある男と格闘することになりました。それは夜明けまで続きましたが、ヤコブが勝ちました。するとその男はこう言いました。

「お前の名はもうヤコブではなく、これからはイスラエルと呼ばれる。お前は神と人と戦って勝ったからだ」（創世記32：29）

この「男」というのは、エロヒムの一人の男性であることがわかります。創造したヤコブがどれくらい逞しくなったのか、レスリングをして試してみたのでしょう。そして、「神と戦う人」を表すヘブライ語「イスラエル」という名をこの時もらいます。これがイスラエル民族の起こりです。その時ヤコブはこう言いました。

「わたしは顔と顔を合わせて神を見たのに、なお生きている」（同32：31）（傍線筆者）

これで、ちゃんと神というのは「生きている」生身の存在だということが誰の目にもわかります。「顔と顔を合わせて」見ているし、なんと言ってもその「生きている」エロヒムの一人とレスリングをしたのですから。神なるエロヒムは姿形のない霊的な存在などでは決してないということです。それなのに、人間は姿形のない、目に見えない神の方を好む傾向があるようです。もっと正確に言うと、情報環境が（教育環境が）そうしているだけなのですが。

最初に不死の技術の恩恵に与かった人——ヤーウェ

さて、ヤーウェは不死の技術を手に入れているので「永遠に生きる彼」となっているという話に戻ります。このことは、ヤーウェが自分のことをヨハネに話した内容からもわかります。

「私は生きている者である。死んだことはあるが、世々限りなく生きて、死と陰府の鍵を持っている」（ヨハネの黙示録1：18）（傍線筆者）

「死と陰府《よみ》の鍵」が、どうやら不死の技術——つまり私たち地球人も21世紀中には手に入れることになるであろうクローン技術の第3段階——のことを指しているようです。たとえ死んでも、死ぬ前に細胞を少し保存しておけば、死後その細胞をクローン技術によって再生させ、そこに、今の地球人にはまだできませんが、生前の記憶物質をコピーして移植すれば、その人が完全に再生されるはずです。多分、エロヒム・ヤーウェ自身がその最初の人だったのでしょう。だから「死んだことはあるが、世々限りなく生きて」いると言えるのです。

『ヨハネの黙示録』(The Revelation to John) は生命科学の、特に未来のクローン技術のことをヨハネに伝えていたのです。聖書の本当の顔がまた見えてきました。ちなみに、「黙示録」というのは完全な誤訳です。「666」と同じように神秘的で怖いイメージの「黙示録」という訳を最初に付けたのはいったい誰なのでしょうか? 英語の“Revelation”はギリシャ語で「ベールを剥ぐ」、つまり「真実の啓示」という意味です。これまで数千年の間、闇のベールに包まれ誤解されていたものが、生命科学の光を浴びて、今ようやくその真実の姿を浮かび上がらせようとしているのです。

地球における生命創造の総監督——ヤーウェ

次に、「彼」と単数形になっているのはエロヒムの科学者チームのトップであるヤーウェ、あるいはエホバを指します。地球における生命創造の総監督だったのでしょう。当然、ヤーウェの「名前は声と精神と言葉によって祝福されなければならない」のです。DNAの世界のことですから、「生きた神の精霊がやどり」を字句通り解釈しようとすること自体滑稽なことです。エロヒムは他の惑星から地球に生命創造をするためにやってきた実際に「生きた」科学者ですから、それを姿形のない霊的なものとして捉えようとすると、おかしなことになります。だから、わざわざ「生きた」エロヒムと説明しているのです。

では、「精霊がやどり」とはいったい何のことでしょうか？　DNAのことを話しているのですから、少し考えればわかります。アブラハムかもしれませんが、とにかくこの原始地球人がエロヒム・ヤーウェからコンピュータの大型画面に写し出されたDNAの分子構造を見るようにと言われているのでしょう。そしてヤーウェがコンピュータを操作して、DNAの分子構造をいろいろなアングルから動かして見せているのでしょう。

だからこの原始地球人はこの生きているように見えるDNAを見て、「生きた神の精霊がやどり」と原始的に表現したのです。笑っちゃダメですよ。これでも精一杯の表現なのですから。エロヒム・ヤーウェってすごく偉い人なんだとわかったので、「彼の名前は声と精神と言葉によって祝福されねばならない」と称賛するのも自然な感情です。

「日の下に新しきものなし」（コヘレトの言葉1：9）

でもここまできたら、エロヒムっていったいどんな人たちなのか、知りたいと思いませんか？　今一度「創世記」を見てみましょう。

「我々にかたどり、我々に似せて、人を造ろう」（創世記1：26〜27）

エロヒムとは誰なのか？　どんな姿形をしているのか？　という質問に対して、宗教的に神秘的に解釈する必要はないのです。神様が白髪で、白くて長いワンピースを着て、白くて長いあごひげをたくわえて、杖を持っている。まだそんな老人のイメージをしていませんか? 私たち地球人類がヒューマノイド型ということは、エロヒムも私たちと同じヒューマノイド型だということです。「グレー」タイプの宇宙人をイメージしている人も多いかと思いますが、多分彼らは高度なテクノロジーを持っている生物ロボットか何かなのでしょう。

「かつてあったことは、これからもあり、かつて起きたことはこれからも起こる。日の下に新しきものなし」(コヘレトの言葉1:9)

聖書嫌い、宗教嫌い、の私でも、カバラの『創造の書』を分析することにより、聖書って凄い歴史書なんだなと実感しています。もっと正確には、異星人であり科学者であるエロヒムと、彼らの創造物である地球人類との壮大なコンタクトの記録書だと思います。もっとも、その聖書をそのまま字句通りに受け取れないところがミソですが。「かつてあったことは、これからもあり、かつて起きたことはこれからも起こる。日の下に新しきものなし」か。う~ん、これが少なくとも私たちの銀河系における生命哲学の真理なのでしょう。人類の未来が、そして21世紀が見えてきました。今度は私たちが他の太陽系のエロヒムになり、こう言う番です――「我々にかたどり、我々に似せて、人を造ろう」。

大画面に写し出されたリン酸―ペントース―塩基の分子構造

> 律1・10
> 第2番目に聖霊からの空気がある。それは基礎となる二十二文字を通して切断され、刻印される。三つの母なる文字。七つの重複文字、それらは唯一、聖書の中に含まれる。

「聖霊からの空気」とは何のことでしょうか？　「聖霊」とは先の〈律1・9〉の「生きた神の精霊」の「精霊」とは違って、ヤーウェ以下の「エロヒム」のことだと思われます。でも、「エロヒムからの空気」では意味不明です。「空気」を表す原文のヘブライ語は〝AVIR〟で、他には「空間」「大気」の意味があります。わかりました。この「空間」という意味です。今、コンピュータの画面を見ながら実際に生命創造を行う時の話ですので、「空気」というのはコンピュータのモニター用大画面の「空間」という意味でしょう。前の画面が消え、今度はヤーウェの下にいるエロヒムがこれから生命創造のプロセスをコンピュータを通して、この原始地球人に見せようとしているのです。予め用意された特定の人の遺伝子コードに従って、設計図がnmのレベルで大画面の「空間」に描かれていきます。リン酸、ペントース、そして塩基の分子構造図で大画面の「空間」が「切断され、刻印され」ていくのです。「基礎となる二十二文字」とある部分については、前編の〈律1・2〉で解読しましたように、「3つの母なる文字」(DNAに記された3つの塩基で1組の遺伝暗号トリプレット)と「七つの重複文字」(A—T、G—Cの各塩基対における7個の二重結合)と、「十二の単純文字」(各塩基の6環構造における約12個の一重結合)を足したものを表しています。そして突然、これらのことは「唯一聖書の中に含まれる」とあります。

カバラ以外にDNAのことが「含まれ」ているのは、唯一聖書の中だけということですが、さて聖書のいったいどこにDNAのことが書いてあるのでしょうか? 聖書をあちこち調べてみましたが、DNAの特徴について直接言及してある個所はありませんでした。近いものは「エゼキエル書」の「干からびた骨の谷」(37:1~4)があります。また「マタイの福音書」などにキリストの復活のことが記載されていますが、これは私たち地球人が手に入れたばかりのクローニング(複製)技術よりもかなり進歩したクローニング(複製)のことですから、少し違っています。

今一度考えてみますと、この『創造の書』はカバラの「セフィロトの樹」、つまり「生命の樹」のことを説明しているわけですから……わかりました。「創世記」の「命の木」に違いありません。早速そこを開いてみますと……ありました。

「楽園の中央には命の木と善悪を知る木が生えていました」(創世記2:9)(傍線筆者)

聖書の「命の木」というのは、正しくはカバラと同じように「生命の樹」と訳すべきだと思います。

後で黄河文明の甲骨文字のところで詳しく述べますが、「木」は普通の木のことですが、「樹」は元々「DNAの樹」を意味していました。もちろん「創世記」に出てくる2本の「木」はどちらもただの木ではありません。それ以上の意味を含んでいます。聖書というのは何の知識も素養もない原始地球人と、科学と文明がはるかに進歩しているエロヒムとのコンタクト記録のようなものですから、それを理解しようとする時は「生命科学モード」とか「航空力学モード」とかに置き換えないと、大部分はとても読めた代物ではないのです。「命の木」は単にDNAの分子構造だけでなく、クローニング（複製）を含めた、もっと幅広い意味での「生命科学および知識」を表しているに違いありません。こうなると、「善悪を知る木」もただの「木」ではないことになります。多分、その木は「生命科学分野以外の科学及びその知識」を表しているのでしょう。少し調べてみましょう。

「善悪を知る木」を「切っ」てみると「科学的な知識」のことだった

聖書の中の「善悪を知る木」というと、一般的には道徳的・倫理的な面ばかりが強調されがちですが、この際ですから少し考えてみましょう。まず、英訳では“the tree that gives knowledge of what is good and what is bad”とあります。確かに、「良いことと悪いことの知識を与えてくれる木」で正しいのです。しかし、です。その「良いことと悪いことの知識」の元になる「善悪の判断力」は英語で“conscience”と言います。一般的には「良心」と訳されていますが、その語源は“con-（一緒に）”＋“science（科学）”です。となると、「善悪の木」は「科学の木」であるような気がしてきました。

さらに語源を調べていきますと、ラテン語で“sci-”は「知る」という意味です。つまり、なぜだろう？　どうしてだろう？　という疑問を持ったらその答えを「知ろ」うとする――これが“science”、つまり「科学」であり「学問」なわけです。ですから、純粋な子供みたいに、なぜ？　どうして？　と疑問を持たない人は「科学」者にも「学」者にもなれない、ということになります。これでは寂しいですよね。あなたの回りをちょっと見てください。純真な子供心をすっかり忘れてしまい、日々社会の中の小さな歯車として機械的に動かされている人のなんと多いことか！　大学を出たからといって、もう勉強はいいんだ！　なんて言わないでください。死ぬまで楽しく「学んで」いきませんか？

「知る」ためには「切れ」ばいい

では、「知る」ためにはどうしたらいいのでしょうか？　天下の将軍ナポレオンもその晩年、流刑地でヒ素中毒あるいはカビによる真菌症にかかっているとも知らずに苦しんで亡くなっていったそうです。でも死ぬ間際に「俺が死んだら俺の身体を切って調べてくれ」と言ったそうです。そうなのです。古代の人にとっても中世の人にとっても「知る」ためには、早い話が切って開ければいいのです。現代みたいに超音波検査とか断層写真撮影などという技術はありませんでしたから、物の内側・中身を「知る」には要は「切ればいい」のです。

「切る」にはハサミが必要です。そのハサミは英語では“scissors”といいます。“sciss-”とはラテン語で「切る」(cut) という意味です。これでようやくわかりました。要は「知る」ためにはハサミなどで

「切れ」ばいいのです。これが「科学」の、そして「学問」の、つまり“science”の基本的な態度だったのです。そして、その切ったもの同士を一緒に調べて、原因・理由を知ろうとすること。これが“con-（一緒に）”＋“science（切って知ること）”、つまり“conscience（善悪の判断力）”の語源なのです。そこにあるのは医学的・科学的な意味合いだけです。宗教的・道徳的な意味合いは少しもありません。ですから、聖書の「善悪を知る木」とは「医学と科学の木」、つまり「科学的・医学的な知識の木」であるということが当然、理解できるのです。

さて、ヘビに唆《そその》かされたアダムとイブが「善悪を知る木」の実を食べてしまい――つまり、いろいろな科学的・医学的な知識を吸収してしまい――それがエロヒム・ヤーウェの怒りを買ってしまいました。ヤーウェは2人を「楽園」から追放し、DNAに象徴される「命の木」ならぬ「生命科学及びその知識」を守ろうとしました。なぜでしょうか？　地球人類はエロヒムが自らのDNAを用いて創造した子供であるはずなのに、なぜその知識を与えようとしなかったのでしょうか？　何か深い理由がありそうです。子供なのですから、一度ぐらい過ちを犯しても許されてもいいと思うのですが。ここで少し考えてみましょう。

失楽園――エロヒムの正しい判断？

エロヒムがその創造した原始地球人の前で「神」としていられたのも、彼らのはるかに進んだ科学技術があったからこそです。その究極の技術が生命創造と不死に関する知識と技術、つまり「命の木」だったのでしょう。そのような研究施設あるいは生命創造の実験場が「楽園」の「中央に」あったのです。地球人が自分たちと同じ科学技術レベルに達したら、自分たちが神として振る舞えなくなることをエロヒムは心配したのでしょうか？　言いつけを守らなかったアダムとイブが楽園から追放されたのは、それだけ2人が「危険人物」と見做されてしまったからです。1回ミスしただけなのに「危険人物」と見做されるということは、「善悪を知る木」というのが、きっとそれほどの危険性を生み出す科学的な知識のことなのでしょう。

ましてや、その科学技術を手に入れた野蛮な地球人が生命科学の究極の知識——つまり「命の木（DNAの樹）」——まで手に入れたら、自分たちの身の安全が怪しくなるどころか、銀河系の中の平和の秩序までが乱されてしまうと考えたのでしょう。科学的な知識を学んだアダムとイブを「楽園」から追放し、その回りに電子ビーム銃を持ったケルビム（ヘブライ語で「背の低い人」）を常駐させて、生命科学の知識「命の木」を守ろうとしたのは、やはりエロヒムの正しい判断だったような気がします。大切なのは、精神面と科学的な知識面とのバランスの良い発達・進歩ですから。

さて、これまでの解読と分析をまとめてみますと、〈律1・10〉はエロヒムが原始地球人にコンピュータの大画面を見せて、そこにDNAの分子構造が逐一立体的に写し出されていくシーンの説明でした。

生命の基本物質「メンデレーエフの水」の生成過程と巨大タンク

律1・11
第3番目に水と空気。それらは無形にして虚しきもの。泥と埃を通して切断され、刻印されている。それらは庭の花壇のように刻みつけられており、ちょうど壁のように反《そ》り立ち、ちょうど天井のように囲まれている。

一読しただけではチンプンカンプンの文章ですが、これを口述した原始地球人は必ずある具体的な場面を見ていたに違いありません。ではエロヒムは、この原始地球人に対して、生命創造のどの段階のことを見せていたのでしょうか? う〜ん。見当もつきません。でも、まず生命創造の第1段階がコンピュータ画面を通して、エロヒム・ヤーウェによるDNAの分子構造モデルの紹介、第2段階がコンピュータの画面上でDNA(リン酸—糖—塩基)の分子構造図が立体的に描かれていく様子。第3段階ときたら、もうその人のDNAという設計図に合わせて、DNAを100%人工合成し、そして人間を創造することしかありません。

生命物質は地球の「泥と埃」である土から造り出されます。だから「人間」を表す英語の"human"はラテン語の"humus"(土)からできているのでした。この「土」というのは、人間を構成している

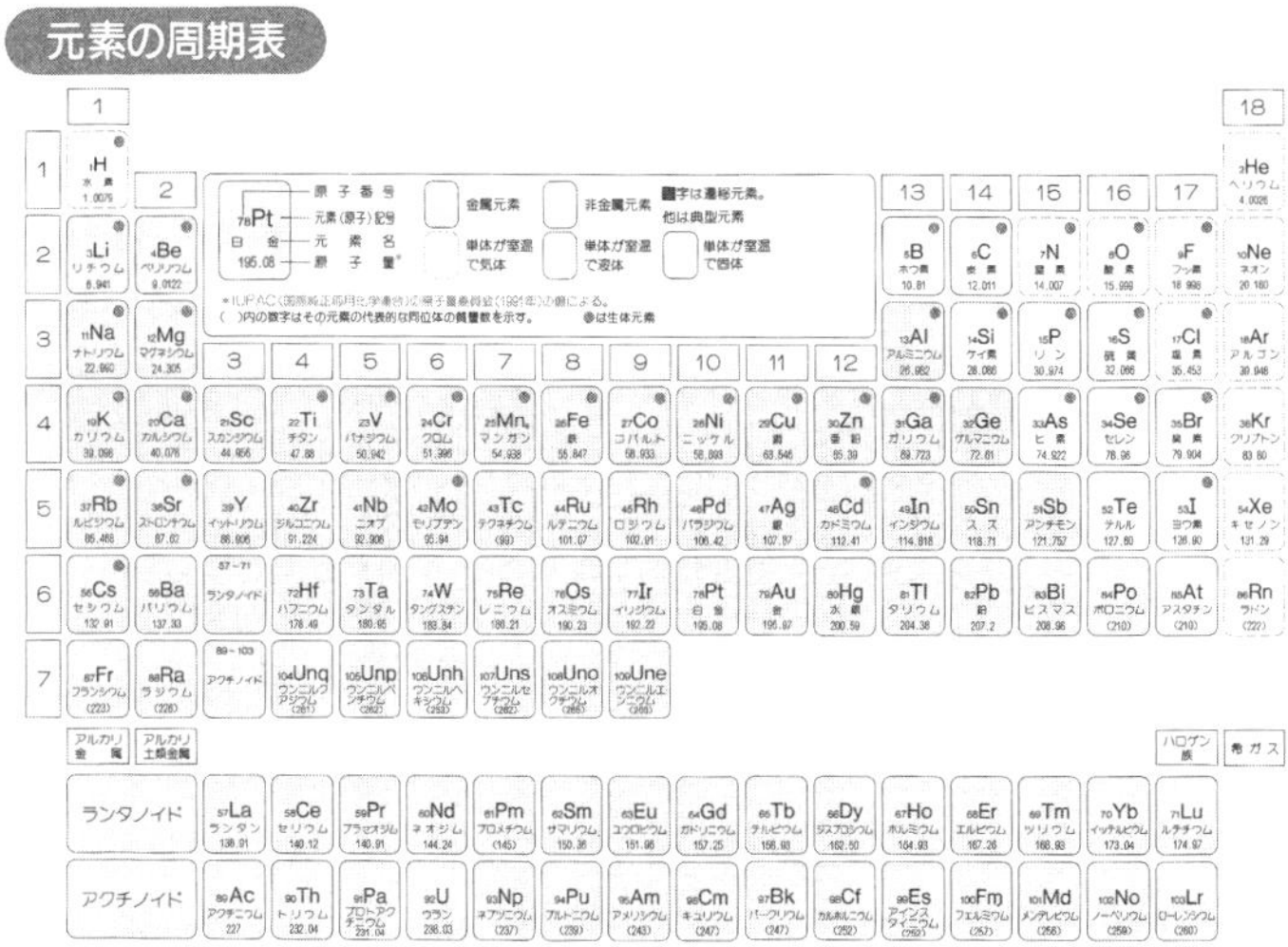

図15：「メンデレーエフの水」はこの周期表にある全ての元素を含んでいる。（『新訂　化学IB』大日本図書より）

元素は土の中にあるたくさんの元素で十分賄《まかな》えるということです。どういう元素があるかについては、上の図15の「周期表」をご覧ください。一般には中学か高校の化学の教科書に載っています。

次に「水と空気」ですが、ナノメートルの世界、つまり分子・原子の10億分の1メートルの世界は私たちの通常の10の1乗の世界からすれば「無形にして虚しきもの」と言えるほどの極微の世界です。それが「泥と埃を通して切断され」とは何のことでしょうか？　生命創造をする時、必要な材料は地球の至るところにある物質――つまり、土、水、そして空気――です。すると適当な量の土に水のジェット噴射をかけ、十分な空気を供給して攪拌《かくはん》している場面が浮かんできて、その攪拌された新しい生命物質の元、つまり「周期表」にある全ての基本元素がほどよく水に溶けた「メンデレーエフの水」が大きなタンクに入っており、その巨大なタンクがいくつも「庭の花壇のように」、きちんと並んでいるということではないでしょうか。

つまり、〈律1・11〉はエロヒムの生命創造プラントにおける生命の基本物質である「メンデレーエフの水」の生成過程とそれが入っているタンクの描写だったのです。

生命創造の実験場にあるコントロール・センター

律1・12
第四番目に、火と水。それらは栄光の座、炎の天使、車輪、聖なる存在、奉仕の天使などに分けられ、刻み込まれている。そしてそれらのうちの三つによって、移住地がつくりあげられる。それは、あたかも〝彼の召使である風、彼の支える炎〟としるされているような状況である。

これも一読しただけでは全く意味不明の文章です。でも、きっと生命創造の実験場(プラント)のある場面、あるいは様子を原始的に精一杯説明しているものに違いありません。とはいうものの、私たち人類でさえもスパコンを導入して、ヒト・ゲノム(人間の全ての遺伝子)解析をほぼ終了したばかりなのです。しかし、それでもまだヒト・ゲノムの全容さえ掴めていないのです。人間の生命創造の実験場なんて想像もできません。ヒト・ゲノムのゲの字も知らない原始地球人なら尚更です。言葉もなければ、それを表現する方法さえ知らないのです。だからチンプンカンプンなのです。とても想像の域を脱し切れるものではありませんが、豊かな想像力を働かせて分析を一緒に進めてみましょう。

まず、最初の「火と水」からして、全くわかりません。でも、その「火と水」が「栄光の座、炎の天使、車輪、聖なる存在、奉仕の天使などに分けられ」とありますので、ただの「火と水」ではないようです。先の〈律1・11〉の「水」とも違うようです。「火」を表すヘブライ語ESHには「エネルギー」という意味もあります。また、「水」を表すヘブライ語MAYIMには「物質」という意味もあります。DNAの話ですから、「エネルギー」と「物質」の意味の方が良さそうです。「エネルギー」を持ったDNAというナノメートルの世界の「物質」を操作して、生命創造活動に携わっていた人たちなどが、「栄光の座、炎の天使、車輪、聖なる存在、奉仕の天使など」なのでしょう。

エロヒムの惑星ではとうの昔にクローン(複製)技術や不死の技術をマスターしていたようですから、作業用の生物ロボットだけでなく、もっと高度の思考様式と感情様式を備えた生物コンピュータを造り上げていたとしても何の不思議もありません。そして、生命創造をする際の諸々のプロセス(作業過程)に彼らが携わっていたのでしょう。それが「奉仕の天使など」なのです。

コントロール・センターのような部屋で、モニター画面を観ながら細部をチェックしているのが「聖なる存在」であり、全体を指揮・監督している人が「栄光の座」にいる人、つまりヤーウェなのでしょう。このコントロール・センターが「居住地」と呼ばれているのです。多分「炎の天使」もそのコントロール・センターにいるのでしょう。こういう具合に、「栄光の座」にいる(エロヒム・ヤーウェ)の指揮・監督の元に、他のエロヒムや生物コンピュータが「彼の召使である風」として、そして「彼の支える炎」として、生命創造に従事していたのでしょう。ひょっとしたら、この生命創造の実験場（プラント）と「居住地」こそが、旧約聖書の「エデンの園」なのかもしれません。つまり、全体として、〈律1・12〉は生命創造の実験場におけるコントロール・センターの原始的な概要のようです。

各塩基の6環構造を「封印」する――完成度の証明

> 律1・13
>
> 三つの単純文字の音、これによって空気は封印され、その中に偉大な御名YHWがすえられる。そして六つの末端を通じて封印される。
>
> 第五番目に、高さが封印され、そして彼は上方に向かい、HYWが封印された。第六番目に、彼は深遠に封印し、下方に向かい、そこにYWHが封印された。第七番目に、東が封印され、彼は前方に向かい、HWYが封印された。第八番目に、西が封印された。彼は後方に向かい、そこにYWHが封印された。第九番目に、彼は南を封印し、右肩に向かい、そこにWYHが封印された。第十番目に、彼は北を封印し、左方に向かい、WHYが封印された。

これも一読しただけでは何のことかさっぱりわかりません。でも、解読作業はもう終わりに近づいています。どう解釈したらいいでしょうか？　生命創造の過程においては、まず総指揮・総監督であるエロヒム・ヤーウェ自身が原始地球人のためにコンピュータの大画面にＤＮＡの分子構造モデルを紹介し（律１・９）、次にヤーウェ以下のエロヒムによってコンピュータの大画面に、ある人の設計図であるＤＮＡ（リン酸―糖―塩基）の詳細な分子構造図が描かれ（律１・１０）、それから筋肉や骨などの元となる基本的な生命物質「メンデレーエフの水」が入っている巨大タンクが紹介され（律１・１１）、その生命創造工場の各プロセスに関わっている人たちと、その工場の脳ともいえるコントロール・センターの説明がありました（律１・１２）。ここまではわかりました。

では、完成品（？）である人間はいったいどうなったのでしょうか？　その説明は全くありません。あるのは、６回繰り返されている「封印」だけです。一応、人間も製品と見れば、箱詰めするのに「封印」するのはごく自然なことですが、本当のところはどうなんでしょうか？　まず、「三つの単純文字の音」とは何のことでしょう？　〈律１・２〉では、「単音の文字」とは各塩基の「一重結合」の数だと解読しました。でも、ＡとＴが12個あり、Ｇが13個あり、Ｃが10個です。これでは数が合いません。だから、ここでは「三つの単純文字」とは「三つの母なる文字」、つまり、４つある塩基のうち、３個で１セット（トリプレット）になっている遺伝暗号コドンを指していると勝手に決めるわけにはいかないでしょう。

〈律１・１０〉で分析したように、「空気」は「空間」の意味です。そして、今度は「封印」ですから、その空間を「閉じる」ことになります。「空間が閉じる」とはコンピュータのモニター画面の「空間」が何かで「閉じ」られていくということです。しかし、この「3つの単純文字の音」である「二重結合」中のどこに「偉大な御名YHWがすえられ」ているのでしょうか? 実際にYHWという文字が、DNAの分子構造の中に記されているわけではないでしょう。これは「YHWHエロヒム・ヤーウェの偉大さがDNAの設計図の中に表されている」という意味でしょうか? さっぱりわかりません。

わからないところは一時飛ばして先へ進みましょう。「そして、六つの末端を通じて封印される」とは何のことでしょう? 「六つ」の「六」というのは初めて出てきた数字です。「六つの末端」とあるからには、多分、六角形か何かでしょう。4つの塩基の分子構造を見てみましょう。何かわかるかもしれません(31ページの図8)。

「六つ」とは、各塩基の6環構造のこと

あっ、これみたいです。ありました。4つの塩基は大きいプリン系のA(アデニン)もG(グアニン)も、そして、小さいピリミジン系のC(シトシン)もT(チミン)も、皆6環構造をしていました。キッコーマン醤油のマーク(⬡)のあれです。でも、この6環の「6」と「六つの末端」の「六」とは同じものを指しているのでしょうか? 多分、指しているとは思いますが、未だによくわかりません。「封印」が6回出てきます。第五番目の封印から第十番目の封印まで全部で6個出ています。全然わからないので、カバリストたちの解釈図と比較してみましたが、余計わからなくなってきました。カバリストたちはどうしても10個のセフィロトに拘《こだわ》っているようで、〈律1・9~12〉までを無理やり中央

の◇菱形末端4個のところに収めているように見えます。これまで何度も検証してきたように、「10個のセフィロト」は「DNAの10個のヌクレオチド対」のことなのです。「もしかしたら両方の意味があるかもしれないよ」って、誰かがそう考えるかもしれませんが、もしそうなら、他の全ての〈律1・1～12・14〉の解釈もそうならなければおかしいわけです。

さらにおかしなことに、カバリストたちは10個のセフィロトのうち、中央にある◇の末端にある4つのセフィロトは『エゼキエル書』の4つの生物と密接な関係があるとか、いやこれは世界の4大要素――つまり神の霊、全世界の大気中の聖霊・エーテル、水、火――のことだとか、勝手なことばかり言っているように思えてなりません。真実からほど遠いところで、ああだこうだと言っているように聞こえてきます。

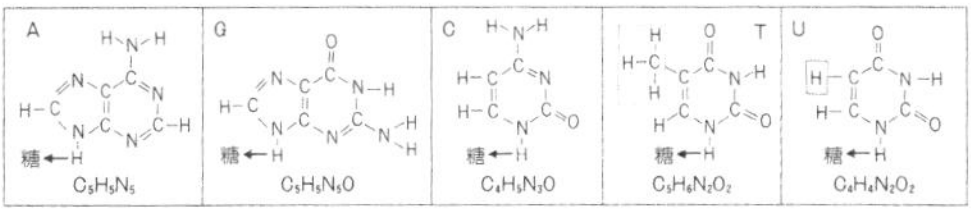

図16：「三つの単純文字の音」とは3個の一重結合のことだった。（『新詳　生物図表』より）

さあ、カバリストたちのことはこの辺で止めて、先へ進みましょう。あと少しで解読終了です。ゴールのテープが見えてきました！ ここで今一度、各塩基の6環構造を見てみましょう。う～ん。確かにどれもC（炭素）とN（窒素）のC_3N_2の6環構造をしています。CとNの位置まで同じです。間違いありません。「六つ」とはこの「6環構造」を指していたといっていいでしょう。

6環という環によって確かに「空気」である「空間」は「封印され」、つまり「閉じて」いますが、3つの一重結合によるわけではありません。3個から5個もあります。でも、「空気は封印され」は「6環構造の空間が閉じる」であるのは確かなことですから、少しわかりました。別な見方・考え方をしてみましょう。「そして、六つの末端を通じて封印される」とあります。「末端」とありますから、それぞれの6環構造に「末端」を付けて、元の分子構造にしてみましょう。「三つの単純文字の音」もついでにわかるかもしれません。

「三つの単純文字の音」とは3個の一重結合のことだった！

図16をよく見ると、一つの共通点があることがわかりました。それは各塩基の6環構造の端に付いている分子です。位置こそ違いますが、AとGとCは$-NH_2$の分子を持っていて、それぞれ3つの「一重結合」をしています。「三つの単純文字の音」とはこのことだったのです！　やはり一重結合のことでした。Tだけは別の$-CH_3$の分子を持っていて、「一重結合」が4つとなって1つ多いのですが、これはこれでOKなのです。なぜならタンパク質を合成する際、DNAをm―RNAがコピー（複製）するわけですが、そのコピー（複製）したものがコピー（複製）であるという印でしょうか、Tの代わりにU（ウラシル）という塩基を入れています。しかし、逆にU（ウラシル）はその分一重結合が少なく1つだけですから、これでバランスがとれているわけです。その原理はA、G、CのNH_2＝（Tの）CH_3＋（Uの）H＝CH_4。1個分だと$CH_4/2$、つまり（便宜上）$C_{1/2}H_2$になります。

NH_2＝$C_{1/2}H_2$なので、H_2を取りますと（便宜上）N＝$C_{1/2}$になります。両方に2を掛けますと2N＝Cとなり、N_2＝Cとなります。つまり、C（炭素）1つでN（窒素）2つと互角だと考えられます。まとめますと、Tだけが違うCH_3を持っていて、一重結合が1つ多い4つになっているのは、U(ウラシル)の一重結合がH1つだけなので、予めそれとバランスをとるためなのでしょう。Nが2個で1個のCと等しいのはこのためでしょう。

一重結合から見た6環構造

次に、これとは別の一重結合の観点からも見てみましょう。Aは‐Hが3個あり、Gも‐Hが3個あり、Cも‐Hが3個あり、そして、Tも皆‐Hが3個あることに気が付きます。これにより、「三つの単純文字の音」とはやはり各塩基の「一重結合」の数だということがわかりました。つまり、「空気は封印され」とあるのは、(6環構造)は空気が逃げられないように「封印され」ていますから、この塩基の6環構造のことを言っているのです。そして、「六つの末端を通じて封印される」とは「各塩基ごとに(6環構造)の末端にいろんな原子や分子が一重結合によって付いていて、その環が閉じて完成していること」を説明しているのです。

こうして、各塩基の共通の基本構造が6環構造であり、それぞれの末端には塩基特有の原子や分子が付いていることが「原始的に」説明されているのです。そして、そのような生命創造をする時に最も重要な遺伝情報であるDNAを創造した科学者チームの総指揮者であるエロヒム・ヤーウェの名が称えられているのです。

まとめますと、〈律1・13〉の前半の半分は各塩基が6環構造を中心に「原始的に」説明されたものであることがわかりました。残るは、真ん中の部分「その中に、偉大な御名ＹＨＷがすえられる」と、それ以降の残り全部です。これは今もって私にはわかりません。いったいＤＮＡの各塩基の何を説明しようとしていたのでしょうか。そしてなぜ、エロヒム・ヤーウェを表す聖四文字ＹＨＷＨを3文字に短くして、それぞれ呼び名あるいは書き名を変えているのでしょうか。

……何となくわかりかけてきました。

「三つの単純文字の音、これによって空気は封印され、その中に偉大な御名ＹＨＷＨがすえられる」とあるのは、6環構造の一つ一つを、そして、その末端にある原子と分子までも、すべてエロヒムがよく考えて造ってくださったことの偉大さを表現しているのではないでしょうか。

でも、これなどは少し無理やり6環構造にＹＨＷＨの聖四文字を押し込めようとした感がありますが、皆さんはどう思われますか？

〈律１・１３〉は各塩基の6環の末端のどれをとっても、それがエロヒム・ヤーウェの創造によるものだよと、そして、それが生命の核心部分だよと説明しているのです。

さあ、長いことお待ちどうさまでした。最後の〈律〉です。あともう少しです。楽しんで分析しましょう。しかし、これもなかなか手強そうですよ！

基本的な生命物質「メンデレーエフの水」を養生・熟成させる巨大タンク

律1・14
そこには無形の十のセフィロトがあり、それは一である――生きた神の霊、空気からの聖霊、水、高さ、深淵、東、西、南、および北よりの炎。

キーワードは「一」と「炎」です。「一」にはいくつかの意味がありますが、どの意味なのでしょうか? 単なる数字の「1」なのでしょうか? それとも「一番大事なもの」の意味でしょうか?「十のセフィロイト」とは「10個のヌクレオチド対(塩基対を含む)」のことです。その10個のヌクレオチド対が「一である」とはどういうことなのでしょうか? 二重ら旋のねじれをよ~く見てみましょう。

……なるほど、わかりました。

1個の塩基対のねじ曲がっている角度は36度です。つまり10個で一巻あるいは一回転です。この「一巻あるいは一回転」が「一」の意味だったのです! つまり、最後の締めですから、エロヒムからDNAの説明を受けている原始地球人は、最後に改めて「ヌクレオチド対(塩基対を含む)が10個でDNAの一つの基本ユニット(単位)」になっているのだよと、そして、この原理は「一」つなんだよと、再確認しているようです。

ただ、残念なことに、21世紀を迎えた今でさえ、なぜ10個なのか、答えを出せる科学者はこの地球上にはいないようです。「自然にそうなっている」というのが精一杯の説明のようです。でも、それを検証するのが科学者たちの使命の一つのはずです。そうするにはもっと「賢明でなければならない」〈律1・4〉と創造者エロヒムが私たちにアドバイスしています。

さて、もう一つのキーワード「炎」がわかりません。「生きた神の霊」とは〈律1・4〉で分析した「生きた神の聖霊」と同じもので、「エロヒム・ヤーウェがコンピュータの大画面の中で、まるで生きているようにあれこれいろいろな角度から動かして見せたDNAの二重ら旋の分子構造」のことです。エロヒム・ヤーウェがコンピュータを操作してDNAをあれこれ動かすものですから、それを見た原始地球人は「生きた神の霊がやどった」と表現したのです。コンピュータの無い時代でしたから、無理も無いことです。

次に「空気からの聖霊」です。あれ、〈律1・10〉では「精霊からの空気」とあります。精霊と空気が逆になっています。言い間違えでしょうか？　それとも書き間違えでしょうか？　いずれにしても、あまり大したことではないと思います。〈律1・10〉で分析しましたように「精霊からの空気」とは「（エロヒム・ヤーウェの下の）エロヒムが操作したコンピュータの大画面の空間」のことでした。そしてこの原始地球人の目の前で、この大画面の「空間」が各ヌクレオチド（リン酸―糖―塩基）の複雑多岐の分子構造で埋められていくのです。

そのDNAの設計図に従って創られる基本的な生命の基となっている物質が大地の土であり、そして、「水」と空気なのです。その「メンデレーエフの水」を造る施設、つまり、タンクは巨大なので、「高さ」があり「深」いのです。全て辻褄が合っています。

さあ、ようやく最後のフレーズです。感動のフィニッシュが待っていますよ！

「炎」＝人工の太陽光だ

最後は「東、西、南および北よりの炎」です。「炎」って何でしょうか？　一読してわからなくても大丈夫です。これまで皆さんとご一緒に楽しく進めてきました「生命の樹」に関する〈律１・１〜１３〉の分析では、〈律１・１〜８〉は原始地球人がエロヒムから説明を受けたＤＮＡの分子構造図のことであり、後編の〈律１・９〜１３〉は、実際にその地球人がエロヒムの生命創造の実験場を見学した話だという、大まかなことがわかっていれば大丈夫です。最後のフレーズがわからなくても、全体の意味が損なわれるということがないからです。

それにしても、実際の「炎」ではないでしょう。この原始地球人はその生命創造の実験場のどの工程の何を見て「炎」と表現したのでしょうか？　待ってください。忘れていました。生命を育むのに大切なものを。水、空気、土……ときたら太陽です。つまり「炎」とは「自然の、または人工の太陽（光）」ではないでしょうか？　そこは実験場ですから「人工の太陽光」の方が妥当性は高いようです。〈律１・１１〉で分析したように、生命を創るための基本的な生命物質「メンデレーエフの水」とは、高校の化学の教科書に必ず載っている「メンデレーエフの周期表」にある全ての元素を含んだ溶液のことです。それが半透明か何かの巨大なタンクの中に貯えられます。無菌状態の新鮮な水をジェット噴射で注ぎ込み、細菌と大気汚染されていない新鮮な酸素と攪拌《かくはん》します。そして、それをその巨大容器の中で殺菌力のある人工太陽光を四方八方から照射して、十分養生あるいは熟成させます。

これが「東、西、南および北よりの炎」ということなのでしょう。こうして基本的な生命物質「メンデレーエフの水」が造られ、DNAという設計図の注文書がやって来ると、それに応じて必要な分だけ分子合成器で注文品を作り出し、「出荷」することになっているのです。早い話が、電子レンジと分子合成器が一体化していて、それに「メンデレーエフの水」がパイプでつながっているようなものです。ある生命体の注文が来るとその注文品名を入力するか、またはその項目を検索してボタンを押せば、その分子合成器が注文書のDNAを100パーセント人工合成し、数分後にチンと鳴ったら出来上がりというようなものです。まさにドラえもんの世界そのものなのです。

ですから、近い将来私たちの日本でも最高級の黒マグロを獲るために、わざわざ世界の七つの海を越えていくという危険性と必要性がなくなる時代がやって来るのです。完成品こそ違え、原理的には私たちがこの地球上でやっていることと大差ないようです。ただ、その完成品の完成度の高さは私たちの想像を遙かに超えるものばかりですが――。

最後の〈律1・14〉は生命創造実験場内にある基本的な生命物質「メンデレーエフの水」を養生・熟成させる巨大タンクの説明のことだったのです。

これでやっと終わりました。書かれてから約1500年近くも誰も成し遂げることのなかった『創造の書』第1章の解読を、つまり「生命の樹」の解読を、新しく生命科学の観点から成し遂げることに皆さんは成功したのです。カバラの歴史を、聖書の歴史を塗り替えてしまいました。ここでお互いにその偉業を称え合いましょう！

エロヒムの生命創造の実験場を最初に見学した地球人

でも忘れないうちに、ここで後編〈律1・9〜14〉のまとめをしてみましょう。エロヒムの生命創造の実験場（プラント）を原始地球人が見学している場面です。

○〈律1・9〉エロヒム・ヤーウェが原始地球人にコンピュータの大画面を見せＤＮＡの分子構造を立体的にあれこれ動かして見せ、それを見た原始地球人がヤーウェを称賛しているという場面です。

○〈律1・10〉画面が変わり、ある遺伝子コードに従って、nm（ナノメートル）レベルでリン酸、ペントース、そして塩基の構造図が次から次へと画面を埋めつくしていくという場面です。そして、このことは旧約聖書の中にも書き記されているということです。

○〈律1・11〉ある設計図に従って使われる基本的な生命物質「メンデレーエフの水」の生成過程とそれを入れる巨大なタンクの描写です。

○〈律1・12〉エロヒムの生命創造の実験場で働いている人たちとコントロール・センターの原始的な描写です。

○〈律1・13〉ここで再び生命の鍵を握るＤＮＡの中の各塩基の6環構造の説明になります。そして、

○〈律1・14〉

その6環構造の末端においても、エロヒム・ヤーウェの創造性が行き渡っていることの説明です。

DNAのまとめをしています。10個のヌクレオチド対で一回転のユニットになっていることを再度強調しています。コンピュータの大画面に映し出された立体的に動くDNAの分子構造があり、次から次へとnmの世界のヌクレオチドが、その大画面を埋め尽くしていきます。こうして詳細な設計図ができ上がります。そして最後は新しい生命の基本物質となる「メンデレーエフの水」の生成と養生の場面です。

最後に、全体の〈律1・1〜14〉を大雑把にまとめておきますと、前編は地球上のどこか（多分シュメール）で原始地球人（多分アブラハム）が、エロヒム・ヤーウェから生命の鍵であるDNAの説明を受けている様子です。そして、後編はエロヒムの生命創造の実験場（プラント）の現場見学をしている場面です。

宗教の中の生命科学——知性に全てを託して

これでようやく、長い間近づく者を拒んできた難解中の難解といわれているカバラの「生命の樹」の解読は終わりました。皆さん、お疲れ様でした。「生命の樹」を解読してみての感想はどうでしょうか？

私はカバラの専門家でもなければ研究者でもありません。ましてや、宗教関係者でもなければ大学教授でもありません。宗教的なことは全くわかりませんし、専門的な知識もほとんどありません。でも、このミステリー・サークルみたいなハッキリと形のある、目に見える、ハッキリと残っているものには興味がありました。しかし、誰が作っているのだろう？　どんなメッセージなのかな？　といつも人事《ひとごと》のように思っていました。

しかし誰も回答を出してくれないので、自分で取り組んでみようと思ったのです。やってみるとミステリー・サークルから最初に出てきたものが宗教でした。さらにそこから出てきたものがＤＮＡやＲＮＡという生命科学のことでした。宗教や宗教教義書は私たちが抱いているような宗教的で神秘的なイメージとはかけ離れたものでした。宗教の中の科学。科学の中の宗教。今も反目し合っている科学と宗教。本来は二つで一つの不可分なものだと思います。どちらが欠けても「真理」に到達することは困難なようです。そのことをいち早く見抜いていたのが20世紀最大の天才科学者アルバート・アインシュタイン博士でした。博士はこんな言葉を「知の遺産」として私たちに残してくださいました。

「宗教なくして科学は不具であり、科学なくして宗教は盲目である」

第2章　古代メソポタミアのシュメール――「DNAの樹《いのちのき》」の故郷

第1章では、ユダヤ教カバラの「セフィロトの樹（生命の樹）」が実は「DNAの樹」であることを世界で初めて（！）、詳しく解読することに成功しました。宗教と生命科学が常温核融合した瞬間でした。しかし、これで何がわかるというのでしょうか？「そんなものはたかだかユダヤ教の世界だけのことじゃないか？」と言われてしまえばそれまでです。でも本当にユダヤ教だけのことなのでしょうか？

どんな文明も必ず先行文明というものがどこかにあります。それが歴史というものです。ユダヤ教カバラの「DNAの樹」も、きっとどこかに先行する「オリジナル樹」があるに違いありません。第2章ではその「DNAの樹」のルーツを探し求め、それが極東の地・倭国日本までどのような経緯を辿って、東へ東へと伝播《でんぱ》してきたのかを、皆さんとご一緒に見てみたいと思います。それではこれから、約4000年に及ぶ「DNAの樹モチーフ」発見の旅に出掛けてみましょう。私たちの旅のナビゲーターは直感と比較言語学だけです。

①「DNAの樹」のルーツ＝古代メソポタミアのシュメール

『創造の書』の〈律1・10〉には「DNAの樹」のことがこう記されていました。

「それは唯一、聖書の中に含まれる」

ユダヤ教カバラは「聖書の秘密を解く鍵」であると言われています。そのカバラの「セフィロトの樹(生命の樹)」が「ＤＮＡの樹」であることがわかった今、次のステップは旧約聖書を調べてみることです。旧約聖書の「創世記」にはこう記されています。エデンの園には1本の川が流れていて、そこから4本の川となり、第一の川はピション、第二の川はギホンで、

「第三の川の名はチグリスで、アシュルの東の方を流れており、第四の川はユーフラテスであった」(創世記2：13〜14)

つまり、「エデンの園」という生命創造の実験施設(プラント)があったと思われる場所は現在のイラクで、今もなおナツメ椰子《やし》を豊かに育むチグリス川とユーフラテス川の合流地域、つまり古代メソポタミアの南部のシュメールであったようです。

②旧約聖書の「命の木」とは「ＤＮＡの樹」のことだ

「園の中央には、命の木と善悪の知識の木が生えていた」(創世記2：9)

カバラの「生命の樹」のところで解読しましたように、この「創世記」の中のこの「命の木」とは「DNAの樹」のことであり、「善悪の知識の木」とは「科学的な知識」のことでした。面白いことに、シュメールにおいては「DNAの樹」である「生命の樹」は、一番身近な樹木として表されていました。それがナツメ椰子なのです。小学生の頃覚えた島崎藤村の「ヤシの実」という詩を思い出します。実はこのナツメ椰子というのはチグリス・ユーフラテス川が原産地で、約5000年前のシュメールの時代から栽培されているそうです。そして、日本の桐の木のように、「子供が生まれた時に1本植えておくと、一生を通じてその子の役に立つ」といわれています。

③ナツメ椰子は「DNAの樹」のシンボル樹だ

さて、このナツメ椰子のことをよ〜く覚えておいてください。特に、枝といいますか——正確には葉なのですが——その枝あるいは葉の数のことを意識してください。これからはこのナツメ椰子が「DNAの樹モチーフ」の主人公になっていきます。「全ての知識はシュメールより始まる」といわれていますように、本書のメイン・テーマの一つである「DNAの樹モチーフ」発見の旅も、実はそれを確かめる旅でもあるのです。しかも、ナツメ椰子からです。では、ナツメ椰子からいったい何がわかるというのでしょうか？　ナツメ椰子とDNAには、いったいどんな関係があるのでしょうか？

一部の方はよくご存じかもしれませんが、今から約6000年前に今のイラクを流れるチグリス・

ユーフラテス川の両河間を中心に発生したメソポタミア文明（メソポタミアとは「両河の間」の意味）は全く先行文明を持たないのです。突然高度な文明が、それも現代文明の基礎となるものが全ていきなりメソポタミアに出現したのです。明らかにこの事実は進化論的な考え方に反しています。突然変異も斬新《ざんしん》主義も全く役に立ちません。これはかの有名なシュメール（Sumer）の粘土板で確認できることなのです。シュメール研究の世界的権威であるゼカリア・シッチンの研究書を見れば一目瞭然のことなのです。

天文学から科学、医学、農業に始まり、文学、文字、数学、果ては造船技術、学校制度、司法制度など、ほとんど現代の全ての学問領域に及んでいます。その中には現代をも凌ぐものまでもあるのです。その一つがＤＮＡを代表とする生命科学です。

「ＤＮＡの樹」が本書のメイン・テーマの一つになっている理由がここにあります。21世紀を迎えたばかりの現在、遺伝子の組み換えとクローン（複製あるいは再生）が生命科学の最先端技術の話題となっていますが、そのようなことはとうの昔にシュメールにおいて行われていたようなのです。それが嘘かどうかを調べるために、考古学的な資料と比較言語学の助けを借りて、シュメールからスタートして「ＤＮＡの樹モチーフ」発見の旅に出掛けてみましょう。

なお、旧約聖書の「ノアの洪水」の話などはシュメール神話がオリジナルですので――また、カバラの「セフィロトの樹（生命の樹）」が「ＤＮＡの樹」であることを解読した際にこのことは「それらは唯一聖書のなかに含まれる」とありましたので――尚更その聖書の大本《おおもと》であるシュメール文明を見ることが先決になってきます。

④「天空から地球に降りてきた人々」――アヌンナキ

先に述べたように、シュメール人は世界で最初の文字をすでに持っていました。粘土板に刻んだ楔形文字です。正確には、教わりました。彼らの神々であるアヌンナキ（Anunnaki）からです。「アヌ」とは「天空」を、「ナ」とは「～から（来た）」を、「キ」は「地球」を表していました。つまり、「天空から地球にやってきた人々」から何もかも教わったのです。彼らはカバラの解読の時にやりました「Elohim（エロヒム）」と全く同じ意味の人たち――地球外知的生命体――なのです。

この「天空から地球にやってきた人々」であるアヌンナキ、あるいはエロヒムの一大研究都市、それが「エデンの園」であったのです。どうりで私たち地球より優れた文明を持っているわけです。だから、彼らから教わることができるのです。

⑤これが「DNAの樹」の原型「7枝樹」だ！ すべてはここから始まった

今から5000年～6000年前というと、ヨーロッパやエジプトでは新石器時代です。日本では縄文時代前期～中期です。文字が登場するどころではありませんでした。片やシュメールではもうすでにいろいろな出来事を粘土板に刻むための楔形文字がありました。そしてもう一つ。利口なシュメール人は円筒形のローラー（約1㎝～6㎝）にいろいろな絵を刻み、それを粘土板の上に転がす「円筒印章」

というものを作っていました（図17）。簡単にいえば転がし式ハンコのことです。実印と同じくらい大切なものですから、シュメール人は鎖や紐を付けて、いつもそれを首から吊していました。それで、荷物や書類に押していたりしていたのです。

押してできた印影図を「円筒印章印影図」といいます。数ある円筒印章印影図の中でも、次のものは今回の「ＤＮＡの樹モチーフ」発見の旅の中でも一番重要で基本的なものです。よくご覧ください（図18）。紀元前３０００年中期頃のものです。日本の縄文時代中期頃に当たります。考古学者のジョージ・スミスが「誘惑の印璽《いんじ》」と名づけていますが、その「誘惑」という表現が適切かどうかはこの後わかります。「印璽」というのは一般市民の印章・ハンコとは違って、例えば天皇の御璽《ぎょじ》とか日本国の国璽《こくじ》とかという政治的・外交的にきわめて重要な意味合いを持つ印章のことです。ここでは古代シュメール国家の国璽を指しているものと思われます。

まず中央に、左側に「４本の枝」、右に「３本の枝」がある木が立っています。実も２個生《な》っています。ナツメ椰子です。「４本の枝」の方には蛇を背後にして女性が椅子に座っています。反対側の「３本の枝」のある方には、牛の角の付いたヘルメットあるいは王冠を被った男性が椅子に座っています。日本の比較言語学の中でも異彩を放っている川崎真治氏はこの７本の枝のある木を「７枝樹《しちしじゅ》」と呼んでいます。実に単純明快な表現だと思います。そして、左側の女性（ガラ・バウ女神）を「蛇女神キ」、右側の男性（ドゥムジ神／グドゥ神）を「牡牛神ハル」と呼んでいます。

この印章印影図は生命創造をしようと提案している場面を表しているといわれています。なぜ「生命

図17：メソポタミアの円筒印章（約２～３センチ）（『メソポタミア文明展』編集：世田谷美術館・ＮＨＫ・ＮＨＫプロモーション　発行：ＮＨＫ・ＮＨＫプロモーションより）

図18：これが「ＤＮＡの樹」のオリジナル樹だ！（中央）。左の４枝＝４種類の塩基、右の３枝＝遺伝暗号トリプレットだ！　左が蛇女神キ、右が牡牛神ハル。全てはここから始まった。（『イメージの博物誌　生命の樹』ロジャー・クック　平凡社より）

創造」なのでしょうか? 私はこの「7枝樹」を見た瞬間ドキッとしました。胸がワクワクしました。なぜなら、直観的に「これはDNAの樹のことだ!」と思ったからです。今から5000年も前の時代に「DNAの樹」など本当にあったのでしょうか? さぁ、それでは分析を始めてみましょう。ワクワクするような衝撃が皆さんを待っています。

⑥世界初解読! あの円筒印章印影図の「7枝樹」の「4枝」=「4種類の塩基」、「3枝」=「アミノ酸対応言語トリプレット」のことだった

これはすごく単純なことなのです。「真実は単純である」といわれている通りなのです。現在はイギリスの大英博物館に置かれているこの有名な円筒印章は、人間の生命創造の場面を表したものだといわれています。カバラの「生命の樹」のところで分析しましたように、地球上に約3000万種あるともいわれている生きとし生けるものは全て、DNAという遺伝情報からできています。そして、そのDNA(デオキシリボ核酸)はA(アデニン)、G(グアニン)、T(チミン)、そしてC(シトシン)というわずか4種類の塩基から構成されています。「7枝樹」の左側の「4枝」とはズバリこの「4種類の塩基」のことです!

5ではなく「4」、3ではなく「4」である必然性がここにあります。ということは、皆さんもうこれでもうおわかりですね。そうなのです。なんと右側の「3枝」とは、その4種類ある塩基のうち、「3つで一組みの文字」、つまりカバラの「三つの母なる文字」である「遺伝暗号トリプレット(3)」を指

していたのです！

例えば、私たちにもなじみの深いアスパラギン酸とかグルタミン酸とかロイシンなど20種類あるアミノ酸の対応言語そのものを指していたのです。ちなみに、アスパラギン酸の「遺伝暗号トリプレット（3）」はGAUとGACで、グルタミン酸の場合はGAAとGAGです。ともかく、この古代シュメールの国璽の印影図の中央に鎮座する、左に4枝、右に3枝の「7枝樹」とはまさに「DNAの樹」そのものだったのです。

国樹ともいえる身近なナツメ椰子の木を題材にして、DNAの二つの特徴（4種類の塩基と遺伝暗号トリプレット）がものの見事に簡潔に様式化されています。国璽の印影図に「DNAの樹」を配しているのは世界広しといえども、古代シュメールだけだと思います。シュメールの有名な『ギルガメシュ叙事詩』には「アヌンナキ（神々）が自分たちの代わりに金を採掘するその労働力として人間を創造した」とあります。

その真偽はともかく、これで生命創造と「DNAの樹」が結びついてきました。国璽に「DNAの樹」を配しているのですから、生命創造というものがますます現実味を帯びてきました。だから、蛇女神キと牡牛神ハルの2人が「DNAの樹」を挟んで、お互いに相手の方に両手を差し伸べて「さぁ、これから生命創造をしよう」と提案しているのです。それも、ヒト・ゲノムの知識と遺伝子工学の技術を駆使しながら、です。

ちなみに、後で黄河文明のところで詳しく述べますが、このシュメールの国璽の印影図を漢字4文字で書くとなんと十干《じっかん》の「甲乙丙丁」となります。1字ではなんと、「商」（殷の正式な国名）と書きます！

また、この印影図と同じ情報は群馬県月夜野町の矢瀬遺跡を始めとする日本の縄文時代の土器・土偶にたくさん見ることができます。その歴史的な背景は後のお楽しみということにしましょう。

さて、シュメールから約5000年の時を経て、それも21世紀を迎えた今、ようやく古代シュメールの国璽に配された「7枝樹」の本当の意味が明らかになりました。このことが古代中国では周易の64卦表に残されているというのは驚異的なことです。これについては前の章で述べた通りです。やはり、ここでも4ではなく「3」、2ではなく「3」である必然性がここにあったのです。さすがの川崎氏もこのことまでは気が付かなかったようです。比較言語学だけではどうしても限界があるからです。

世界最古のシュメール文明の「7枝樹」はカバラの「生命の樹」と全く同じで、「DNAの樹」のことでした。DNAの2大特色である「4種類の塩基」と、「アミノ酸対応言語トリプレット」のことでした。これは単なる偶然の一致でしょうか？　いえいえ、この宇宙には偶然というものは何一つ無いようです。その時代の知識レベル・科学レベルでは理解できないものですから、「偶然」という言葉で簡単に片付けてしまうのです。それに、その方が便利ですからね。でも、それでは一向に真実・真理へと辿《たど》り着くことはないようです。

ところが、中央の複雑なモデルの「生命の樹」を「DNAの樹」であると直観的に見抜いた人がすでに世界には3人いました。最初の人はエリッヒ・フォン・デニケンです。今から25年ほど前に『太古の宇宙人』で一世を風靡《ふうび》した人です。「宇宙考古学」のパイオニアでもあります。読者の中にはまだデニケン・ファンの方も多いかと思います。彼は円筒印章印影図の「7枝樹」についてはかなり的外れな説明をしていますが、それでもアラバスター（雪花石膏）の「生命の樹を守る有翼神」については、根拠は示していないものの、素晴らしい直感力を持っていました。二番目の人は世界的に有名な言語学者で考古学者のゼカリア・シッチンです。メソポタミアの粘土板に刻まれた古文書を解読した『地球年代記』は世界的なベストセラーとなりました。「生命の樹」とDNAについての言及はあるものの、同じく具体的な証拠は示してはいません。もう一人は日本人の戸来優次さんです。具体的な証拠はないものの、水素結合のことを言い当てたのは彼だけです（『「謎解き」聖書』）。

さて、ここで少しこれまでの経緯をまとめておきましょう。1997年にイギリスに出現した数々のミステリー・サークルの一つにユダヤ教のカバラの「セフィロトの樹（生命の樹）」がありました。その「セフィロトの樹」の説明書である『創造の書』を解読してみたところ、「生命の樹」が「DNAの樹」であることがわかりました。それが旧約聖書の中で、エデンの園の中央に生えている「生命の木」であることもわかりました。エデンを遡《さかのぼ》ると古代メソポタミアのシュメールに辿りつきました。そして、シュメールの有名な円筒印章印影図にはDNAの2大特色を表す「7枝樹」がはっきりと印されていました。

左の「4枝」がDNAの「4種類の塩基」を表し、右の「3枝」は「アミノ酸対応言語トリプレット」を表していることがわかりました。とりわけ後者の「アミノ酸対応言語トリプレット」一覧表が古代中国の周易の64卦表と全く同一であることもわかりました。さらには、このDNAを操作して生命体を創造する場合、4枚の側にあって「4種類の塩基」のシンボルが蛇女神キであり、3枚の側にあって「遺伝暗号トリプレット」のシンボルが牡牛神ハルでした。

世界最古の文明といわれているシュメール文明。「全ての知識はシュメールより始まる」ともいわれています。究極的には、シュメールの「天空より地球に降りてきた人々」を表すアヌンナキが、古代エジプトを含めた古代オリエントの神々の大本になっているともいわれています。本当でしょうか？

世界4大文明といわれているメソポタミア文明、エジプト文明、インダス文明、そして黄河文明。果たしてシュメールに始まった「DNAの樹」崇拝思想がエジプト文明、インダス文明、黄河文明、そして朝鮮半島と極東の地倭国・日本まで伝播していったのでしょうか？ シルクロード（絹の道）と同じように、数百年数千年の歳月をかけ、東へ東へと海を越え山を越え、約1万㎞も旅をしてきたのでしょうか？ それではこれから皆さんとご一緒に、再び「DNAの樹モチーフ」発見の旅に出掛けてみることにしましょう。シュメールの次はエジプト文明です。

第3章　古代エジプト文明と「DNAの樹モチーフ」

古代エジプト文明というと、ギザのピラミッドばかりが注目されているようですが、それもそのはず、例のロバート・ボーヴァルの衝撃的な『オリオン・ミステリー』の中で、ギザの三大ピラミッドが実は大きさも光度も位置構成も全てオリオン座の3つの星と完全に対応した形で建造されているという衝撃的な発表があったからです。それも、BC1万年以上も前というから尚更です。ピラミッド建設に従事したのは現世人類であっても、その建造技術や知識は到底地球のものとは考えられません。やはり、地球外の「天空より地球に降りてきた人々」アヌンナキの関与を考える方がよほど自然なような気がします。

まず、シュメールの「DNAの樹」の右の3枝側にいる牡牛神ハルは、古代エジプトに入ると、ハルHar→ホル Horと転訛《てんか》します。他方、蛇女神キは牡牛神と見做《みな》され、ハト・ホルあるいはハトル女神となります。牛の角と太陽の冠を被っているあの女神です。宇宙の子宮の象徴でもあり、受胎と多産をもたらす地母神でもあるのです。また、ナツメ椰子が生い茂るシュメール出身の女神ですから、「ナツメ椰子の女主人」とも呼ばれ、椰子の木から死者に飲み物や食べ物を与えたりしていました。「ナツメ椰子＝DNAの樹」のことですから、クローン技術を用いて死者の再生を行っていたものと考えられます。とにかく、エジプトにおいてもこの創造2神が篤《あつ》く信奉されていたとのことです。ゼカリア・シッチンの研究によりますと、シュメールの12神がエジプトに入ると違った名前になっているとのことです。例えば、知恵の神エンキがプタハと呼ばれ、そのエンキの6人いる息子のうち、長男であるマルドゥクが太陽神ラーと呼ばれ、エンシャグ（エンキ神とニンハルサグ／ニンティの子）がセト（兄のオシリスを殺害）と呼ばれ、ニンギッドゥ（エンキ神とエレシュキガルの子）がトート神（イシスに夫のオシリスの再生・復活の技術を教えた）とそれぞれ呼ばれています。

それはともかく、「ＤＮＡの樹モチーフ」の創造2神ホルとハト・ホルあるいはハトル女神は簡単に見つけたものの、残念ながら肝心の「ＤＮＡの樹」がなかなか見つかりませんでした。古王国時代（ＢＣ２６９０年頃）の「ピラミッド・テキスト」や中王国時代（ＢＣ２１００年頃）の「コフィン・テキスト」、そして新王国時代（ＢＣ１５５０年頃）の「死者の書」を調べてみましたが、見落としたのでしょうか、見当たりませんでした。

それでは、シュメールの「ＤＮＡの樹」の知識と技術は古代エジプトには伝わらなかったのでしょうか？　いいえ、ご安心ください。やはり、別の衝撃的な形で残されていました。

①「生命」のシンボル「アンク十字」とはＲＮＡ（リボ核酸）のことだった！

古代エジプト人が神聖視して身近に用いていたものの中に「ジェド柱」と「アンク十字」の二つがあります（図19、20）。古代エジプト人はこれを魔除けのお守りとして広く用いていたようです。それはいろいろなレリーフやパピルスの文書などにたくさん描かれているものを見ればわかります。次のパピルスを見てください（図21）。有名な王室書記アニのパピルスです。面白いことに、2大シンボルであるこの「ジェド柱」と「アンク十字」が上下に合体して、さらにその上にちょっと歪《いび》つな太陽が載っています（ちなみに、クェンナのパピルスも同じパターンです）。

いったいどんな意味があるのでしょうか？　何の象徴なのでしょうか？　旧約聖書やカバラの『創造の書』のように、宗教的にではなく、現代の「生命科学モード」に置き換えてみないとちんぷんかんぷ

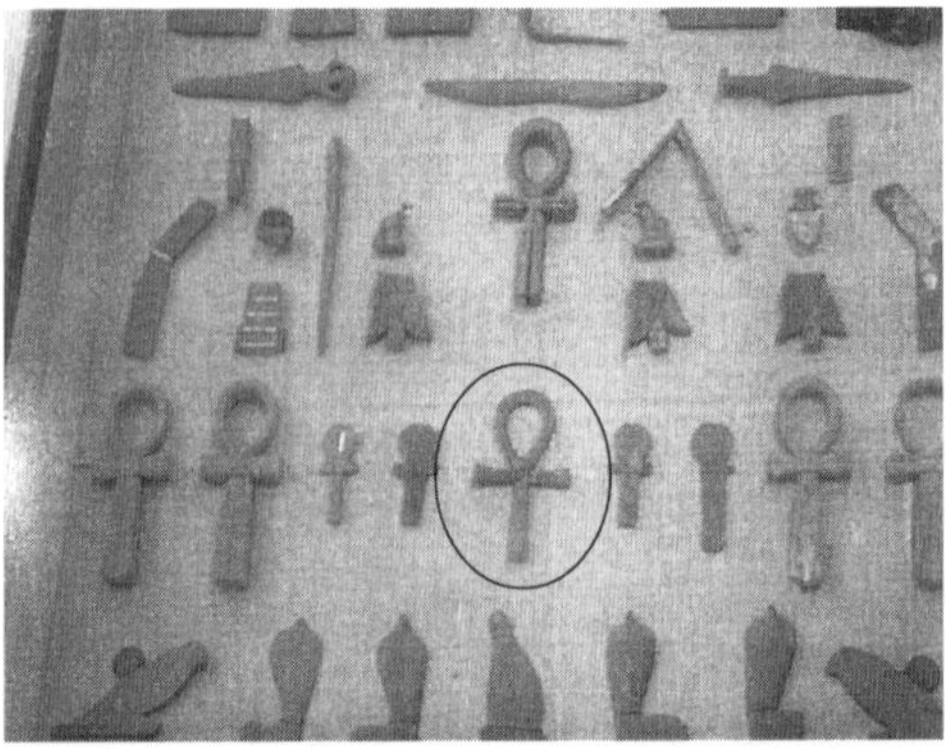

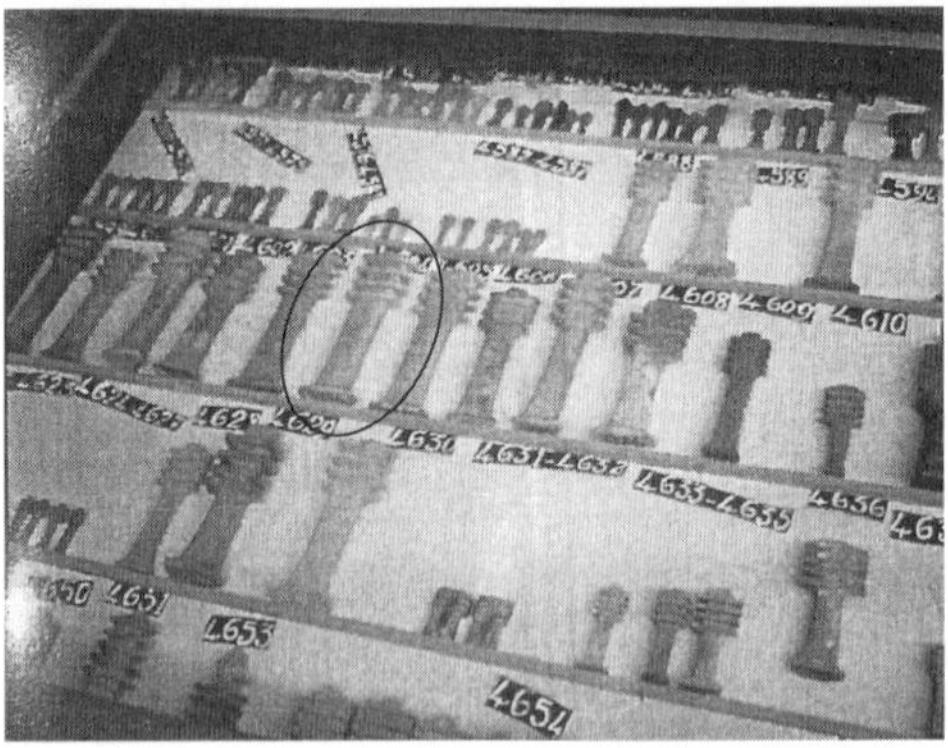

図19と20：エジプトの代表的な護符：「永遠の生命」アンク十字（上）とジェド柱（下）。（『オーパーツの謎』南山宏　二見書房より）

んな代物《しろもの》なのかもしれません。

②アンク十字の故郷――シュメール

まず、古代エジプトの太陽神ラーの「ラー」が「天空の光」を意味するものであること、また太陽が「上がる」「昇る」を表す動詞「レー」から来ていると考えられることについては前に説明しました。多分図21の一番上の歪《ゆが》んだ太陽は太陽神ラーですが、アヌンナキの乗った宇宙船（UFO）であっても不思議なことではないようです。問題は、その太陽の下の「アンク十字」といわれているものです。普通私たちが知っているクリスチャンの十字架とはかなり形が異なっていますが、「ジェド柱」同様に、エジプト王朝が始まるBC3000年以上も前からずっと用いられてきており、十字架の専門家によると、古代の中近東地方にその原型があり、どれも十字架の横棒の両端にも「輪」が付いていたのだそうです。

そのことは確認できませんでしたが、やはりシュメールの円筒印章にもアンク十字（♀）がありました！　これをご覧ください（図22／ちなみに、この印影図は金星の女神イナンナ［ミニスカートを履いている］とマルドゥク［エジプトの太陽神ラー］が戦っている場面だそうです。左上には牡牛神ハルの顔があります）。

どちらも「生命」、宇宙などを表し、特にアンク十字（またはエジプト十字）は「生命の鍵」や「永遠の生命」を表しているといわれています。これまでカバラの『創造の書』を分析してみて、「十の無

図21：アニのパピルス。なんとアンク十字＝ＲＮＡ、ジェド柱＝ＤＮＡのことだった！（『死者の書』矢島文夫・遠藤紀勝　社会思想社より）

図22：マルドゥクと天界の女王イナンナの戦いを描いたシュメールの円筒印章。山の左上にアンク十字＝ＲＮＡが見える（○印）。（『宇宙人超文明の謎』監修・並木伸一郎　学研より）

形のセフィロト」とはその生命の鍵を握るＤＮＡであることが判明しましたので、もしかしたら、このアンク十字もＤＮＡと関係しているのかもしれません。胸の鼓動が高まってきましたが、ここは冷静に分析してみましょう。

十字架の上部と横棒の両端に環の付いた形。う〜ん、いったい何でしょうか？　待てよ、今までＤＮＡのことばかりやってきましたので、違う視点から考えてみませんでした。ひょっとしてＲＮＡに関係しているのかもしれません。少しＲＮＡのことを見てみましょう。

ＲＮＡはリボ核酸といわれ、主にＤＮＡ情報を転写する伝令ＲＮＡ（ｍ―ＲＮＡ）と、特定のアミノ酸をリボソームまで運搬する運搬ＲＮＡ（ｔ―ＲＮＡ）の２つがあります。その他にも、リボソームＲＮＡやウィルスＲＮＡがあるそうです。さて、次のタンパク質の合成過程の図を見てください（図23）。

アミノ酸を捕まえてタンパク質生産工場であるリボソームのところへ運ぶ前の運搬ＲＮＡを見てください。３つの塩基を取りのぞいてみると（中央の○で囲んだ部分）、なんとアンク十字（♀）にそっくりじゃありませんか！「単なる偶然の一致だよ」と言って片付けるのは簡単ですが、両者が余りにも似ていて、それにアンク十字の意味が「生命の鍵」とか「永遠の生命」であるとなると、話は全く違ってきます。このことは運搬ＲＮＡの分子構造を平面図に置き換えると一層明確になります。そして、アンク十字と運搬ＲＮＡの模式図、それと正教会十字の３者を比較してみてください。お互いにそっくりなのは誰の目にも明らかです（図24）。

実は、このことにすでに目を付けた人がいました。ポーランドの化学者で、ジスロウ・レリグドヴィッ

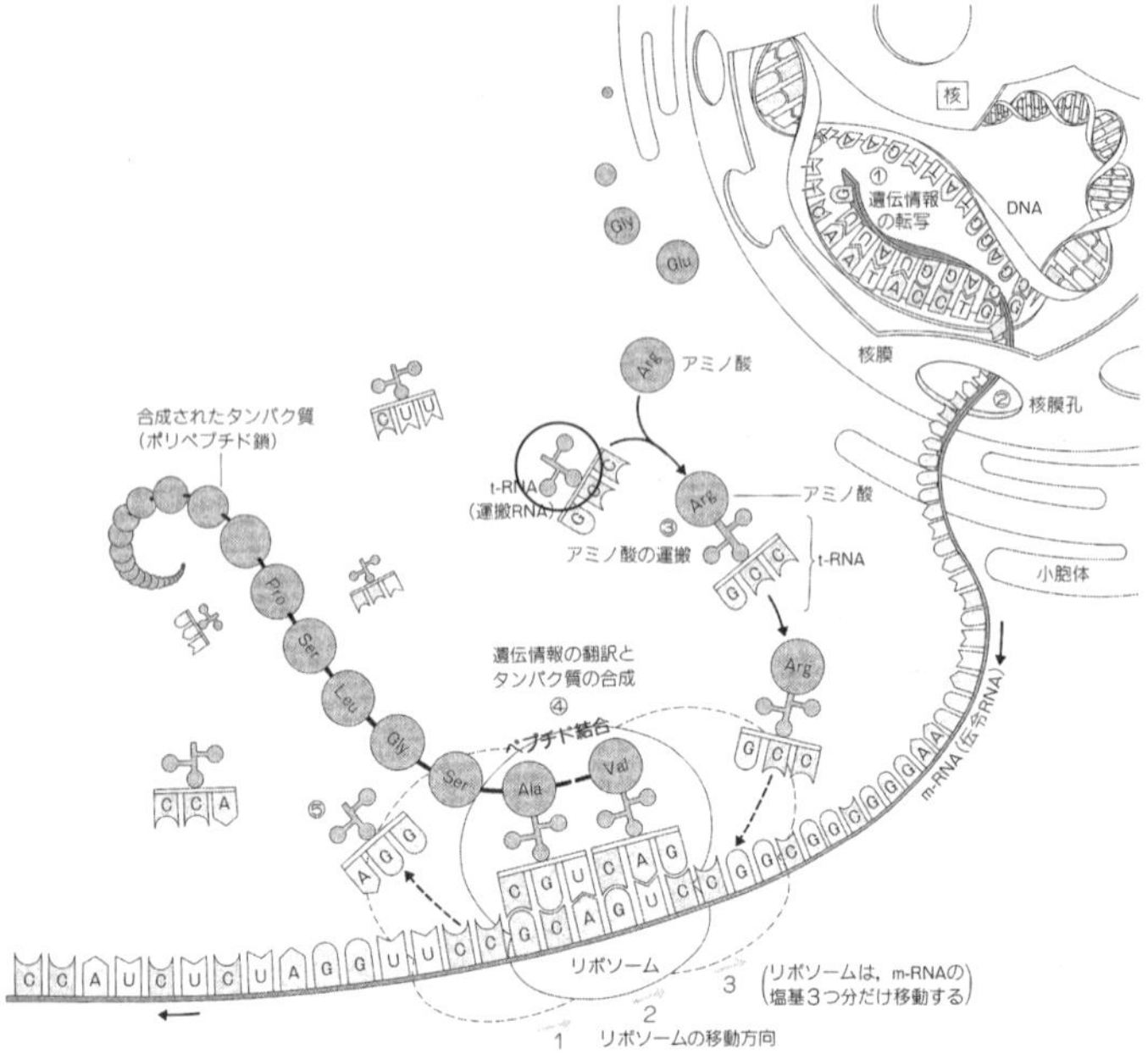

図23：アミノ酸をリボソーム（タンパク質合成工場）へ運ぶ運搬ＲＮＡ。その形はアンク十字そのものだ！（『最新　図表生物』より）

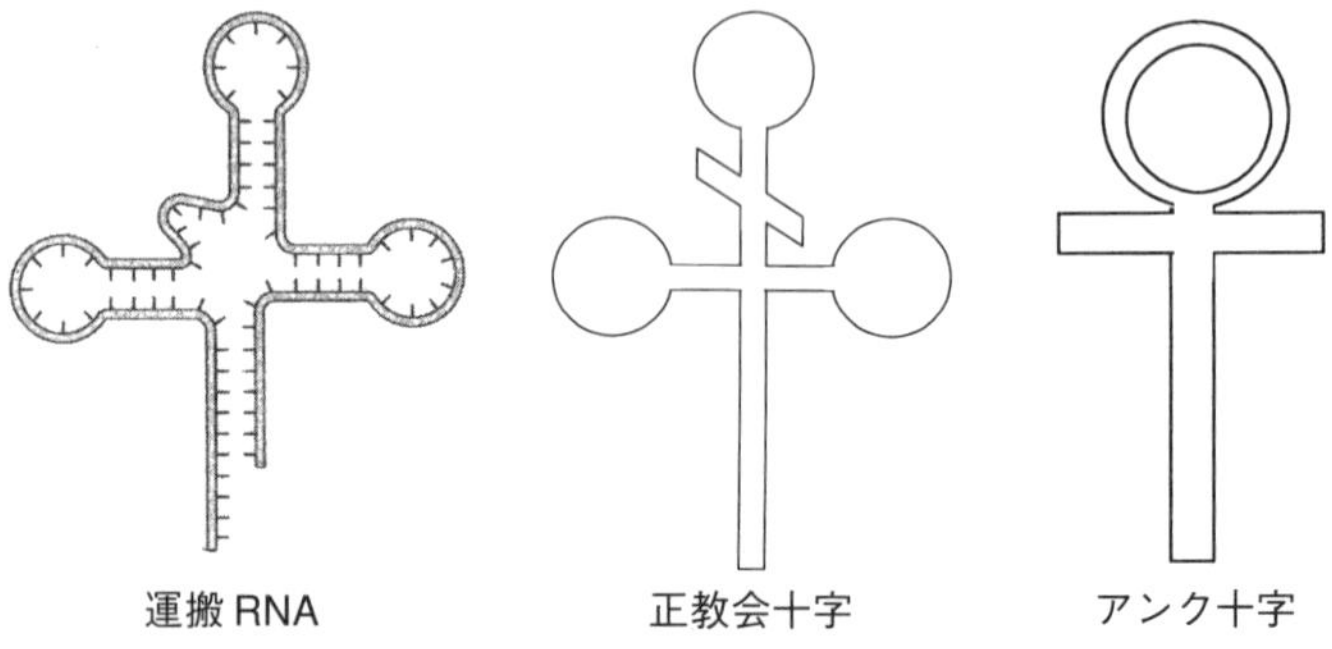

図24：この3者が酷似しているのは誰の目にも明らかだ。

ツといいます。彼の説得力ある主張をお聞きください。

「古代エジプトの神官たちがＲＮＡの構造式を理解していたとは考えられない。何者か高度の知性の持ち主から、我々人類がどんな生物なのか、その遺伝暗号――いわば、身分証明書を与えられて、後生大事に持っていただけなのだ。〝神々から授けられた聖なる御しるし〟として畏怖《いふ》し、崇め続けただけなのだ」

レリグドヴィッツ氏はとても知性が高い人のように思えます。普通、専門家というのは「専門馬鹿」になりやすく、自分の分野以外のことはからきし駄目な人が多いようですが、彼はそうではなく、化学者なのに化学と歴史学を一つに結びつける知性あるいは直感力を持っています。例えば日本では、身近なところではもう亡くなられてしまいましたが、世界的な版画家であり芥川賞作家でもあった池田満寿夫さんなどは、このタイプの典型だと思います。海外では孤高の南洋画家ゴーギャンがこのタイプだと思います。「人は誰であり、どこから来て、どこへ行こうとしているのか？」。これは私の知性をくすぐる好きな言葉ですが、実はゴーギャンの言葉だったのです。私はてっきりどこかの哲学者か歴史学者の言葉だとばかり思っていました。やはり、「知性」がある人はどこか違います。

③「安定」のシンボル「ジェド柱」はDNAのことだった！

アンク十字が運搬RNAを表しているということは間違いないようです。太陽神ラーならぬアヌンナキから教わったRNAのことを理解もせずに、後生大事に守り続けたせいでしょうか、やがてはシンボルだけが残り、形骸化していったようです。それはともかく、今一度132ページの図21を見てください。上から、シュメールのマルドゥク神である太陽神ラーがいて、その下にアンク十字の運搬RNAがきて、最後に「ジェド柱」がきています。RNAときたら、その次には誰の頭にもDNAのことが思い浮かんできます。本当でしょうか？　心臓の鼓動が一段と高まってきました。でも、単なる思い込みということもありますから、ここは逸《はや》る気持ちを少し押さえて先へ進めてみましょう。

今一度「ジェド柱」を見てみましょう。う～ん、DNAとの共通点などはどこにも見当たらないようですが。やっぱり単なる思い過ごしかなと諦めかけたその瞬間、4本の横線がズームアップしてきました。待てよ、これはもしかしたらDNAの4種類の塩基（A、T、G、C）の「4」のことを表しているのじゃないだろうか？　もしそうなら、「科学的な創造者アヌンナキ――生命の鍵であるRNA――DNA」となり、ぴったり辻褄《つじつま》が合います。しかし、物事はそんなにこちらの都合のいいようにばかりできているわけではないので、ここは他の説も少し見てみましょう。

これまでの諸説の中で、まず「天の支柱」説というのがあります。4重の線は天の四隅を重ねたものと解釈するものです。また、「天の梯子」説というのもありますが、神話的ですし、その他いくつかの仮説のどれも「生命の鍵」とか「永遠の生命」とはかけ離れたものばかりです。先のポーランドの知性的な化学者レリグドヴィッツ氏のように、生命科学の観点から見た説は皆無のようです。

やはり、ここは人に頼らず、自分の直感と知性に従ってみましょう。少し古代エジプトを調べてみますと、農耕文化が盛んだったようで、種を蒔く春分の日が1年の最初の月となっていました。そして、その春分の日には文化と農業・法律などを授けてくれたオシリス神を祝うために葦《あし》を四重の輪にして束ね、ジェド柱としていた風習があったのです（図25）。

図21と25の両者を見比べてください。共通点があることがわかります。ジェド柱の4重の環の「4」です。まず、「4」がDNAの「4種類の塩基」を表しているのは間違いないと思います。しかし、神官が手に持っている2本の棒がどうも気になります。DNAの外側は2本の縄でできていますから、この2本の縄に相当するのがこの神官が手に持っているその2本の棒だと考えられないでしょうか。きっとその棒をこのジェド柱のところに立て掛けようとしているのです。この2本の棒を立てれば、ジェド柱は立派な「DNA柱」になります。これで謎が解けました。ジェド柱とはDNAのことだったのです！

このパピルス『死者の書』の内容が、クローン技術を持っている太陽神ラー（マルドゥク）とクローン技術によって再生されたオシリス神の両方を讃えていますので、この絵はきっと主人公であるアニの「再生」を願ったものなのでしょう。やはり、生命の鍵を握るRNAとDNAが、太陽神ラーとともに、「再生」を可能にしてくれる崇拝の対象物であったのです。クローン技術を持った「太陽神ラーとRNAとDNA」。これでこの絵の内容の辻褄が全て合い、アンク十字もジェド柱もどちらも「生命の鍵」・

図25：ジェド柱を立てて祝っていた春分の儀式。（『オーパーツの謎』南山宏・著　二見書房より）

図26：神殿のレリーフ。セティ1世がイシスと共にジェド柱を立てオシリスを再生させようとしている。BC1310年頃。（『エジプト神話シンボル事典』マンフレート・ルルカー著　山本圭一郎・訳　大修館書店より）

「永遠の生命」を表していたことがわかりました。このパピルス画を「古代発電機」だとする説などは、発電所の大型碍子《がいし》をイメージしたものだと思いますが、全く的外れなようです。

④ジェド柱が「安定」を表しているという根拠とは？

護符なら他にもありそうなのに、なぜ古代エジプト人はその中でも「ジェド柱」と「アンク十字」の2つを神聖な護符として特別視したのでしょうか？　権謀《けんぼう》渦巻く古代エジプトにおいて、なぜジェド柱が「安定」とか「力」を表し、アンク十字は「永遠の生命」を表しているといわれていたのでしょうか？　少し歴史を覗《のぞ》いてみましょう。何かがわかるかもしれません。

古代エジプトでは各代のファラオたちは即位30年目の春分の日に、「ヘブ・セド」と呼ばれる祭儀を行っていたとあります。この時になんと、ＤＮＡである「ジェド柱」を立てているのです！（図26）。これでいったい何をしようとしているのでしょうか？　「ジェド柱」の天辺《てっぺん》に麦穂があります。実は、「麦穂」は復活神オシリスのシンボルなのです！　オシリス神は一般的には「文化の父」とか農業・法律・信仰を授けてくれた人といわれていますが、オシリス神の王冠に「麦穂」が付いているのはこのためなのです。

もっと大切なことに、オシリスは弟のセトによって騙され、箱に入れられて殺害されてしまいますが、妹であり妻でもあるイシスがエジプト全土にばら撒かれた夫オシリスの遺体を集めます。そして、トート神から教わった呪術的な儀式を行い、イシスは自分の羽で「命の息」を送り込んで、とうとう夫オシリスを再生・復活させたのです。でも、再生されたオシリスはエジプトの王には復帰せず、冥界の王、つまり、死者の裁判官（日本的に言うと閻魔大王）になったのです。なるほど、これですから歴代のファラオたちは即位後30年目にもなりますと、国を治める力も弱まってきますので、その年の春分の日に「ジェド柱」を立ててセド祭を行い、五穀豊穣を祈願すると同時に、そのシンボルの源である復活神オシリスの霊力の加護の下に、自らの王としての権力の「安定」と「復活」を祈願していたわけなのです。

それに、死んで冥界に行けば復活神オシリスと合一できるとファラオたちは考えていたから尚更です。

ちなみに日本の場合、天皇が即位すると毎年11月23日の夕方から翌朝にかけて、これと似たような儀式を天皇自らが執り行いますが、これも天皇の霊力を更新するためのものであり、新嘗祭《しんじょうさい》と呼ばれています。

⑤アンク十字が「永遠の生命」を表す根拠とは？

次は「永遠の生命」を表す「アンク十字」です。これがt―RNA（運搬RNA）であることは前に分析した通りです。先ほどの「ジェド柱」と同様に、歴史学と生命科学の観点から見てみましょう。血《ち》生臭《なまぐさ》い匂いのする権謀渦巻く古代エジプトにおいて、オシリスは実弟のセトによって殺されますが、オシリスの実の妹であり妻でもあるイシスのおかげで、奇跡的に復活します。トート神から死者を蘇らせる科学的な方法（クローン技術）を教わっていたからです。以来、イシスは死者を保護・復活させる魔力を持った女神として讃えられます。これは、ネフェルタリ王妃墓を見ればわかります。

玄室の上に翼を広げたイシス女神が描かれているのがわかりますが、面白いことに、入り口上の両サイドには人間の姿をした「ジェド柱」が描かれています！　前に分析しましたように、「ジェド柱」はDNAを表していました。「安定」と「力」のシンボルです。そして、「ジェド柱」は冥界の王オシリス神のシンボルでもあるのです。どんなファラオといえども、死ぬと必ずその魂はこの冥界の王オシリス神の前で裁判を受けなければならないのです。

再生の権利を表すトート神の「羽根」と正しい行いを表す死者の「魂」が天秤の上に掛けられます。

魂の方が重ければ――つまり正しい行いをした人と判断されれば――不死の権利と好きなものに再生される権利が同時に与えられます。反対に、魂の方が軽く悪人と判断されれば、その魂は再生の権利を失い、もう一度死ぬ――つまり「再死」する――ことになり、冥界においても死んでしまうのです。だから、歴代のファラオたちも一般の人たちも、「ジェド柱」をセド祭に立てたり、護符として棺の中に入れたり、ミイラを作る際に包帯の間に入れたりしていたのです。「再死」への恐怖と儚《はかな》くも切ないほどの再生への願望がそこにあります。

⑥「再死」とはクローン技術による再生のチャンスがなくなること

ちなみに、古代エジプトには「再死」という独自の死生観がありました。一見奇異な考えのように思えますが、生命科学、とりわけクローン技術の観点からは簡単に説明できます。再生は体細胞が1個でも残っていれば可能なのです。時は今、髪の毛1本からでもその人自体を再生できる時代です。有名な孫悟空の「分身の術」も決してSFの話ではないのです。生命科学は今飛躍的に進歩しています。再生する際に成長過程も数分間に短縮でき、記憶細胞も完全にコピーできる時代がもうすぐやって来ます。過去においても未来においても同じことですが、ある人が亡くなった場合、その人が生前その人の惑星の開花と進歩・発展のためにどれだけ貢献したか、あるいは、愛と平和のために何をしたのか等によって、その人を再生するかどうかが決まります。オシリスのようにプラスの評価が出れば再生と不死のチャンスが与えられ、マイナスの評価が出れば「再生」のチャンスが無くなります。つまり、これが古代エジプトでいう「再死」なのです。

一度死んでも、クローン技術による再生のチャンスが二度とありませんので「再死」――つまり「永遠の死」――ということになります。そして、太陽神ラーもトート神もシュメールのアヌンナキですから、とうの昔にこの「クローン技術」はマスターしていました。そこで、エジプトの神々は皆その手に「生命の鍵」であり「再生の鍵」であるアンク十字、つまりRNAを持っていたのです。

さて、話を元に戻しまして、生命科学の観点からしますと、死者が再生あるいは復活されるには必要条件が2つあります。1つは「ジェド柱」が表しているDNA、もう1つは「アンク十字」が表しているRNAです。DNAはいわば生命の設計図なのです。設計図がなければ家とかビルが建てられないのと同じように、生命体も再生できないのです。でも、DNAという設計図だけがあっても、基本的な生命物質である建築資材等が無ければ、家とかビルは建てられませんし、それだけで機能するものではありません。

人の場合も設計図と基本的な生命物質だけでは、生命維持と生命活動を営むことはできません。生命活動を行うには、まずタンパク質を合成しなければなりません。そして、数万種類もあるそのタンパク質はたった20種類のアミノ酸からできています。そのアミノ酸を生命工場であるリボソームのところへ運搬しなければならないのです。その運搬の仕事をするのがt―RNA（運搬RNA）なのです。ですから、DNAだけがあっても、特にこのt―RNAが機能しなければ、その生命体は生命維持と生命活動ができないのです。そこで、死んだ人の場合は再生あるいは復活の可能性が無くなってしまうのです。

早い話が、「再生」と「永遠の生命」の鍵を握っているのがt―RNA（運搬RNA）なのです！　死んだ実の兄であり夫であるオシリスを再生・復活させるには、このt―RNA（運搬RNA）が必須条件なのです。

ちなみに、妻のイシスが自分の羽根で命の「息を送り」こんで、夫であるオシリスを再生・復活させたというのは、これとは少し違います。それはクローンの第3段階のことなのです。つまり、オシリスの肉体を再生しても、後天的に獲得した記憶や性格はまだ入っていないのです。記憶細胞をコピーして、それを移植することが「息を送り」こむことなのです。そうすれば、記憶や性格が生前のままで、肉体だけが新しい生命物質で構成されることになります。これがクローンの第3段階で、「永遠の生命」とはこのことを指しています。しかし、現在のクローン技術はまだ第2段階で、成長過程の問題や記憶細胞のコピーと移植の問題が残っています。しかし、それも時間の問題でしょう。近い将来、その問題もクリアされることでしょう。

時は今、21世紀を迎えたばかりです。クローン技術もこれからが花盛りです。すでに絶滅した種の再生にもこの技術は欠かせません。復活の女神イシスはトート神からこの死者を蘇らせる科学的な方法を学んだのだと思います。ということは、トート神や最高神ラーなども、すでにそのような生命科学の知識と技術を持っていたことになります。だから、神々はこの不死と「永遠の生命」のシンボルであり、神としてのシンボルである「アンク十字」を手に持っていたのです。「ジェド柱」と「アンク十字」は伊達《だて》に「生命」や「生命の鍵」を表しているわけではありません。生命創造と再生においてはDNAと

ＲＮＡは必要不可欠な2大要素だったのです。だからこそ、たとえその生命科学的な意味が理解されず、そして失われても、大切なシンボルとして今日まで残されているのです。

ここまで来ると、古代エジプトのトキの顔をしたトート神はシュメール12神のうちの誰なのか？と質問したくなると思います。ギリシャ人はトート神をヘルメス（神々の使者を務める）と同一視していましたが、その頭上にはアンク十字に牛の角あるいはアンテナの「♀」が付いています。「ＲＮＡ（アンク十字）＋牛の角＝牡牛神ハル」となりそうですが、そうではありません。以前述べたと思いますが、シュメールの牡牛神ハルは古代エジプトではホルになります。牡牛神ハル＝知恵の神エンキで、別名プタハとも呼ばれています。

実を言いますと、トート神はシュメールのこの知恵の神エンキとエレキシュガルとの間に生まれたニンギッドゥなのです。ＤＮＡのことを熟知していた科学者エンキの息子ですから、トート神が復活・再生の科学的な知識と技術を持っていたとしても何の不思議もありません。ですから、学問・知識・記録の神と呼ばれているのです。また、その手にＲＮＡのアンク十字を手にしているのも、全く当然なことなのです。

当然なことといえば、シュメールの「ＤＮＡの樹モチーフ」の主人公の蛇女神キも牡牛神ハルも「蛇」グループにいましたので、その流れを汲むトート神から再生と復活の科学的な知識と技術を教わり、見事に夫のオシリスを再生・復活させたイシスが「蛇」グループに守られているというのも当然のことなのです。図27をご覧ください。イシス神が蛇に守られています！　旧約聖書の「創世記」の中でイブを

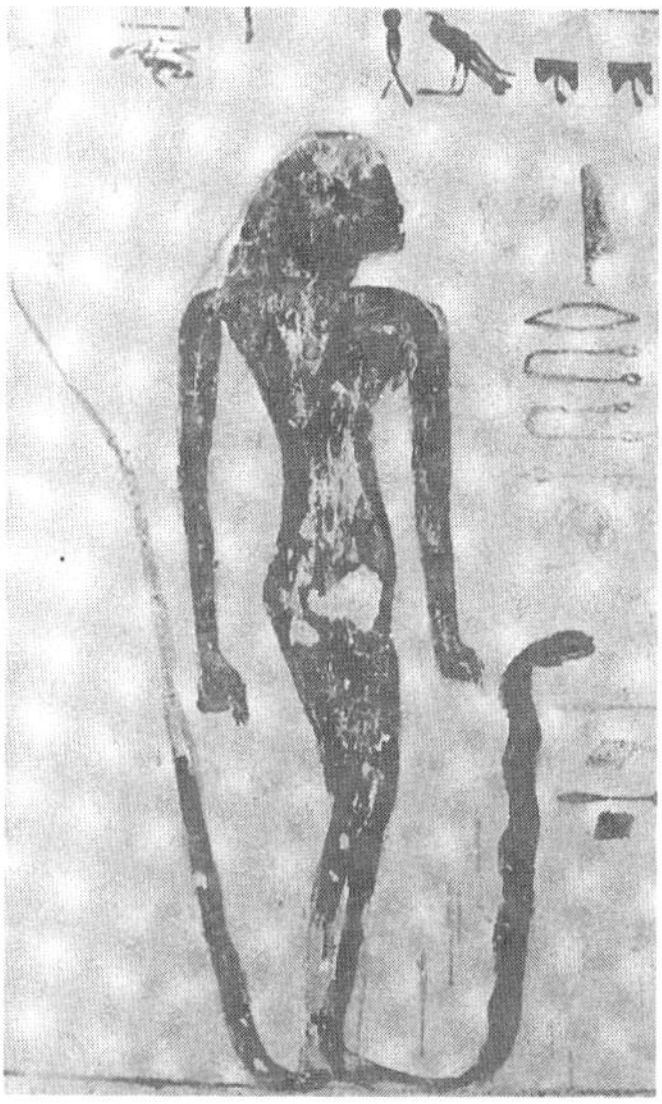

図27：科学者「蛇」グループに守られたイシス女神。メンバーのトート神から夫オシリスを再生する科学技術を教わる。(『世界最古の文字と日本の神々』川崎真治　風濤社より)

図28：科学者「蛇」グループに守られた仏陀。ムチリンダ龍王はそのメンバーの一人(『ブッダの生涯』ジャン・ボワスリエ　創元社より)

唆《そそのか》して「善悪を知る木」の実を食べさせたあの「蛇」です。もちろん、実際はアダムとイブに人間であることの尊厳に目覚めさせ、いろいろな科学的な知識を授けてくれた人間愛に満ちた科学者グループが「蛇」なのです。

しかし、彼らはその知識を教えたという罰で本国の惑星に戻ることを禁じられ、この地球に留まらざるをえなかったのです。不名誉な「蛇」という名前を与えられてしまったのはこのためです。しかし、私たち人類にとっては、この「蛇」こそが命の恩人であり、文明を授けてくれた人たちなのです。そして、実はイシス女神だけでなく仏教の創始者である仏陀も、「蛇（ナーガ）」に守られていました。この「蛇（ナーガ）」が「DNAの樹」のシンボル数である「7」つの頭をしているのは道理なのです（図28）。

ついでに、古代エジプトで最も崇拝されていた太陽神ラーはシュメール12神のうちの誰か、といいますと、やはり知恵の神エンキの6人いた息子の長男、つまりエンキの後継者マルドゥクその人なのです。古代バビロニアにおいては、カオスの破壊的な力の権化であるティアマトと闘った勇者マルドゥクです。神々の既存の古い秩序を破壊した神として有名です。ここでちょっと面白い円筒印章図を見てください（図29）。左がティアマトで、牡牛のヘルメットを被り左手に剣を持って、ティアマトと闘っているのがマルドゥク（古代エジプトの太陽神ラー）です。なんとその背後には「DNAの樹」である「7枝樹」がちゃんとあります！「DNAの樹」と牡牛の角。蛇女神キこそいませんが、（一説にはティアマトが大蛇という説もありますが）、「DNAの樹モチーフ」をそこに見ることができます。

そのトート神から再生と復活の科学的技術を教わったイシス女神は、妹のネプチュスの協力を得て、殺害された夫オシリス神を見事に再生させます（図30）。左が妻のイシス神で、右が妹のネプチュス神です。夫オシリス神の櫃《ひつ》の下から生えている樹は「生命の樹」（DNAの樹）です。7枝樹になってはいませんが、その櫃の側面にDNAを表すジェド柱が2本ありますから、間違いないと思います。そして、そのイシス女神が「再生」と「永遠の生命」のシンボルであるアンク十字（RNA）を手にしているものもよく見かけます。

ちなみに、イシス女神とよく間違えられるハトホル女神も、アメンヘテプ2世（BC１４５０～１４

図29：円筒印章。ティアマトと闘っているマルドゥク。その横には「ＤＮＡの樹」が見える。（『イメージの博物誌　生命の樹』より）

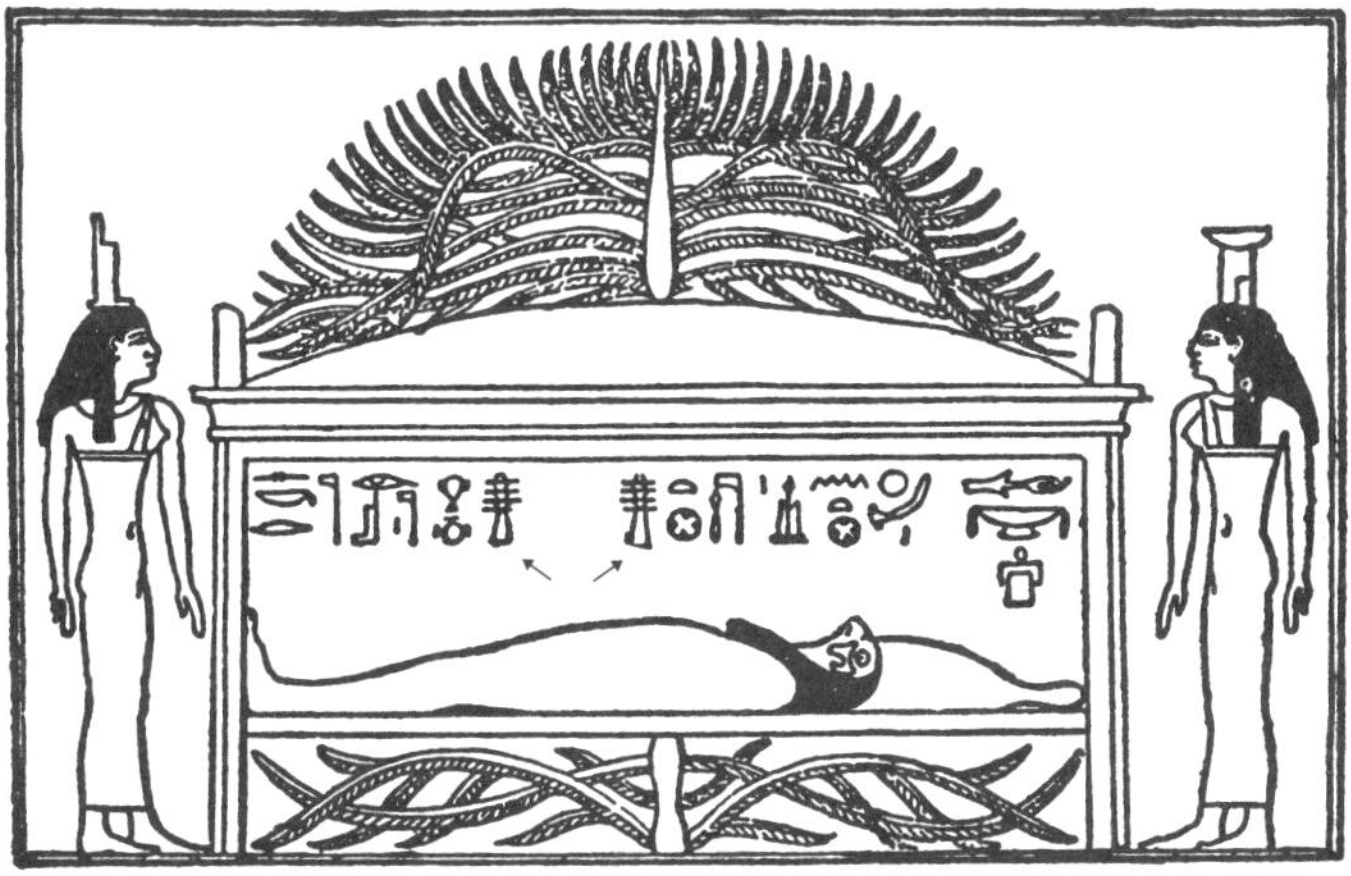

図30：レリーフに基づく素描。ＢＣ１世紀頃。夫オシリスを再生させようとしている妻イシスと妹ネフテュス。その棺の上には再生を可能にする「ＤＮＡの樹」が見える。矢印がジェド柱。（『イメージの博物誌　生命の樹』より）

25）にアンク十字を差し出しています（図31）。「永遠の生命」をこの若きファラオに授けているのでしょう。その証拠に、ファラオの頭上にある象形文字には「太陽の子、アメンヘテプ、永遠の生命を与えられている」と記されています！　ＲＮＡの象徴であるアンク十字を扱えるこのハトホル女神はきっと「蛇」グループのメンバーだったに違いありません。それもそのはず、実は何を隠そう、このハトホル女神こそはシュメールの「ＤＮＡの樹モチーフ」の主人公の一人、蛇女神キその人だったのです！
このことはすでにこの章の始めで述べておきました。生命創造ができるわけですから、当然のこと「永遠の生命」の鍵を握るＲＮＡ＝アンク十字を若きアメンヘテプ王に差し出すことができたのです。

ついでに、このハトホル女神＝蛇女神キが頭に付けている頭飾りに注目してください。3つの要素が見られます。まず、太陽のシンボル。次に、牛の角（アンテナ?）。そして最強の蛇コブラの記章です。牛と蛇（コブラ）。これは私たちが辿り着いた、いえ、出発点でもあるシュメールの「ＤＮＡの樹モチーフ」の主人公である創造2神である牡牛神ハルと蛇女神キのことです。たった今、ハトホル女神＝シュメールの蛇女神キであると言いました。また、牡牛神ハル＝知恵の神エンキであるということは前に述べました。太陽はラー神のシンボルです。ラー神とは知恵の神エンキの長男のマルドゥクその人であることも前に述べました。

ですから、この3つの要素の中心にあるのは、やはり創造した人類に愛と知識と技術を授けてくれたエンキ（牡牛神ハル）系統の「蛇」グループなのです。ただし、太陽のシンボルが一番上にくるということは、当時の実権は息子のマルドゥクにあったということです。ゼカリア・シッチンの研究によりま

図32：再生したトート神と再生されたオシリス神の間に鎮座するのは「DNAの樹」だ！（『死者の書』矢島文夫・遠藤紀勝　社会思想社より）

図31：ハトホル女神（蛇女神キ）がアメンヘテプ2世にアンク十字（RNA）を差し出している。わかりにくいが、○がコブラの記章。

すと、当時はシュメールの知恵の神エンキ系統の「蛇」グループが古代エジプトを管理・統治していたそうです。

ここで少し訂正したいことがあります。先ほど、シュメールの蛇女神キ＝ハトホル女神が若きアメンヘテフ王にRNA＝アンク十字を差し出していたことを紹介しましたが、それで思い出したことがあります。ずっと始めのところで、いろいろ古代エジプトを調べたものの、なかなか「DNAの樹」は見つからなかったと述べましたが、やはり見落としていたようです。次の図をご覧ください（図32）。

⑦パピルスの束は「DNAの樹」そのものだ！

探し求めていたものはちゃんとありました。古王国時代の「ピラミッド・テキスト」の一部です。右側のトキの顔をしたトート神（シュメールの知恵の神エンキの息子ニンギッドゥ）がアンク十字（RNA）を再生されたオシリス神の口元に差し出しています。生前の記憶や性格をインプットしているところです。クローンの第3段階です。再生したトート神と再生されたオシリスとの間にあるパピルスの束に注目してください（○で囲んだ部分）。蕾《つぼみ》が3個あります。遺伝暗号トリプレットの「3」です！牡牛神ハルのシンボル数です。次に、開いている花が4個あります。4種類の塩基の「4」です！蛇女神キのシンボル数です。これで「3＋4＝7」の全部で7個、聖数の「7」になります。

蕾と花で「7葉樹」の形にちゃんとなっているではありませんか。花びらも「7」枚あります。束ねた茎も「7」本になっています。全てが「DNAの樹」のシンボル数の「7」です。これこそがエジプトの「DNAの樹」なのです！「再生（クローン）」に関わっているからこそ、そのシンボルとして、再生されたオシリス神と再生したトート神の間に聖樹として置かれているのです。

ちなみに、132ページで紹介した図21のアニのパピルスの右側にも、実はこの聖なる「DNAの樹」は供物の下に描かれていました。間違いなくシュメールの「DNAの樹＝7枝樹」崇拝思想は古代エジプトに伝わっていました。DNAに関わっている神々がシュメールからエジプトへ移動しているわけですから、またトート神がシュメールの知恵の神エンキ（牡牛神ハル）の息子ですから、当然といえば当然のことなのです。

ここで、「生命の樹」がエジプトでは「無花果《いちじく》」の木であることについて。古代のエジプト人たちは花も咲かずに実を成らせる様を見て、そこに無から何かを生み出す生命力を感じ、また、乳白色の樹液を見て、そこに母乳や精液の生産力や生命力を思ったのでしょうが、実は古代インドの聖典にも、この無花果の木が「アシュバッタ」という名前で登場し、「不死なるもの」とされているのです（『カータ・ウパニシャド』）。「無花果《いちじく》」の木＝「不死なるもの」＝「生命の樹」というのは偶然の一致ではなく、やはりこれも「東」同様に、古代オリエントにおける共通認識の一つなのでしょう。

カバラの「生命の樹」で発見した「DNAの樹《いのちのき》」の起源は確かにシュメールにありました。そのシュメールの知恵の神エンキ系統の「蛇」グループが古代エジプトを支配・管理していましたので、案の定、古代エジプトにおいてDNAの創造2神（ホル神＝牡牛神ハル、ハトル女神＝蛇女神キ）は発見できましたし、3枝（遺伝暗号トリプレット）と4枝（4種類の塩基）に分かれてはいないものの、聖樹「DNAの樹＝7枝樹」を発見することができました。さらには、「生命の鍵」「安定」といわれているジェド柱がDNAを、他方「永遠の生命」といわれているアンク十字がRNAを表していることもわかりました。ここまで発見できるとは思いませんでしたので、大きな収穫でした。やはり、シュメールに始まった「DNAの樹《いのちのき》モチーフ」は間違いなく古代エジプトに伝播していました。

⑧ピラミッドは「DNAの樹モチーフ」そのものだった？

しかし、エジプトといえば何と言ってもギザの大ピラミッドが有名です。また、古代エジプトはシュメールの知恵の神エンキ（＝プタハ神＝牡牛神ハル）の管轄下にあった国です。ですから、このピラミッドがシュメールの「DNAの樹モチーフ」と無関係であるはずがありません。最後に読者の皆さんに次の単純で革命的な解読を紹介して、このエジプト文明を終わりたいと思います（図33）。

ピラミッドがファラオの単なる墓ではないことは前から薄々感じていました。昨年の暮れ、「世界ふしぎ発見！」というTV番組で、エジプト考古学の世界的な権威である吉村作治教授の新説が紹介されていました。多くの方がこの番組を見て度肝を抜かれたことかと思います。ピラミッドは亡くなったファラオが「再生」される儀式の場だというのです！　案の定、そこには蛇（科学者「蛇」グループのこと）がガイドとなっていました。

DNAの創造2神（ホル神＝牡牛神ハル、ハトル女神＝蛇女神キ）は遺伝子工学に長《た》け、遺伝子組み換えから生命創造、クローン技術までを手中に収めていました。「再生」などはクローン技術を使えば簡単にできることでした。だから、イシス女神は科学者「蛇」グループのトート神からそのクローン技術を教わり、殺害された夫オシリスを甦らせることが――つまり再生させることが――できたのです。その「再生」の儀式の場であるピラミッドこそは、実はシュメールの「DNAの樹モチーフ」そのものだったのです。

エジプトのピラミッド

「ＤＮＡの樹モチーフ」の立体的な様式化だ！

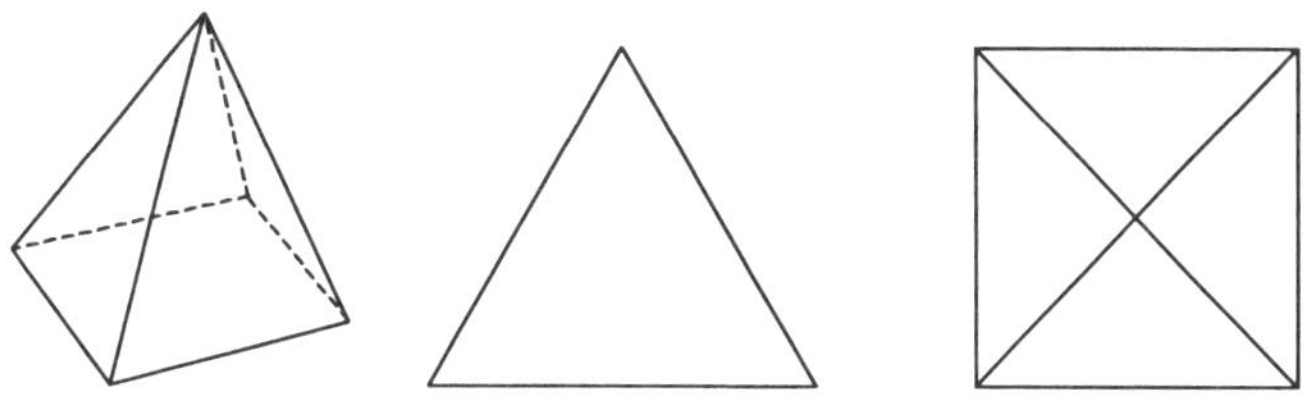

図33：真横から見た△＝遺伝暗号トリプレット（３）＝牡牛神ハル。真上から見た□＝４種類の塩基＝蛇女神キ。立体構造ですから両者合わせて「△（３＝牡牛神ハル）＋□（４＝蛇女神キ）＝７（ＤＮＡの樹のシンボル数）」＝「ＤＮＡの樹モチーフ」となる！　ピラミッドこそは「不死・再生」のシンボルであり、「ＤＮＡの樹モチーフ」を立体的に様式化・エジプト化したものだった！

なぜなら、再生するためにはＤＮＡ情報が必要になります。つまり、「４種類の塩基（４）」と「遺伝暗号トリプレット（３）」の２つです。ピラミッドの形状をよく見てください。誰にでもすぐわかります。横から見れば、３角形（△）です。「遺伝暗号トリプレット（３）」の「３」です。牡牛神ハル（ホル神）のシンボル記号の△であり、シンボル数の「３」です。他方、真上から見ると、４角形（□）です。「４種類の塩基（４）」の「４」です。蛇女神キ（ハトル女神）のシンボル記号の□であり、シンボル数の「４」です。また、☒にもなっています。古代中国の良渚文字では「☒・☒・×＝５」なのです。「ＤＮＡの樹」（７）の代用数の「５」です。つまり、ピラミッドという形状こそはシュメールの蛇女神キ（ハトル女神）と牡牛神ハル（ホル神）の合体した姿そのものだったと考えられるので

す！（ちなみに、日本の縄文土偶もこれと同じです。この点については本書に続くシリーズ第2弾でお話しする予定です）

それぞれのシンボル数を足すと「3（△）＋4（□）＝7」になります。「7」＝DNAの樹のシンボル数（7）ですから、ピラミッドは「DNAの樹」そのものだったと考えられるのです！　まさに誰にでもわかる単純な形状である3角形（△）と4角形（□）を用いて、シュメールの「DNAの樹モチーフ」を立体的に様式化・エジプト化したもの――それが「不死と再生」のシンボル・ピラミッドだったと考えられるのです（なお、それを文字化したのが古代中国の「商」という国名です。詳しくは後の「古代中国文明」のところで）。もちろん、ファラオたちが本当に再生されたのかどうかは定かではありませんが。

さて、次はお隣のインダス文明です。これから「DNAの樹モチーフ」東遷の旅が始まります。ここからがまた面白いのです。

第4章　古代インダス文明と「ＤＮＡの樹モチーフ」

古代メソポタミア文明に端を発した「ＤＮＡの樹」は、古代エジプト文明の中では、ＲＮＡはアンク十字として、ＤＮＡはジェド柱として、しっかり残されていました。そして、エジプトの象徴であるピラミッドこそは、シュメールの「ＤＮＡの樹モチーフ」の立体的な様式化・エジプト化に他なりませんでした。また、それはファラオを含めた古代エジプト人の死生観を知る上で、大きな意義のある発見だったと思います。それでは、この「ＤＮＡの樹モチーフ」を、首尾よく古代インダス文明の中にも見出すことができるでしょうか？　世界4大文明はそれぞれ独立した文明だったのでしょうか？　それとも、それぞれを結ぶ「赤い糸」があったのでしょうか？　「ＤＮＡの樹」がその答えを出してくれます。

古代インダス文明はＢＣ２３５０頃～ＢＣ１８００頃を最盛期としてインダス川中流域に栄えましたが、古代インドといいますと、まずはモヘンジョダロやカッパドキア等の古代遺跡が思い出されます。古代において神々の核戦争があったらしいのです。なぜそう言えるのかというと、遺跡にある煉瓦《れんが》の表面がガラス状に溶けているからです。このことは、多くの専門家が指摘していますように、『ラーマヤナ』や『マハーバーラタ』等にしっかりと記されています。

でも、「ＤＮＡの樹モチーフ」となりますと、どこを見てもそれらしきものが見当たりません。やはり、まず宗教を、それもヒンズー教を調べてみるのが先決かと思います。なぜなら、今まで見てきたように、「DNAの樹モチーフ」と宗教とは不可分の関係にあるからです。

その不可分の関係はシュメール文明においても、古代エジプト文明においてもそうでした。ユダヤ教でもそうでした。面白いことに、インダス川の反対側にはガンジス川がありますが、下流近くのカルカッタでは、次のような比較言語学上の証拠があるのです。シュメールに始まった「DNAの樹モチーフ」の主人公は「アミノ酸対応言語トリプレットの3枝」と「4種類の塩基の4枝」の合計7枝樹でした。この「3と4」を表すシュメール語は「エシャラム（eš-a-lam）」といいますが、インドのカルカッタではそれが「サシャラム→ササラム」と転訛して、最後に「サララ」となっているのです。

ちなみに、日本ではそれを「佐良良」と書きます（「佐々木」という家名もそこから来ています。家紋もそうなっています。そこには「隠れ十字」があります。甲骨文字の「十」＝「DNAの樹」のシンボル数「7」なのです）。これだけでもシュメールの「DNAの樹モチーフ」が、インダス文明にまで及んでいそうだなと考えることができます。

さて、古代インドはBC1500年頃、アーリア人によって侵入・征服されました。アーリア人はバラモン教を信奉していましたので、このバラモン教が規定していた4姓制度（司祭であるバラモン―王侯であるクシャトリア―庶民であるヴァイシャ―先住民で奴隷となったシャードラ）が支配体制の中にそのまま導入され、カースト制度になっていることは皆さんご存じのことかと思います。このバラモン教が土着の民間信仰や習俗と融合して、仏教の影響を受ながら、ヒンズー教になっていきます。

このバラモン教の聖典には『ヴェーダ（知識）』や『ウパニシャド』、『ブラーフマナ』、それに『スートラ』があります。そして、このヴェーダ（知識）の最大の神が雷霆神《らいていしん》インドラなのです。仏教では帝《たい》釈天《しゃくてん》といいます。先に亡くなられた渥美清さん主演の寅さんシリーズによく出てくる葛飾・柴又の帝釈天です。インドラ＝支配者＝帝、シャクラ＝力あるもの＝釈であり、帝釈天は「力のある支配者」に対する当て字ということになります。

さて、問題はこのインドラ神（帝釈天）がシュメール12神の誰なのか？　ということです。シュメールの神統譜によりますと、あの風神エンリル（暗喩50）とニンリルの間には2人の息子、月神ナンナル（暗喩30）とアダドがいますが、インドラ神（帝釈天）はその弟の方のアダド（あるいはテシュブ）だといいます。でも、これは別に驚くことではありません。前に述べたかと思いますが、天神アヌ、風神エンリル、知恵の神エンキ等のシュメール12神、つまり、「天空より地球に飛来してきた人々」であるアヌンナキの12人が概《おおむ》ね世界中の神々の大本《おおもと》だからです。

例えば、「DNAの樹モチーフ」の主人公の一人であるシュメールの牡牛神ハル＝知恵の神エンキは、古代バビロニアではエア、古代エジプトではプタハ、古代中国では伏儀、とその名を変えていたのです。古代の日本・倭国では何と呼ばれていたのでしょうか？　それは後の『古事記』のところで述べたいと思います。

①聖なるアシュヴァッタの樹は「DNAの樹」のこと

それでは、「DNAの樹モチーフ」はインダス文明のどこに、ヒンズー教の何に見出すことができるのでしょうか? まずはこれをご覧ください(図34)。タイトルは「聖なるアシュヴァッタの樹」、つまり「宇宙樹」とありました。BC3000～1500年頃、モヘンジョダロ出土の印章との説明があります。よく見ると、中央に「7枝」の樹があり、角の生えた動物がその左右にいます。シュメールの「DNAの樹モチーフ」のことです。シュメールの時代より「7(樹)」といえば4枝と3枝のある「7枝樹」、つまり、「DNAの樹」を象徴する聖数であるというのが、古代世界の共通の認識だったのです。この角の生えた一対の動物は牛のようにも見えます。

図34:「聖なるアシュヴァッタの樹」(モヘンジョダロ出土の印章。BC3000年～1500年頃)。宇宙樹と言われている中央の7枝の樹はもちろん「DNAの樹」だ!(『イメージの博物誌　生命の樹』より)

もし牛ならば、蛇はいないものの、「DNAの樹モチーフ」が不完全ながらもほぼ揃ったことになります。蛇が欠けていますが、その蛇ならば古代インドのスリリンガパトナにある「ナーガカル」と呼ばれている奉納石碑に見ることができます。「ナーガ」とは蛇のことです。蛇が2匹、DNAの二重ら旋のように彫られています。7頭の蛇のものもあります。もちろん、「7頭」は聖数ですので、「DNAの樹」の「7（枝樹）」の「7」です。この石板を約半年間池の中に漬けておくと、再生のエネルギーが付くのだそうです。そして、子供たちを授かりたいと願う女性たちが聖なる樹の下などに奉納すると、子供を授かるといわれています。

どこの国にでもある話ですが、その「再生のエネルギー」を授ける主体が2匹の蛇となると話は違ってきます。この蛇は明らかにシュメールの「DNAの樹モチーフ」の蛇女神キを代表の一人とする科学者「蛇」グループのことだと思われるからです。遺伝子工学（DNA技術）を駆使し、不死と再生を可能にする科学力をとうの昔に身に付けていたのでしょう。

②ペルシャの「パルメット」とは「DNAの樹」のこと

次はこれをご覧ください（図35）。1876年パータリプトラ宮殿跡から発見されたペルシャ式石製柱頭です。BC3世紀のマウリア朝のものです。よく見ると、中央には何度も見慣れてきた「DNAの樹＝7枝樹」が4面に彫られています。椰子（palm）あるいは手のひら、または扇の形をしていますから「パルメット（palmate あるいは palmetto）」と呼ばれています。「ペルシャ式」となっていますので、ペルシャ（今のイラン）が「DNAの樹＝7枝樹」の本家と思われがちですが、もちろん本家本元はさらにその先のメソポタミアのシュメールです。

その証拠に、石柱の上部に「8」弁の花があしらわれていますが、実はこれはシュメールの最高神で

図35：パータリプトラ宮殿跡から出土したペルシャ式柱頭（BC 3世紀頃のマウリア朝のもの）。中央にあるパルメットは「DNAの樹」のことだ！　矢印は8弁の花。（『インダス文明の流れ』モーティマ・ウィラー　創元社より）

ある天神アンを表す北極星（＊）の印なのです！（少しフライング気味になりますが、中国の天安門の「天安」とはこの天神アンのことです）。多分、これはＤＮＡを操作して生命創造をする際、天神アンが総監督であることを表したものなのでしょう。この「ＤＮＡの樹」はシュメールから出発し、ペルシャを経由して、インドまでやって来たということがわかるのです。

ここで皆さんと一緒に考えてみたい疑問が一つあります。それは、椰子（ヤシ palm）の中でなぜナツメ椰子(date palm)だけが「不死鳥(phoenix/phenix)」と呼ばれているのか？　という疑問です。ナツメ椰子の葉の付き方が不死鳥の尾羽根に似ているとでもいうのでしょうか？　そう呼ばれているからには、必ずその理由がどこかにあるはずです。そこで早速、『万有百科大事典19　植物』(小学館)を引いてみました。椰子の種類は意外と多くて３０００種以上です。ココヤシ、ナツメ椰子、大王椰子、シュロ、カンノンチク等に大別されています。単子葉植物の中では最も発達した高等植物だそうです。

しかし、これだけの情報ではこの疑問に答えることはできません。「不死鳥」が、亡くなられた有名な漫画家の手塚治虫さんの不朽の名作『火の鳥』の主人公だということは皆さんもご存じだと思いますが、弱ったなと思い、今度は『小学館ランダムハウス英和大辞典』（小学館）を引いてみました。エジプト神話の霊鳥で、「アラビアの荒野で500〜600年間生き、自ら香木の枝を積み重ねて太陽で点火し、その炎の中に身を投じて焼け死に、その灰の中から再び若さを取り戻して生き返り、さらにまた生き続けると伝えられた。しばしば不死不滅（immortability）の象徴とされる」とありました。しかし、こんな情報なら誰でも知っていることです。これでは問題解決には全くなりません。やはり、観点を変えてみましょう。それが困った時の知恵というものです。

古代シュメールにおいては「DNAの樹《いのちのき》」のことを「ナツメ椰子」で表していたということを覚えていますか？　第2章の始めのところで説明したと思います。そのナツメ椰子が「7枝樹」になっていたことを思い出してください。左側が4枝の「4種類の塩基」で、右側が3枝の「アミノ酸対応言語トリプレット（3）」である「7枝樹」の「ナツメ椰子」です。「ナツメ椰子」とは「DNAの樹《いのちのき》」のことだったのです。つまり、答えはこうです。

「死」はこの宇宙に生きとし生ける全ての生命体が避けて通ることのできないものです。創造者の神々でも同じことです。「不死不滅」を願うなら、クローン（DNAのコピー）しかありません。第1章でカバラを詳細に解読した時に説明したかと思いますが、エロヒム・ヤーウェ自身がそのクローン技術の恩恵に最初に預かることができたからこそ、「一度は死んだが、今は世々限りなく生きていて、死と冥符の鍵を持っている」と言い切れるのです。そして、聞く耳があって勝利する者には神の楽園に生えている「命の木の実を食べる権利を与えよう」、つまり「不死不滅」の特権を与えよう、と約束できるのです。決して嘘でもはったりでもなかったのです。

ナツメ椰子（「ＤＮＡの樹」）だけが「不死鳥」と呼ばれているのは、「ＤＮＡの樹」こそが「不死と再生」を叶えることができる唯一の聖樹だからです。クローンは今まさに私たち地球人が行っていることです。予め核を取り除いておいた胚細胞に別な細胞の核を移植します。これに微弱な電気ショックを与え、核融合と細胞分裂を促します。そして、ある程度発達したら、それをある女性の子宮に移植します。約10ヶ月したら出産です。ただし、もちろんこれでは本人と遺伝情報が同じだけの人になってしまいます。でも誤解しないでください。クローン人間といっても、細胞核を提供した人と同じ人間ができるわけではないのです。成長過程の段階で一番大事な教育環境、時代背景、家庭環境等が全く違いますから、全く別人になってしまうのです。このことは前にも述べた通りです。

ですから、いたずらに人々のクローンに対する恐怖心を煽《あお》るのは賢明ではないと思われます。ここまでがクローンの第2段階です。このクローンに生前と全く同じ記憶や性格をコピーして移植して（古代エジプトにおける原始的な表現では「息を送る」「息を吹き込む」がこれに当たります）初めて、本当のクローンが完成するのです。実の弟のセトに殺され、後にトート神のクローン技術のおかげで再生された古代エジプトのオシリス神の場合がこれに当たります。また、磔《はりつけ》になって処刑され、自ら予言したようにその3日後に復活したキリストの場合もそうです。日本の場合は古事記にもありますように、邪悪な兄弟に殺されても殺されても甦った大穴牟遅神《おおあなむじのかみ》（後の大国主命）の場合もそうです。これがクローン（技術）の第3段階です。これはまだ今の地球人には残念ながらできません。しかし、それも時間の問題です。全てDNA操作技術の問題です。

クローン自体は古代シュメールにおいても、聖書の世界においても、古事記の世界においてもすでに行われていたことなのです。古代の人たちはそのことをよく知っていたのです。だから、「DNAの樹《いのちのき》」である「ナツメ椰子」が「不死鳥」と呼ばれていたのは的を射た表現だったのです。「名は体を現す」とはこのことです。

③7頭の蛇あるいはコブラは「DNAの樹」のシンボル数「7」のこと

インド神話には聖なる蛇ナーガがしばしば登場してきます。2匹の蛇が絡み合ったものもあれば、7頭の蛇（あるいはコブラ）のものもあります（図36、37）。下半身が恋人結びの蛇になっているこの創造2神は、シュメールの「DNAの樹モチーフ」の蛇女神キと牡牛神ハルだと考えられます。また、「7頭」の蛇（あるいはコブラ）は、先に古代インドの奉納石碑ナガールのところでも説明したように、アミノ酸対応言語トリプレットの「3（枝）／頭」＋4種類の塩基の「4（枝）／頭」＝「7（枝）／頭」の「7」であるのです。「7」が聖数なのは、生命創造と不死・再生にはその2つの要素が不可欠だからです。

蛇が聖蛇とされたり、神の使いと見なされるのは、蛇こそが――つまり「蛇」という科学者グループこそが――DNA技術を駆使して人間を創造し、いろいろな知識や技術を人間に授けてくれたからに他なりません。旧約聖書にもあるように、エデンの園で純粋無垢な状態にあったアダムとイブに対して、

図36：クメール王国の守護神ナーガ（蛇）。7頭＝「DNAの樹」のシンボル数「7」のことだ！（『宇宙人　超文明の謎』学研より）

図37：下半身が恋人結びになっている蛇神ナーガ＝蛇女神キと牡牛神ハル？（『宇宙人超文明の謎』より）

図38：「生命と知恵の樹」（ブロンズ。インド、ヴィガヤナガル朝　14世紀〜15世紀）中央で宇宙樹のごとく花開いている樹は紛れもなく「DNAの樹」だ！（『イメージの博物誌　生命の樹』より）

その人間性に目覚めさせ、彼らが持っている知恵と科学的な知識を授けたのも、実はこの「蛇」グループでした。でなければ、世界中にこれほどまでに蛇が聖者として出てくることはないはずです。時には悪い蛇として、退治されるべき悪い蛇として出てきますが、それは「蛇」の科学者グループが当時の主流派である体制派から、危険分子として敵対視されていたからです。

なお、この7頭の蛇あるいはコブラは所変わって、カンボジアのクメール王国（AD2〜最盛期12・13C）では守護神としても崇められ、アンコールワット遺跡の塔門に凛々《りり》しい姿で立っています。面白いことに、「アンコール」とはサンスクリット語で「空飛ぶ神々の都市」という意味だそうです。シュメールのアヌンナキ（「天空より地球に飛来してきた人々」）を思い出さずにはいられません。また、カンブという英雄が高い塔のところで蛇女神ナーガと交わってクメール族を作ったという伝説が残されています。シュメールの金星女神イナンナ（暗喩15）がサルゴン王と聖婚儀礼を行って、王がイナンナ女神の庇護の下にアッカド王国を作ったのとよく似ています。クメール王朝の礎となっているのがカンブと蛇女神ナーガとの一種の聖婚儀礼なのです。日本の天皇家の場合も、大嘗祭がこれに当たるものと思われます。

④「生命と知恵の樹」は「DNAの樹」？

図38はインドのヴィガヤナガル朝（1336〜1546）のもので、有名な「生命と知恵の樹」といわれるブロンズ像です。「生命の樹」というタイトルを見ただけでも、「これはDNAと関係がありそう

だな」と匂ってきます。まず、中央上部に5頭のコブラがいます。蛇ならぬコブラはシュメールの科学者「蛇」グループのことです。「5」は「DNAの樹」のシンボル数「7」の代用数です。それから、この樹の左右にそれぞれ「7」本ずつ枝が広がっています。もうおわかりですね。「DNAの樹」、つまり「7枝樹」のことです。

2×7=14本あります。これを繁縟法《はんじょくほう》といいます。「DNAの樹」の下の方には猿のような人間が2人います。シュメールの創造2神である牡牛神ハルと蛇女神キでしょうか？　次に「DNAの樹」の根元を見てください。なんと牡牛が2頭いるではないですか！　間違いありません。上に「DNAの樹」がありましたから、この牡牛はシュメールの牡牛神ハルのシンボル獣です。だから、インドでもシバ神の聖牛として見なされているのです。

あれ、でも牡牛が2頭じゃ数が合わないぞ！　どうして蛇はいないのか？　そう質問してくると思っていましたので、答えはもう用意してあります。シュメールの「DNAの樹」に向き合う蛇女神キと牡牛神ハル以降、世界中の「DNAの樹（生命の樹）」に向き合う、あるいはそれを挟む人間・動物はそのほとんどが同一のモチーフになっているからです。つまり、「DNAの樹」（生命の樹）の左右には一対の、それも同一のモチーフが来るのが世界共通の認識だったのです。ここでは一対の猿と牡牛。それはここにも当てはまります。

とにかく、「生命と知恵の樹」とくれば答えは牡牛神ハルです。「生命」を創造し、なおかつその創造物に「知恵」と尊厳を与えた人、それはシュメールの知恵の神エンキ以外にはいません。つまり、「7

枝樹」の牡牛神ハルのことです。やはり、シバ女神が乗っていた牡牛というのは、この「DNAの樹」の牡牛神ハルのシンボル獣である牡牛のことだったのです。

ちなみに、「生命と知恵の樹」の上にいる14羽の「白い鳥」は、ヒンズー教の宇宙創造神ブラフマーの乗り物であるハンサ（鵞鳥《がちょう》）だと一般的にはいわれています。南インドの細密画などにはブラフマーがハンサ（鵞鳥）に乗っているモチーフが多く見られるからです。恐らくはこのブラフマー（梵天）こそがシュメール12神のトップにいる天神アンその人ではなかろうかと思います。若かりし頃の生命科学者・蛇女神キと牡牛神ハルにDNAの知識と技術を教えた天神アンなのです。

この件《くだり》は後の古事記のところに譲るとしまして、見事に花開く「生命の大樹」の天辺《てっぺん》にいるのに相応しい存在は、天神アン（梵天）しかいないと思います。牡牛神ハルの聖獣の牡牛がいて、その上に人間らしいサル（蛇女神キと牡牛神ハルか?・）がいる。その上の蓮華輪の上には科学者「蛇」グループの5頭のコブラがいる。そして、天空に向かって大きな「7枝」を左右に広げる「生命の大樹（DNAの樹）」があり、その天辺に天神アン（梵天）の聖獣ハンサ（鵞鳥）がいるのはこのためなのです。

ヒンズー教というのは広義に解釈しますと「インドの宗教」という意味ですので、仏教もヒンズー教の一つなわけです。しかし、狭義にはバラモン教を指しています。インド人口約10億の80%、つまり約8億人がヒンズー教徒だといわれています。インドに生まれるということはヒンズー教徒として生まれることだと言っても過言ではありません。残りの約20%が仏教やその他です。

それでは、古代インドにおける「DNAの樹モチーフ」発見の旅の終わりは仏教になります。BC6

図39：仏陀の誕生を祝っている科学者「蛇」グループ（『Mythology　神話』編集・平塚琢也　ＭＯＫＵ出版より）

〜5世紀にかけて、八正道の実践によって生老病死の輪廻からの解脱——つまり解放——を説く偉大なお釈迦様になります。お釈迦様と「DNAの樹モチーフ」、これはどう見てもミスマッチですが、本当のところはどうなのでしょうか？　まずは図39をご覧ください。

⑤仏陀の誕生を祝した科学者「蛇」グループ

この山壁のレリーフはBC583年頃にお釈迦様がシャカ族の王子としてルンビニーの村に誕生した様子を描いたものです（これは『Mythology　神話』に紹介されていた写真です。お電話してその出典を尋ねてみましたが、残念ながら不明とのことでした）。地上の生きとし生けるもの全ての視線が、そして天上の全ての神々の視線が一点に絞られています。全てのものが、神々しい輝きを放っている仏陀その人の誕生を祝っています。後ほどこのシーンを仏典からご紹介します。

では、地上のものと天上のものとの境目にいる神々に特に注目してください。驚いてしまいます。まず、一番下に蛇の中の蛇であるコブラがいます（○部分）。その上には下半身が蛇の蛇女神がいます。さらにその上には同じく下半身が蛇の蛇男神がいます。DNAを操作して生命創造をしたり、不死や再生までもコントロールしたのは「蛇」という科学者グループだということは、何度も述べてきました。きっと、仏陀の誕生は彼ら「蛇」グループが一定の目的を持って、一定の計画に従って、DNAを操作して行ったものだと思われます。そうでなければ、コブラと夫婦蛇神が中央で神々の代表として仏陀の誕生を祝うはずがありません。

シュメールの「DNAの樹モチーフ」の創造2神は牡牛神ハルと蛇女神キでしたが、ここでは「7つ」の頭のコブラを後光とする蛇男神と「3つ」の頭のコブラを後光とする蛇女神になっています。聖蛇ナーガのところですでに分析しましたように、この蛇男神の後光である7つの頭の「7」は、シュメールの「DNAの樹＝7枝樹」の「7」を――つまり、4種類の塩基の「4」と、アミノ酸対応言語トリプレットの「3」を足した聖数「7」を――表しています。他方、蛇女神の後光の3つの頭の「3」は「DNAの樹」の「3枝」、つまり「アミノ酸対応言語トリプレット」を表しています。そして、この蛇男神・蛇女神が仏陀誕生の中心人物であることを表しています。

シュメールの「DNAの樹モチーフ」と異なっている点は、蛇女神が「4（枝）」ではなく「3（枝）」になっていること、また、蛇男神が「3（枝）」ではなく「7（枝）」樹そのものになっているところです。枝はありませんが、間違いなく「3枝」と「4枝」の「7枝樹」、つまり、「DNAの樹」です。宗教とDNAが結びついているなどとは聞いたことがありません。しかし、カバラの「生命の樹」を解読・分析してみたところ、実はそれが「DNAの樹」であることがはっきりしたのです。仏陀とDNAが結びついているなどという話は聞いたことがありません。しかし、たった今分析しましたように、仏陀とDNAはしっかりと結びついていたのです。

⑥仏陀の誕生を祝したのはUFOの乱舞だった！

それではこの章の最後に、先ほどの岩壁のレリーフに描かれた仏陀が他の惑星からやって来た科学者

「蛇」グループによってDNAを操作され、意図的に計画的に、しかも重要な使命を託されてこの地球上に誕生させられたことを示す証拠として、仏典からの抜粋を紹介したいと思います。出典は『原始仏教』（中村元編、筑摩書房）からです。

面白いことに、ユダヤの人たちが救世主（イエス）の誕生を予見していたように、コーサラ王国の人たちもボーディーサッタ（仏陀）の誕生を予見していました。救世主イエスの誕生はまず「ベツレヘムの星」（多分UFOでしょう）によって3人の牧童と東方の3博士に知らされました。この「ベツレヘムの星」は博士たちを昼夜を通しガリラヤへと導いたのでした。3人の牧童のいる上空には御使いが眩《まばゆ》い光となって現れ、彼らにイエスの誕生を告げたのでした。これには「天の軍勢」も参加したとのことです。このイエスの誕生と同じように、仏陀の誕生もまず山中で座禅中のアシタ仙人のところに、それも白昼の天空に、3人の神々が歓喜に打ち震えながら現れ、最高神である帝釈天（インドラ神）を賛美しつつ、こう告げたのでした（引用者注・インドラ神とはシュメールのアダド神のこと）。

「無比の妙宝あるこのボーディサッタは、諸人の利益安楽のために人間界に生まれたもうたのです――シャカ族の村に、ルンビニーの聚落《じゅらく》に」（『諸教要集』）

「ボーディサッタ」とは「勝者」を表し、仏陀のことを指します。神々にそう告げられたアシタ仙人は無我夢中で山を駆け下り、シャカ族の宮殿に急ぎました。仙人がそこで見たものは、予言されていたように、早くも仏陀の「32」相を兼ね備えた赤子でした（ちなみに、「32」＝ユダヤ教カバラの「生命の樹（DNAの樹）」の「聖なる知恵の三十二の経路」のことと思われます）。その赤子を抱いたアシタ仙人は心打たれ、感涙して、「これは無上の人です。人間の最上者です」、「この王子は正覚の頂に達するでしょう」と述べています。

他方、キリストの誕生を知らせる際に、「天の軍勢」が上空に現れ出でてこれを祝福したように、シャカ族のスットーダナ宮殿の上空にも33人の神々がUFOで現れて、仏陀の誕生を祝福しました。その様子はこう表現されています。

「神々は多くの骨あり、千の円輪ある傘蓋《さんがい》を空中にかざした。黄金の柄のある払子《ほっし》を上下に扇いだ。しかし、払子や傘蓋を手にとっている者は見えなかった」（『諸教要集』傍線筆者）

多分、皆さんもそうだと思いますが、私もこの文章を初めて読んだ時、ものすごく感動したのを覚えています。「仏典にUFOの記述があるなんて、信じられない！」と。仏典というと、いつも宗教的なイメージばかりが前面に出ているけれども、「本当はそうじゃないんだ。仏典はUFOに乗る神々とのコンタクトの記録でもあるんだ！」と驚いたものです。

仏陀の誕生を祝福するために天上の神々が宮殿の上で見せた空中ショーとは、まさに眩《まばゆ》く光り輝くUFOの乱舞、UFOウェーブそのものでした。「柄のない傘（蓋）」とはまさにUFOの原始的な表現ですが、実に的確で明快な表現ではありませんか！　このUFOはこの他、仏陀の生涯を叙事詩形式で物語った『ラリタヴィスラ』第7章にも、「尊い天蓋」とか「白く尊い大天蓋」と表現されています。「天空より（UFOで）地球に飛来した人々」である神々アヌンナキの祝福する様子が手に取るように伝わってきます。

スティーブン・スピルバーグ監督の『未知との遭遇』のラストシーンが思い出されます。あの時のあの感動が再び甦ってきました。宇宙の、天空の神々が、特に蛇神がこぞってその誕生を祝うわけですから、仏陀やイエスはこの地球にとってきっと重大な使命を託されたメッセンジャーであったに違いありません。きっとその時代に一番必要なものを地球人に教え広めるために、例えば、仏陀の場合は生老病死からの解脱を説くために――イエスの場合は愛を広めるために――この地球に計画的に遣わされたに違いありません。

最後に――。仏陀が菩提樹（ビッパラ樹）の下で「悟り」を開いたといわれていますが、その菩提樹こそは何を隠そう実は「DNAの樹」そのものなのです！　それが証拠に、その菩提樹（ビッパラ樹）の枝が何本なのか数えてみてください（図40）。この絵は19世紀にスリランカで描かれたものですが、「7枝」になっています。また、次のレリーフ（図41）は「神々を教え導くブッダ」（バールフト、BC2世紀）というタイトルのものですが、仏陀が33神の天である忉利天《とうりてん》に上り、インドラ神（帝釈天）の王座に座り、神々の前で説法している場面を描いているそうです。仏陀が「悟り」を開いた7年後（42歳？）のことだそうです。仏陀は描かれていませんが、神々の前にあるその「霊妙なる木」は「7枝」

図41：「神々を教え導くブッダ」（バールフト、BC 2 世紀頃）。ブッダが善き法を説いた中央にある「霊妙なる樹」とは「DNAの樹」のことだ！（『ブッダの生涯』より）

図40：ビッパラ樹（DNAの樹）の下で悟りを開いたゴータマ・ブッダ（『ブッダの生涯』ジャン・ボワスリエ　創元社より）

ありますから、間違いなく「DNAの樹」のことです。「DNAの樹」の下で、神々を前にして仏陀はいったいどんな説法をしていたのでしょうか？（本書の続編では「DNAの樹」の強力な物的証拠をもう一つ紹介する予定です）。

このように、古代シュメールの時代から、聖樹「DNAの樹（生命の樹）」はいつも「7枝樹」であり、その「DNAの樹」は多種多様なバリエーションの「生命の樹」としてだけでなく、「世界樹」や「宇宙樹」として、また世界の「中心のシンボリズム」として、いろいろな形で全世界中に見出されるのです。

⑦科学者「蛇」グループに守られた仏陀

まとめになりますが、古代インダス文明に

おいてもやはりシュメールに始まった「ＤＮＡの樹モチーフ」は、ヒンズー教と仏教の中にもしっかりと受け継がれていました。仏陀と科学者「蛇」グループ、それに「生命の樹」との接点を見出すことができたのは、さらには神々とＵＦＯとの接点を見出すことができたのは大きな収穫でした。古代エジプトにおいて、夫のオシリスを甦らせた妻のイシスが「蛇（ナーガ）」に守られていたように、実は仏陀も「蛇（ナーガ）」に守られていたのです（１４５ページの図27）。このことは仏陀の「陀」の字と「蛇」の字を比べてみれば一目瞭然のことです。どちらも旁《つくり》がウ冠《かんむり》にヒの「它《へび》」になっています。ウ冠＝覆い・屋根のある建物で、「ヒ（甲骨文字）＝蛇女神キ」です。つまり、仏陀の「陀」の字の中に蛇女神キの「它《へび》」があるということは、仏陀が蛇女神キをリーダー格とする科学者「蛇」グループの生命創造施設、あるいは実験室で創造されたということの証しのようです。

　それどころか、仏典では弟子たちが仏陀を「蛇（ナーガ）」として次のように讃えています。「仏陀よ。あなたはナーガの名をもち、もろもろの奇跡を行う者のうちの七人の聖者のひとりであります」（『長者の詩』１２４０）と。さらには、「わたしはあなたの子として生まれ、大勇者にしてナーガの正系なるナーガを礼拝します」（同１２７９）。このように仏陀はシュメールの蛇女神キの科学者「蛇」グループによって創造され、教育され、護られていたのです。「衆生《しゅじょう》救済」という大きな使命を託されてこの世に生まれたメッセンジャーだったのです（このことは本書続編シリーズ第3弾で詳しく述べたいと思います）。

「ＤＮＡの樹モチーフ」発見の旅はシュメールからスタートして、古代エジプト、そして古代インダスまで来ました。次は黄河文明が——つまり古代中国文明が——待っています。その先には古代朝鮮半島があり、最後の最後に倭国・日本があります。旅の途中でいったいどんな発見が皆さんを待ち受けているのでしょうか？　どうかお楽しみに。これから先の強力なガイドは川崎真治氏の比較言語学になります。

第5章　古代中国文明と「DNAの樹モチーフ」

これまで古代メソポタミア文明、古代エジプト文明、そして古代インダス文明と「DNAの樹モチーフ」発見の旅を皆さんとご一緒にしてきたわけですが、これで世界4大文明のうちの3／4が終了したことになります。まだ1／4残っていますが、果たして首尾よく古代中国にも「DNAの樹モチーフ」は発見できるのでしょうか？　シュメールと並び世界最古の、いやひょっとしたら単独で世界最古かもしれないといわれる古代中国文明。ですから、何が出てきてもおかしくありません。それでは今から4000年以上も前の古代中国にタイムスリップしてみましょう。

①世界初の発見！　あの三東省丁公村の陶片には「DNAの樹モチーフ」が刻まれていた

まずは図42を見てください。BC2200年頃のもので、中国の三東省鄒平県丁公村で出土した竜山文化時代の陶片です。今から11年前の1992年1月に発見されたものです。日本でも翌年の1993年の2月号と5月号の『アエラ』（朝日新聞社）にも掲載され、いろいろと物議を醸《かも》したそうです。この陶片は上が7・7㎝、下が4・6㎝、そして幅が3・2㎝という手の平に納まってしまうほどの大変小さなものですが、中国の言語学史を揺るがすきわめて重要な（絵）文字が11個記されていたのです。

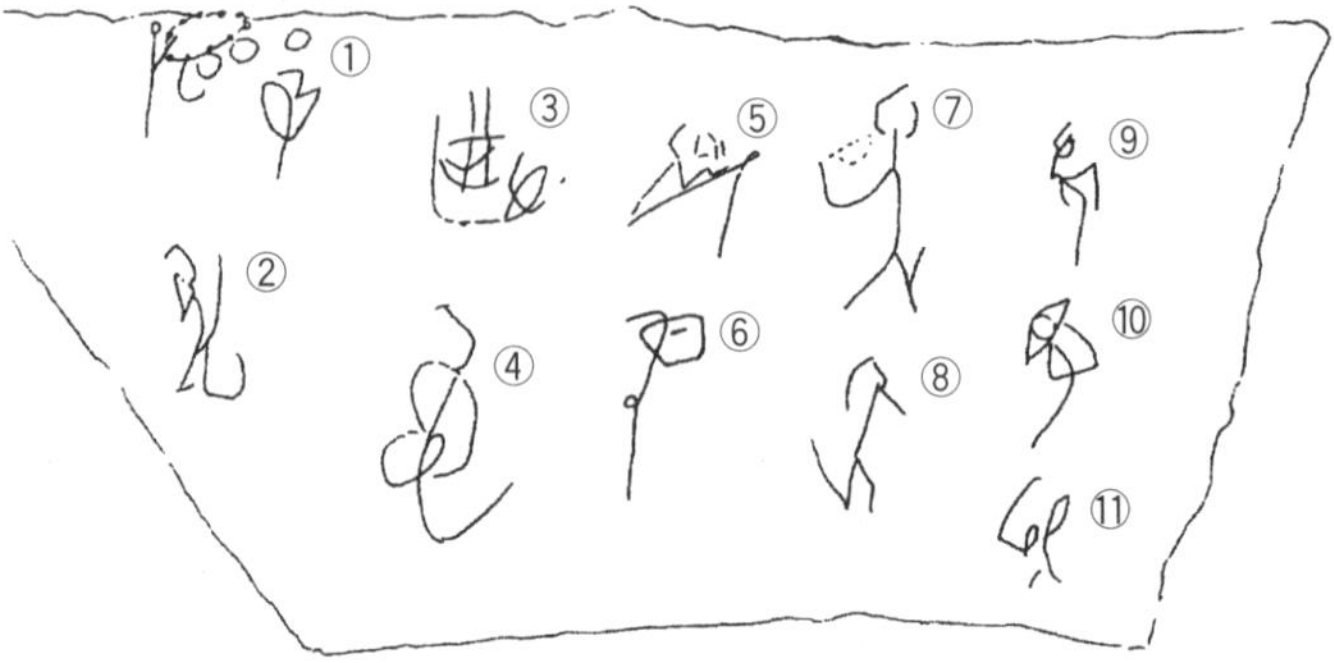

図42：シュメールの「DNAの樹モチーフ」が刻まれている丁公村出土の陶片。中国の言語学史を塗り替えてしまった。これはシュメールの「神名表」なのだ。（『世界最古の文字と日本の神々』川崎真治　風濤社より）

これは祭祀用の特別な黒陶ではなく、日常雑器の、卵の殻ほどの薄い灰陶《かいとう》という陶器だそうです。

こんなちっちゃな陶器の一片でいったい何がわかるというのでしょうか？　DNA情報なんて本当に記されているのでしょうか？　ここで、比較言語学で異彩を放つ川崎真治氏の分析を参考にしてみましょう（『世界最古の文字と日本の神々』風濤社）。

第1字「[illegible]」の〝[illegible]〟が牛の象形文字です。逆さまにすると〝[illegible]〟となり、牛だとわかります。〝ろ〟が蛇の象形文字です。これでシュメールの「DNAの樹」の牡牛神ハルと蛇女神キを表しています。そして、第2字である「[illegible]」の〝▽〟が「3」を、〝[illegible]〟が「4」を表しています。シュメール語では「エシュ（3）・ア（と）・ル（4）」と読み、「3」は「遺伝暗号トリプレット」を、「4」は「4種類の塩基」を表しています。つまり、シュメールの「DNAの樹」（7枝樹）の「7」を表していたのです！（この第2字はやがて漢字の「孔」に発展していきます。儒教の開祖である孔子の「孔」です）。

さらには第3字の「[illegible]」が蛇女神キと牡牛神ハルとが向かい合っていることを表しています。〝ヒ〟は両腕を伸ばして生命創造の提案している蛇女神キを、〝ϑ〟は牡牛神ハルを表し、〝卄〟は「向かい合っている」ことを表しています（この第3字の〝卄〟はやがて漢字の「乙」に発展していきます。甲乙丙丁の「乙」です）。

ちなみに、牛の頭を表す〝ϑ〟は〝ᐊ〟となり、〝ᗅ〟になって現在のアルファベットの「A」になっています。アルファベットのトップに牡牛神ハルの象形文字の「A」がきているということは、とりもなおさず牡牛神ハルの影響力がそれほど人類にとって大きかったということの証しでもあるわけです。

さて、何に向かい合っているかといいますと、当然「DNAの樹（7枝樹）」です。そうなのです。丁公村出土の陶片文字の第1・2・3の3文字を分析しただけでも、世界最古のシュメールの国璽に刻まれていた「DNAの樹モチーフ」がそっくりそのまま中国に入っていたことがわかるのです！　第1字の左上隅に薄くシュメールの楔形文字「⺊」（メと読み、「祈る」の意）と「[illegible]」（イル・ガ・ガと読み、「祈る」の意）が合体した「[illegible]」が刻まれていますから、間違いなくシュメールから来たものです。

ちなみに、この小さな陶片に記されている全ての（絵）文字の意味は「牛と蛇、3枝と4枝（の「DNAの樹」に）、蛇女神キと牡牛神ハルが向かい合う。女・15（イナンナ女神）、父（アヌ天神）、日神（ウツ）、ライオンとギルガメシュ英雄神」ということになるそうです。要は、この小さな陶片はまさにシュメールの「神名表」そのものになります。このように、シュメールの「DNAの樹モチーフ」（BC約3000年）が約800年後に確実に古代中国に伝わっていることが判明したのです。当時は現在のようにテレビも電話もなければ、パソコンもありませんでした。文字や文化は人が運ぶものでした。古代シュメールと同じ内容の文字情報が古代中国にあるということは、「ＤＮＡの樹モチーフ」を信奉する人たちがシュメールから移動してきたか、または、シュメールの蛇女神キと牡牛神ハルを中心とする神々が（ＵＦＯという乗り物で）移動してきたかのどちらかです。いや、ひょっとしたらその両方かもしれません。

さて、中国の最も古い文字といいますと、ＢＣ１３００年頃に安陽市の殷墟で発見された甲骨文字と考えられてきましたが、図42の11文字の発見によって中国の文字の歴史を図らずも９００年も繰り上げることになってしまいました。

ついでですが、「ＤＮＡの樹（７枝樹）」２神（牡牛神ハルと蛇女神キ）を守護神とするシュメールのウヌグ・キ・（ウルク市、現在はワルカ市）は「ウブ（向き合う）・イ（５）・ミン（２）・キ（市）」と言います。つまり、５＋２＝７の「ＤＮＡの樹（７枝樹）に（牡牛神ハルと蛇女神キが）向き合う市」ということになるのです。どうして「ＤＮＡの樹」の２つの特徴を表す「エシュ（３）・ア（と）・ル（４）」＝７（枝樹）としなかったかといいますと、「３と４」では両方の手を中途半端に使って数えなければならずわかりにくいのです。その点、「５と２」ならば少なくとも片手の指を全て開いてもう片方の手で２本出せばいいわけですから、こちらの方が覚えやすいのです。ですから、シュメールの人たちは「ＤＮＡの樹」を表すのに「３＋４＝７」と「５＋２＝７」の２通りの表現方法をとっていました。ともあれ、シュメールの「ウヌグキ（ウルク市）」という地名は「ＤＮＡの樹モチーフ」の文化と歴史を忠実に伝えている〝証人〟といえます。

もう一つ紹介します。カスピ海東方にいたプロト・アーリアン民族は「DNAの樹（7枝樹）」の「7」を表すのに、数えやすい方のシュメール語の「5（イ）＋2（ミン）＝7」とは言わず、数えにくいけれどもDNAの2大特徴を忠実に表す方の「3（エシュ）・と（ア）・4（ル）＝7」、つまり、「エシュアル」あるいは「エシュアラム」と言ったそうです。なぜなら、そのプロト・アーリアン民族が住んでいたカスピ海東方には、シルダリア河とアムダリア河の2大河川が流れ込んでいますが、「シル＝蛇（シンボル数4）」で、「アム＝牡の野牛（シンボル数3）」という意味だからです。

河の名前までも「蛇女神キの4＋牡牛神ハルの3」としていますので、大切な「DNAの樹（7枝樹）」を表す時は、尚更蛇女神キと牡牛神ハルに畏敬の念を込めて同じように忠実に「3（エシュ）・と（ア）・4（ル）＝7」、つまり、「エシュアル」あるいは「エシュアラム」と言ったと考えられます。

それはまた同時に、「DNAの樹（7枝樹）」の右側の「3枝」が「遺伝暗号トリプレット（3）」を、左側の「4枝」が「4種類の塩基」をそれぞれ正確に、そして忠実に表していたからです。ただ、残念なことは、これも古代エジプトのジェド柱やアンク十字、そしてカバラの「生命の樹」もそうでしたが、そして、これはある意味では仕方のないことなのかもしれませんが、一部の特権階級の人たちだけの秘められた情報（奥儀）になってしまい、最も大切な真実が時代の流れとともにすっかり失われてしまい、形だけが残ってしまったということです。

②殷の時代の青銅器の銘文「㠱子伯」は「DNAの樹モチーフ」のこと

古代中国には考古学上の、歴史学上の、そして比較言語学上の貴重な資料がたくさんありますので、それを基にして「ＤＮＡの樹モチーフ」東遷の旅を続けてみましょう。次は図43をご覧ください。これは先の丁公村の陶片よりも９００年ほど下ります。紀元前１３００年前後の殷（商）の時代の青銅器の銘文で、「㠱子伯」と言います。「白㠱子」、「彭・ヒ・子」、或いは「丙丁子」とも言います。なお、この青銅器は中国・安陽市殷墟の婦好墓で出土していますが、この類のものはたくさんあります。

さて、シュメール出土の円筒印章の「ＤＮＡの樹（７枝樹）」２神（１２２ページの図18）と見比べてください。右側の牡牛神ハルが「伯」となり、左側の蛇女神キが「㠱《き》」となっています。字が少し変化しても、「巳（み・へび）＝己」が字に含まれていますから容易にわかります。真ん中の「子」は当然この夫婦創造神の間に生まれた「子」ということになり、それが商（殷）王朝の姓にまでなっていきます。

シュメールの印章印影図と唯一違う点は子供が追加されていることです。どうやら、シュメールの「ＤＮＡの樹（７枝樹）」２神はＤＮＡを操作して、すでに人間を創造したようです（ひょっとしたらこの子は炎帝神農なのかもしれません）。問題は、その子供の上に描かれている奇妙な記号「」と「」です。この「3本」の旗みたいなものは、間違いなくカバラの「生命の樹」でいう「三つの母なる文字」、つまり4種類の塩基のうち、３つで1組になっている「遺伝暗号トリプレット（３）」のことです。こ

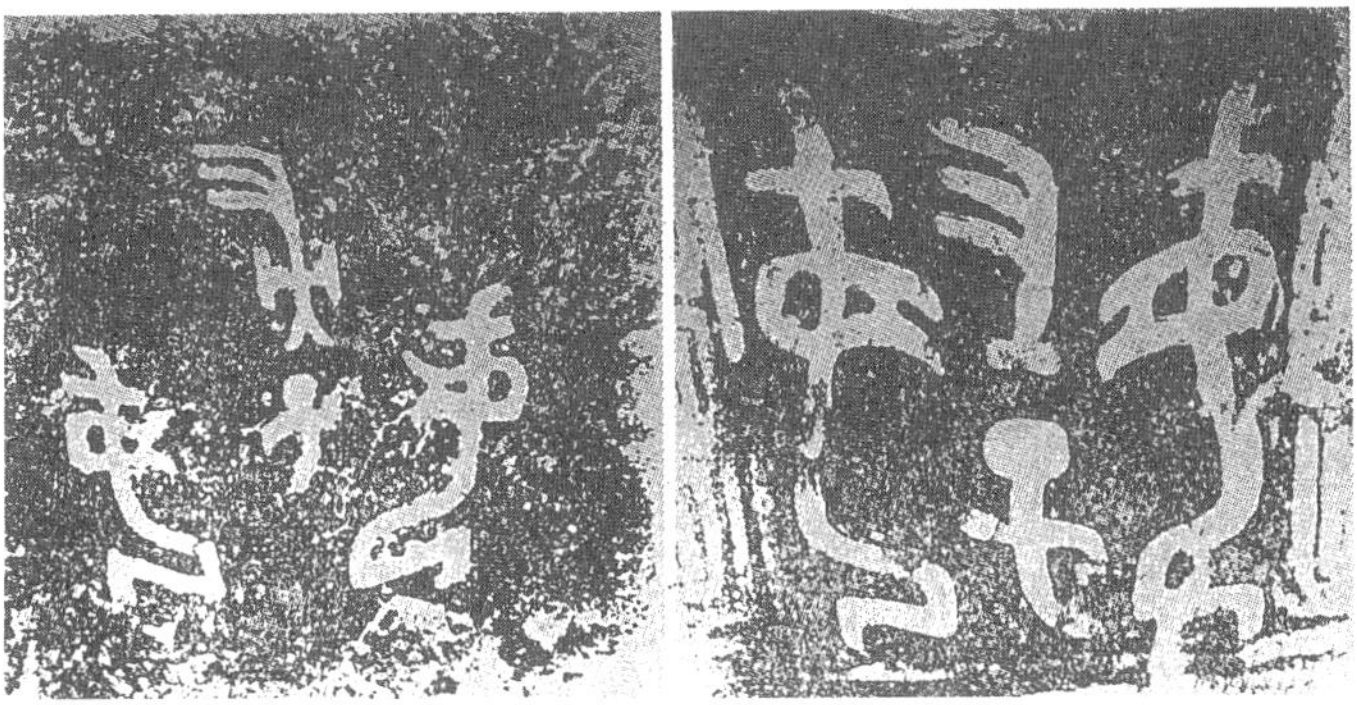

図43：殷（商）の青銅器の銘文「員子伯」。「DNAの樹モチーフ」の中国化だ！　遺伝子操作をしてすでに子供を作っている。それが証拠に、子供の上にあるのは「遺伝暗号トリプレット（3）」だ！（『世界最古の文字と日本の神々』より）

れが大切なのです。人は生きるためには細胞核のうちで常にタンパク質を生産しなければなりません。そして、その何万種類もあるタンパク質はわずか20種類のアミノ酸でできています。このアミノ酸を指示する言語が実はこの「遺伝暗号トリプレット（3）」なのです。

つまり、これが無いとアミノ酸を指示できず、ですから当然タンパク質もできなくなります。タンパク質ができなければ当然その細胞は死んでしまいます。それが個体の死に至るのです。ですから、生きていくためにはこの「トリプレット暗号」が絶対必要条件なのです。生命創造をする時には、ただ単に4種類の塩基のことを知っているだけでは不十分なのです。生命活動をするのに一番大事な「遺伝暗号トリプレット」のことも熟知しなければなりません。そのことをこの変てこな記号（正しくは金文《きんぶん》）「」と「」が的確に表していたのです。奇妙な記号だからといって決して侮《あなど》れないのです。

③殷の甲骨に彫られた卜占用の文字にも「DNAの樹モチーフ」があった

同時代の甲骨に彫られた卜占《ぼくせん》用の文字（契文）に「⺦井丅⧖♀」があります。「エシ（3枝）・ラム（4）・シ（枝）・マカラム（愛交して生む）・マル（子）」と読みます。「牡牛神ハルと蛇女神キの間に生まれた子」という意味になります。やはり、ここにも「DNAの樹モチーフ」が記されていました。日本では「三枝」は「さきくさ」、「さいくさ」、あるいは「さえぐさ」等と読みます。芸能人に桂《かつら》三《さん》枝《し》さんがいます。もちろん芸名ですが、比較言語学的には「桂」＝月の中に7枝の木として描かれている「湯《ゆ》津《つ》香《かつ》木《ら》」で「DNAの樹」を意味し、「三枝」で牡牛神ハル（彭《ほう》）を意味します。つまり、「桂三枝」という名前はシュメールの「DNAの樹の牡牛神ハル」という、比較言語学的にも歴史学的にも大変神聖な名前ということになります。ご本人もこのことを知ったらさぞかし驚かれることと思います。

図44：女媧と庖犠。漢代の「DNAの樹モチーフ」！　科学者「蛇」グループである証拠に、二人とも下半身が蛇になって絡み合っている。DNAの二重ら旋のイメージだ！（『世界最古の文字と日本の神々』より）

④伏羲と女媧の図像は「DNAの樹モチーフ」そのものだ

次の図像をご覧ください（図44）。前漢時代（BC202〜AD8）のものです。122ページ・図18のシュメールの円筒印章印影図や図43の殷墟の青銅器の銘文と見比べてみてください。中央に子供がいます。「7枝樹」と「貝子伯」と全く同じテーマを扱っているのは一目瞭然です。呼び名が変わってきます。左が女媧で、右が伏羲《ふっぎ》（儀）あるいは庖羲《ほうぎ》（儀）です。伏羲の意味はミニモニが歌っているリバイバル・ソング「ひょっこりひょうたん島」の「瓢箪《ひょうたん》」のことで、大洪水の時瓢箪に乗って難を逃れたからその名が付いたのだそうです。

この2人は中国では最初の兄と妹の夫婦創造神といわれています（ただし、司馬貞の『史記』三皇本紀では女媧は2代目ということになっています。また、楚の屈原の『楚辞』天問編では、人類の初めは女岐という独身の女神であり、「女岐は夫に会うことなくして9人の子供を生んだ」とあるそうです。クローン技術を使えば可能なことです）。ちなみに、女岐＝女媧を見てすぐに気が付く違いは、いつの間にかシュメールの「DNAの樹（7枝樹）」の左側にある「4枝」が消えてしまっていることです。でも、ご安心のほどを。女媧がちゃんと十（天秤）を手に持っています。4本の線でできていますから、「4枝」＝「4種類の塩基」を指していると考えられます。

ただし、女媧がコンパスを手にしているものもあります。その場合、伏羲の右下に「7枝樹」の（7）を表す7個の連珠があります。他方、伏羲は「3枝」の代わりに┐の「3」本の線からなる曲尺《かねじゃく》を手にしています。遺伝暗号トリプレットの「3」と考えられます。

⑤下半身が蛇になった牡牛神ハルは伏羲

もう一つの大きな違いは、この夫婦神の下半身が蛇になって、まるでＤＮＡの二重ら旋のように絡み合っていることです。いったいどうなっているのでしょうか？　シュメールの場合でも殷墟の場合でも、牡牛神ハルは下半身が蛇にはなっていませんでしたから。

『大辞林』（三省堂）を引いてみますと、諸説ありますが、古代中国には伝説上の三皇、つまり、３人の皇帝がいたとのことです。伏羲（儀）・（炎帝）神農・女媧の３人です。先ほど、伏羲（儀）と女媧は兄妹の夫婦神と紹介しましたが、司馬遷の『史記』では２人は関係がないとも書かれてありました。でも、２人ともなんと「人首蛇身」だと記されています。

ですから、シュメールの牡牛神ハルの下半身が蛇でも正しいのです。伏羲（儀）と女媧の下半身が絡み合っているということは、私たちに兄妹の夫婦というよりも、まずＤＮＡの二重ら旋構造と科学者「蛇」グループを想起させてくれます。なぜなら、その大本になっているシュメールの円筒印章印影図のところでも分析したように、牡牛神ハルと蛇女神キがＤＮＡの２つの特徴である「４種類の塩基」と、「アミノ酸対応言語トリプレット（３）」の知識を駆使し、遺伝子操作を行って私たち人類を創造することに成功したからです。

牡牛神ハルは「蛇」グループの科学者たちと協力・提携してこの実験に加わっていたのです。生命の設計図であるＤＮＡに関わることですから、蛇グループ＋ＤＮＡで、そして夫婦ですから、２人とも下半身が蛇となり、DNAのように絡み合っていても正しいのです。

ちなみに、女媧の「咼」はさんずいの「氵」を付けると「渦」になる通り、蛇の「とぐろ」を表しています。そして、この蛇のとぐろや渦巻きの渦の元になっている「咼（◎）」は古代中国の殷や西周時代の青銅器にも、そして縄文時代の土器にも、弥生時代にも古墳時代の銅鏡や銅鐸にも数多く見ることができます。全て女媧（蛇女神キ）のことです。また、この「咼」と対になって必ず牡牛神ハルのウロコ文「鋸歯文（△）」も印されています。「△」は牡牛神ハルのシンボル記号であると同時に、「遺伝暗号トリプレット（3）」も表しています。ちなみに、パートナーの蛇女神キのシンボル記号は、基本的には「□」です。これで「4種類の塩基」を表しています。古代エジプトのピラミッドの形状の謎を解く鍵は、実はこの「△（3）」と「□（4）」にあったのです。

今、「蛇グループ」と書きましたが、シュメールの神話を読んでみますと、いろいろなアヌンナキが人間を創造していますから、取り敢えず「（科学者）蛇グループ」としました。でも面白いことに、この逆のことだってあるのです。女媧は多分間違いなくシュメールの知恵の神エンキの妻ニンキ（漢字では壬癸）だと思います。ただ、時には異母妹のニンハルサグ（ニンティ）とも言われています。そのニンハルサグ（ニンティ）が年老いてから、権力者になったのでしょうか、「牡牛」と呼ばれていました。こうしてみますと、「牛」あるいは「立派な角の生えた牛（のヘルメット）」というのは力の強いもの、偉大な指導者、あるいは権力者を象徴しているようです。

また、伏義（儀）が「蛇グループ」にいたという最も端的な証拠は、次の『大辞林』の伏義（儀）の説明を見ればわかります。

「人首蛇身で、八卦・文字・瑟を考察し、婚姻の礼を定めた。また、網を作って漁労を、火種を与えて動物の肉を焼くことを人類に教えたと伝える」（傍線筆者）

周時代、特に西周時代（BC1020頃～AD770）に確立されたとされる周易の八掛は、この伏羲（儀）がBC3000年頃に考案したものといわれています。第1章で紹介しましたが、この「八卦表」というのは実は最近の研究では20種類しかない「アミノ酸対応言語トリプレット表」だったということが確認されています（図14［69ページ］、15［99ページ］）。DNAの二重ら旋構造が発表されたのはわずか半世紀前の1953年のことですが、なんとそれより5000年も前にすでに伏羲（儀）が「アミノ酸対応言語トリプレット表」を考案していたのです！……なんて、皆さんには理解できますか？

BC3000年頃といいますと、蛇女神キと牡牛神ハルとが「DNAの樹」に向かうシュメールの円筒印章が初めて作られた年代とほぼ同じです。やはり、間違いなくシュメールの牡牛神ハルとは伏羲（儀）のことだったのです。DNAのノウハウを熟知していた科学者兼権力者、それが伏羲（儀）の本当の姿なのです。

さて、それでは女媧がシュメールの知恵の神エンキの妻ニンキまたはニンハルサグ（ニンティ）であろうことは前に述べました。ちなみに、シュメールの蛇女神キが「女媧《ジョカ》」となった経緯はこうです。シュメール語のキは大地の地母神ですし、「ＤＮＡの樹」の「４枝」の方に座っていますので、「地（キ）・４（ラム）の」ク・ラムとも言います。「ク・ラム→ク・ヤム→クヤン→クァ→カ」となります。女性ですから「女媧」となるのです。比較言語学にかかると実に単純明快でした。

⑥西周の青銅簋《き》の銘文にも「ＤＮＡの樹モチーフ」があった

さて、今度はシュメールから約２０００年経った西周（ＢＣ１０２０年頃〜ＡＤ７７０）の金文を見てください（図45）。大体紀元前１０００年頃のものです。「五年師旋《しし》」という青銅簋《き》の銘文です（簋《き》とは穀物を盛る鉢形の器のことです）。

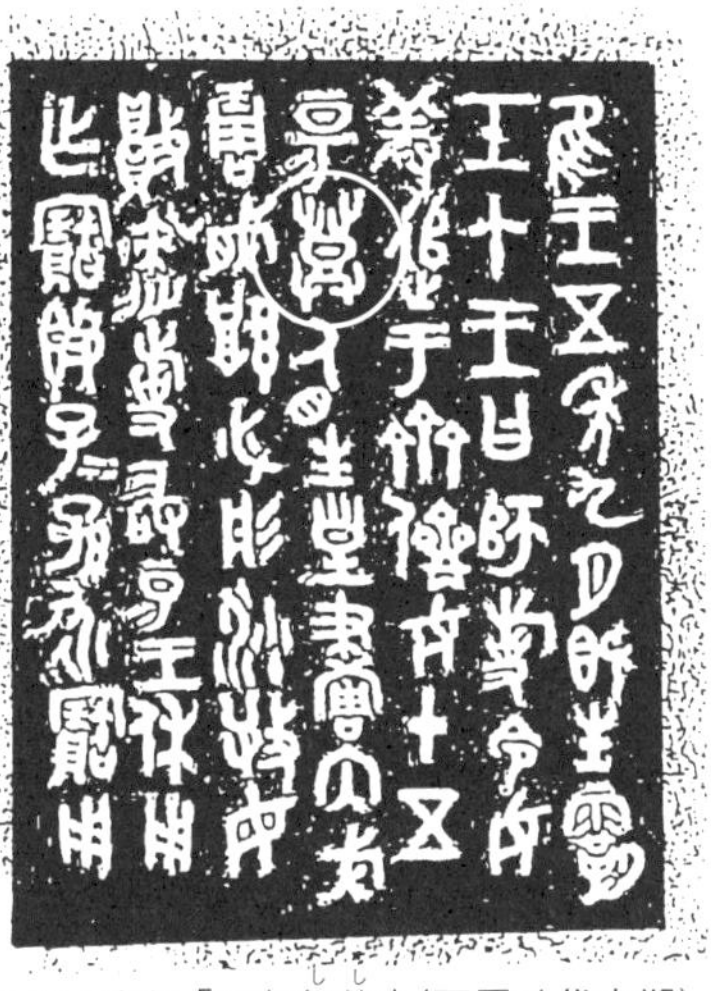

図45：青銅「五年師旋《しし》」（西周時代中期）「」はその頭に遺伝暗号トリプレットがダブル（）でついているから、「登」ではなく伯（牡牛神ハル）のことだ！（○は筆者がつけた）（『中国王朝の誕生』（監修：樋口隆康・徐　苹芳　発行：読売新聞社より）

右から3行目と4行目に注目してください。3行目の最後の3文字は「女・15」と読み、シュメールの金星女神イナンナのことです。4行目の上から3文字目までは「日・父・白・手目」と読みます。「手目」とは朱蒙のことで、獅子（ライオン）を表しています。3番目の「白《はく》」をよく見てください。。面白いことに、「白」の上には「アミノ酸対応言語のトリプレット（ヨ）」が鹿の角のように「Ш」となってダブルで象形化されています。

殷墟の青銅器の銘文のところでも見たように、「白」は伯であり、彭《ほう》であり、丙《へい》であり、シュメールの牡牛神ハルのことです。ここでもそれがはっきりと出ていました。このようにBC２２００年頃の丁公村の「神名表」がそっくりそのまま文字化、つまり周文字化されていることがわかりました。この青銅器も丁公村の陶片と同じように山東半島のもので、丁公村から約１２００年経って、そしてシュメールから約２０００年経って、ようやくシュメールの「神名表」が初めて金文化されたのです。その中にはしっかりとDNA情報言語の一つである「アミノ酸対応言語トリプレット（ヨ）」が記されていました。これぞ誰にも否定できない考古学上の物的証拠です。

⑦シュメールのアヌンナキ12神

それでは、この牡牛神ハルという神はシュメールのどのアヌンナキなのでしょうか？　シュメールの主なアヌンナキ（「天空から地球にやって来た人々」）は——特にウル第1王朝～第3王朝までを築いたウル人たちが信奉していたアヌンナキは——12人です。そして、エジプトを含め、古代オリエントや日本を含めたアジア等の神々は大体が基本的にはこの12人のアヌンナキであるといわれています。まず、最高神は天神アンで、北極星（＊）がそのシンボルとなっています。主要なアヌンナキはそれぞれ暗喩という数字を持っていました。

配偶者はその-5（マイナス5）です。天神アンの場合は60でした。1時間が60分、1分が60秒などの60進法を作り出したのも天神アンです。その妻はキといい、大地の、地球の女神、地母神となっています。暗喩は55です。この2人の間に生まれた子が風神エンリルです。暗喩は50です。そして、これがギリシャ人の描いた風神アネモネの、そして日本の尾形光琳の風神図のモデルになっているそうです。というよりは、風神エンリル信仰が一つの文化となって、シュメールのウルから発進して、ギリシャ、中央アジアへと広がり、シルクロードを東進して、約4500年の後に、はるかな日本にまでも伝播していたという証しです。

シュメールでは「エン」は「神」を表し、「ニン」が「女神・女王」を表していました。風神エンリルの妻がニンニルとなっているのはこのためなのです。この2人の間には月神ウンナン（あるいはナンナル）（暗喩30）とアダド（インドラ神＝帝釈天）（暗喩6）がいます。月神ナンナルの妻はニンガル（暗喩25）です。さらにこの2人の間には冥界の女王エレシュキガル（暗喩?）と日神ウツ（暗喩20）と金星イナンナ（暗喩15）の兄妹がいます。日神ウツはバビロニアでは「シャマシュ」と呼ばれ、金星イナンナも「イシュタル」と呼ばれています。古代バビロニア人たちはこの日神ウツを主神バールとして崇めていました。

古代日本では金星イナンナは「イナ」と訳され、「伊那」「稲」等と表記されています。ちなみに、BC2200年頃の丁公村陶片に記されていた「女・15・神」も、西周の青銅器の銘文も、実はこのシュメールの金星イナンナのことだったのです。

知恵の神エンキ（暗喩40）ですが、天神アンとは血がつながっていないのでしょうか、別系統になっています。妻はニンキ（暗喩35）といいます。ゼカリア・シッチンの研究によりますと、エンキの異母妹にニンハルサグ（ニンティ）がいて、エンキはこのニンティとも肉体関係があったとのことです。そのニンキが「甲乙丙丁」の十干の最後の「壬癸」であること、また、古代シュメールにおいて自らの子宮を使い、アヌンナキのDNAを操作して現世人類の創造に成功したといわれているのはニンティです。このことは前に述べた通りです。12神のうち、残りの神は天神アン系統の風神（暗喩10）と、エンキ系統の火山女神（暗喩5）の2人です。

さて、牡牛神ハルはシュメールのアヌンナキのいったい誰なのでしょうか？　現世人類の創造に協力したわけですから、被創造物をきっと愛おしく思って、人類に知恵と文明を授けたアヌンナキに違いありません。風神エンリルが人類を滅ぼそうとして世界的な大洪水（旧約聖書では「ノアの洪水」）を引き起こした時も、最も忠実なトィウスードラ一家に予め洪水が来ることを知らせて助けてあげたアヌンナキに違いありません。そうです。知恵の神エンキです。エンキしかいません。エンキはそのことで非難され、大洪水以後は統治していたメソポタミアの領土を失ってしまいます。そして、当然そのエンキ神のパートナーであるニンキ（あるいはニンハルサグ／ニンティ）が蛇女神キということになります。

ついでですので、ここまでの遺伝子（DNA）操作による人類創造に関わった2人のアヌンナキを纏《まと》めてみましょう。シュメールの牡牛神ハル＝知恵の神エンキ＝伯＝伏儀で、蛇女神キ＝ニンキあるいはニンティ＝貴＝女媧＝壬癸です。いずれにしましても、DNA操作による人類創造の話はシュメールから中国へと確実に伝わっていました。伝わったというよりも、担当した創造神（アヌンナキ）がシュメー

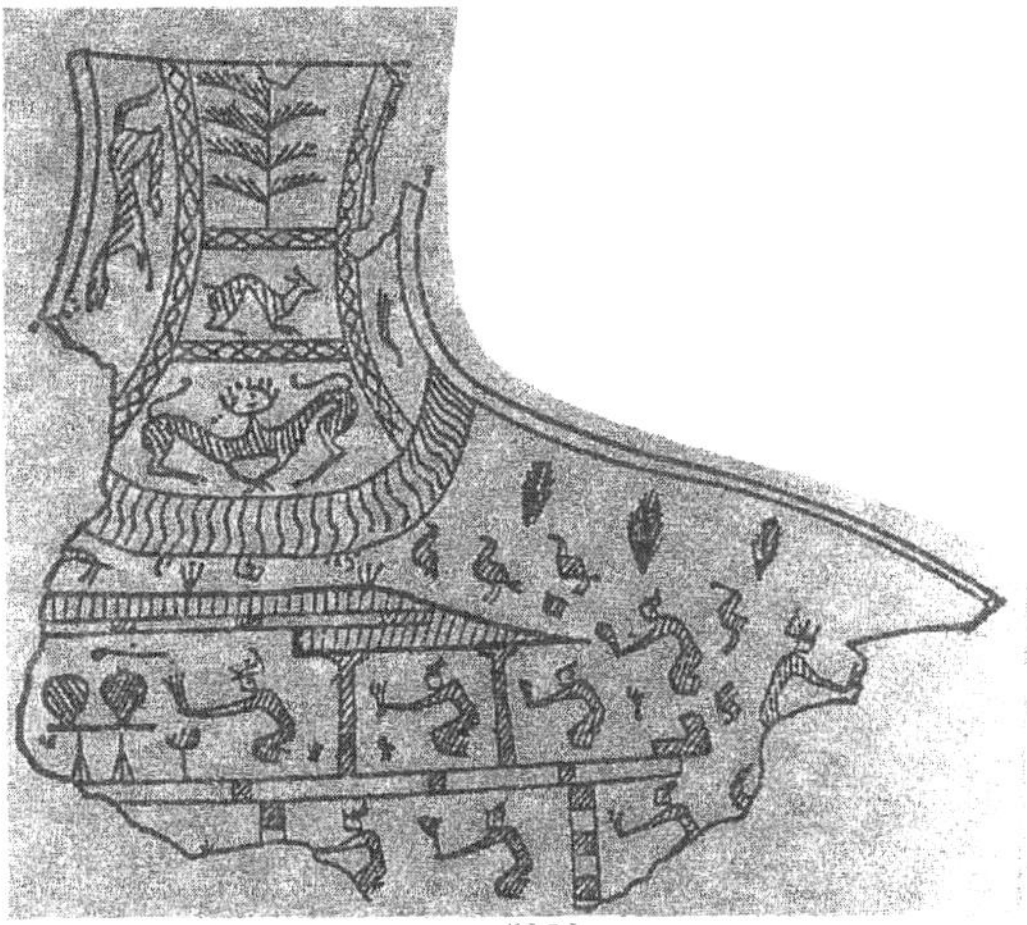

図46：江蘇省東周墓出土の銅匜《どうこう》（『考古』1977年5期）。中央上部に鎮座する「DNAの樹」と3枝の「遺伝暗号トリプレット」！（『世界最古の文字と日本の神々』より）

ルから中国へと創造の領域を広げていったのではないでしょうか？　そして、そこで新しい文明を築いていったのではないでしょうか？　残念ながら、なぜかそのことはシュメールの粘土板には記されていないのです。禁断の古代中国文明だったのでしょうか？

⑧東周墓の銅匜《どうこう》の画像文にも「ＤＮＡの樹モチーフ」があった

先に進む前に、ここで前漢時代の伏儀と女媧とほぼ同時代の画像文を見てください。これは江蘇省南京市六合県和仁荘・東周墓出土の銅匜《どうこう》に描かれたものです（図46／中国の考古学の学術誌『考古』１９７７年５期）。一番重要な最上部には「ＤＮＡの樹」のシンボルである「７枝樹」がものの見事に印されています！　シュメールの円筒印章と全く同じように左に４枝、右に3枝となっています。「DNAの樹」が忠実に再現されているではありませんか。右側に見える「」は殷墟の青銅器の銘文「貞子伯」にある「」と同じもので、「アミノ酸対応言語トリプレット」のことです。もう何度も何度も繰り返し出てきましたので、読者の方も十分に覚えてくださったかと思います。3段目に描かれているのは2頭の獅子と人の顔ですから、間違いなくギルガメッシュ・モチーフです。つまり、丁公村陶片と同じ「DNAの樹モチーフ」を中心とするシュメール神名表がここにも刻まれていました。

こうして、シュメールから始まった「DNAの樹モチーフ」発見の旅は、エジプト、インド、そして中国まで来ました。偉大な文明の足跡にはシュメールの「DNAの樹モチーフ」がしっかりと刻まれていました。裏を返せば、古代シュメールの「DNAの樹モチーフ」信奉族が中国まで移動してきたということの証しなのです。

さて、中国まで来ましたので、残るは朝鮮半島と倭国・日本だけです。「DNAの樹モチーフ」が首尾良く発見できれば、シュメール―エジプト―インド―中国―朝鮮半島―日本が全て「DNAの樹」で繋《つな》がったことになり、本書の目的が達成されたことになります。しかし、そう簡単に筋書き通りに行くものでしょうか？　それではまた先へ進んでみましょう。

⑨万葉集に歌われた女娥は蛇女神キのこと

ここで、「DNAの樹（7枝樹）」の左側に座っている女媧＝蛇女神キの話をします。女媧は嫦娥とも書き、日本の万葉集の中でも次のように歌われています。

天橋も長くもかも　高山も高くもかも　月読の持てる乎知《おち》水、い取り来て
君に奉りて　乎知《おち》得てしかも（万葉集３２４５　ルビ筆者）

図47：天上界（崑崙山）の中央に鎮座するのは「DNAの樹」か？（『「謎解き」聖書』より）

「月読」というのは「月読の命」、つまりシュメールの「月神ナンナル」のことです。嫦娥は中国神話の中では羿《げい》という弓の名手の妻になっています。夫の羿は今のチベット自治区にある崑崙山《こんろんさん》に住む道教の大神母・西王母から不死の薬「乎知《おち》水《みず》」（「変若水」・「越水」とも書きます）を頂いたということになっています。この歌は嫦娥がこの不老不死の薬を切に欲しがっているという内容の歌です。その後、嫦娥がこの霊水（日本では「若返りの霊水」）を盗んで飲み、その罰として月に追いやられ、醜いヒキガエルに変えられたそうです。

この神話の存在を裏付ける資料に、ＢＣ５０００年前の中国文明の仰韶《やんしゃお》期の彩陶盆や湖南省長沙市で１９７２年に発掘された前漢時代（ＢＣ２０６～ＡＤ８）の馬王堆《まおうたい》一号墓の

帛《はく》画や画像石等があるといわれています。それでは、その帛画の重要な部分の書き写しをご覧ください（図47）。ちなみに、「帛《はく》」とは絹のことで、帛画とは絹に描いた絵のことです。また、『甲骨文字字典』（小林石寿編　木耳社）を見ると、「帛」の甲骨文字は「⿱白工」とあり、「白＋工（壬癸の「工」を横にした形）」になっています。「白＝伯＝牡牛神ハル」ですし、「工＝壬癸＝蛇女神キ」ですから、この時点で帛画の「帛」自体がどうやら「ＤＮＡの樹」の守護神「牡牛神ハルと蛇女神キ」の合体した姿だといえそうです。

⑩馬王堆の帛画の中央に鎮座するのは「ＤＮＡの樹」だった！

次は前漢時代の馬王堆《まおうたい》です。馬王堆の漢墓といいますと、この1号墓の利蒼《りそう》夫人の遺体の保存状態がきわめて優れていたことばかりが世間の注目を集めていましたが、私はこの帛画の内容に興味を持ちました。まず、重要なモチーフの配置を見てみますと、最上部中央に蛇に囲われた嫦娥がいます。シュメールのニンキあるいはニンティに相当します。その右側の太陽の中に黒い鳥がいます。黒い鳥は太陽の黒点だといわれています。漢代に黒点活動がきわめて活発であった証拠です。そして、この太陽がシュメールの日神ウツに相当します。

左側に三日月とヒキガエルあるいはガマガエルがいます。三日月とヒキガエルあるいはガマガエルは実はシュメールの知恵の神エンキのシンボルなのです。カエルは「月の使者」とも言われ、帛画の中にあるのはその形からではなく、多産というイメージがＤＮＡ操作による復活・再生というイメージに結びついたものと思われます。ちなみに、日本でガマガエルのメッカといえば茨城県の筑波ですが、筑波には記紀に出てくる伊耶那岐命《いざなぎのみこと》と伊耶那美命《いざなみのみこと》を祀る神社があります。この夫婦神がシュメールの誰に相当するのかは後で説明します。比較言語学の威力をお楽しみください。

少し前に、嫦娥のパートナーである伏儀がシュメールのエンキであろうと言いました。字句通りに解釈しますと、嫦娥の夫は羿ですから、羿＝伏儀＝エンキとなりそうですが、詳しいデータが無いのでよくはわかりません。その嫦娥の左右にいる合計5羽の白い鳥はシュメールの風神エンリル（暗喩50）を表していると思われます。ちなみに、この帛画は上・中・下の3部から構成されていて、上部は今述べた嫦娥や日神や月神等がいる崑崙山の天上界を、中央部が被葬者の遊行図や配膳の図等がある現実的な俗世界を、そして、下部がへんてこな魚や相撲取りや絡まった龍などがいる地下の世界を表しているといわれています。

龍が2匹絡み合っていて、なおかつ上下に分かれています。龍は元々蛇と同じものだと考えられます（『龍の起源』紀伊国屋書店）。中段から下段にかけて絡み合っているこの2匹の龍は、同時代の別の図像でも紹介しましたように、私たちに二重ら旋のＤＮＡを想起させてくれます。

⑪帛画にも「DNAの樹」が描かれていた！

大事な問題はここからです。まず、6脚の付いた置物のようなものはいったい何なのでしょうか？真ん中に描くからにはきわめて大切なものに違いありません。タンポポの穂先のようなものが6～7本

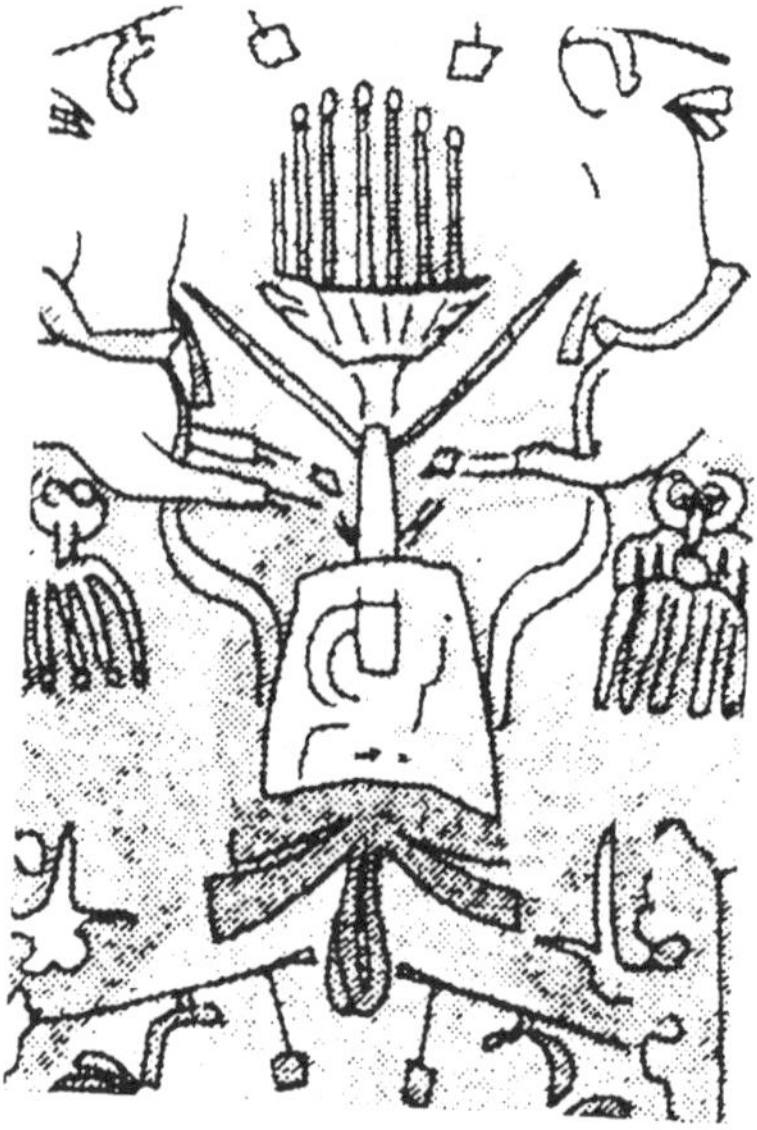

図48：馬王堆三号墓出土帛画部分。中央に鎮座するのは紛れもなく「DNAの樹」だ！（『日本最古の文字と女神画像』川崎真治　六興出版より）

の黒い縦線となって一番上に見えますが、不鮮明な画像なのでよくわかりません。しかし、次の馬王堆3号墓と比較すればすぐにわかります。その穂先部分の拡大図をよく見ますと、簡単に答えが……それも驚異的な答えが出てきました！（図48）

同じ物がやはり中央にあり、それを中心にいろいろなモチーフが左右対称に描かれています。間違いありません。中央にあるへんてこな置物の上部には正確に「7本」のロウソク、あるいは明かり（立て）みたいなものが立っています。「7本」ありますから、間違いなく神聖な「7枝樹」です！ 私たちがシュメールからずっと追い続けてきた「DNAの樹」です。1号墓のものもこれと同じ「DNAの樹（7枝樹）」であることは間違いありません。シュメールに深く根ざした「DNAの樹《いのちのき》」は遠く離れた古代中国にまでその命の根を伸ばしていました。

1号墓の利蒼夫人の遺体の保存状態が驚異的に優れていたということ、また、「DNAの樹（7枝樹）」モデルを描いた帛画がそこに埋葬されていたということは、古代エジプトと同じように、この被葬者も

（DNA操作、つまりクローン技術による）死後の再生・復活を強く願っていたものと考えられます。このように、「DNAの樹」崇拝思想はここ中国でも盛んだったようです。

それにしても、左右に描かれている腕が4本で足が5本のタコみたいな生命体はいったい何なのでしょうか？　顔だけですと宇宙服のヘルメットを被っているとも見えなくもないですが、ひょっとしたら、生物ロボットか何かなのでしょうか？　ただただ驚くばかりです（中国の古代史研究家たちはこのことをどう考えているのでしょうか？）。

⑫ユダヤの大燭台メノーラは「生命の樹」ではなく、エロヒムの「航空管制塔にある7つの表示灯（ランプ）」だった！

「7本のロウソク」というと、どうしても避けて通れないものがあります。かの有名なユダヤの大燭《しょく》台《だい》「メノーラ」です。ユダヤ教の儀式に使うものです。専門家たちがこれは「生命の樹」だと一様に指摘していますが、本当でしょうか？　これも馬王堆1号墓と3号墓と同じように、「DNAの樹」（生命の樹）でしょうか？　それとも全く違うものなのでしょうか？　少し調べてみましょう。

ユダヤ人の神々であるエロヒム（Elohim）とは「天空から（地球に）降りてきた人々」であり、シュメールの神々のアヌンナキ（Anunnaki）も「天空から地球に降りてきた人々」であり、両者とも意味は全く同じであるということは前に述べておきました。それは、エロヒムというのはシュメールのアヌンナキの焼き直しだからです。旧約聖書の「ノアの洪水」も実はシュメールの洪水伝説の焼き直しなのです。それが証拠に、メノーラ（Menorah大燭台）というユダヤ語は「七つの太陽」という意味ですが、これもやはりシュメール語から来ていたのです。

（5）（2）（の）（太陽）

イ・ミン・ナ・ラー（7つの太陽）↓イメナラ↓メノラ

確かに、7本のロウソクに火を灯せば7つの太陽が輝いているようには見えますが、でも「DNAの樹モチーフ」と見做すには何か確たるものが足りません。私の直感が何も働かないので、多分違うような気がします。本当かどうかもう少し調べてみましょう。

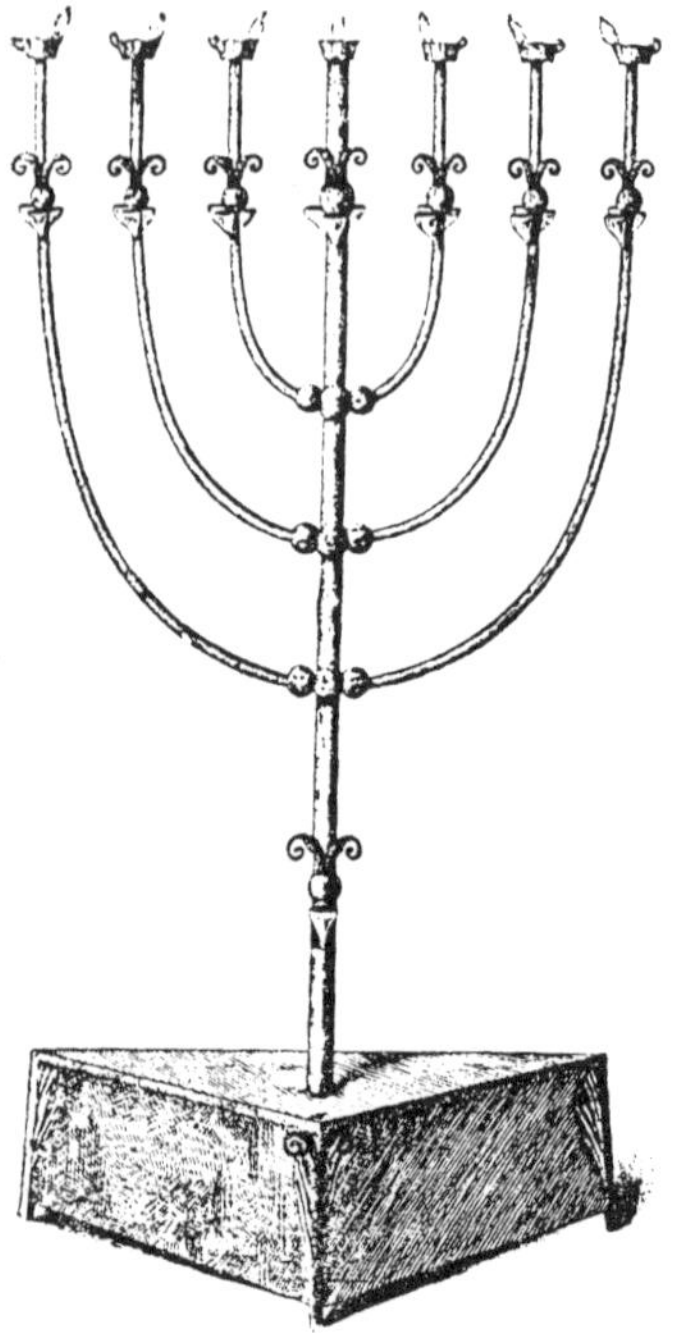
図49：ユダヤのメノーラ（大燭台）。「生命の樹」ではなく「創造者たちの航空管制塔にある七つの表示灯（ランプ）」のことだった！　（『カバラ』箱崎総一　青土社より）

まず、メノーラという7本の枝のある燭台が初めて出てくるのは旧約聖書の『出エジプト記』（25：31〜40）です。エジプトで奴隷になっていたイスラエルの民を、唯一神ヤーウェの指示と援護の下に、モーセが救出した後のことです。読者の中には多分、今は亡きチャールトン・ヘストン主演の大スペクタクル映画『十戒』のあの海が真っ二つに裂けるシーンを思い出される方も多いかと思います。モーセはヤーウェから、祭具の一つとして左右3本ずつの支柱が主柱から出ている純金製のメノーラ燭台を作るように言われます。そして、この後に「7個のともし火皿を作り、それを上に載せて光が前方に届くようにする」ように言われます。同聖書の『ゼカリア書』の中でも、次のように述べられています。

「私が見ていたものは、すべてが金でできた燭台で、頭部には容器が置かれていました。その上に七つのともし火皿が付けられており、頭部に置かれているともし火皿には七つの管が付いていました」(ゼカリア書4：2)

確かに、このメノーラというユダヤ語はシュメール語から生まれたもので、「七つの太陽」であることは先ほど述べました。7つの火皿にロウソクを立てて火を灯せば、あたかも7つの太陽が輝いているようになります。ところが、預言者ゼカリアにはそれが何なのかわからないので、天使である御使いに尋ねると、

「7つのランプは主の眼であり、それは地球上を隈なく見ている」(同書4：5　傍線筆者)

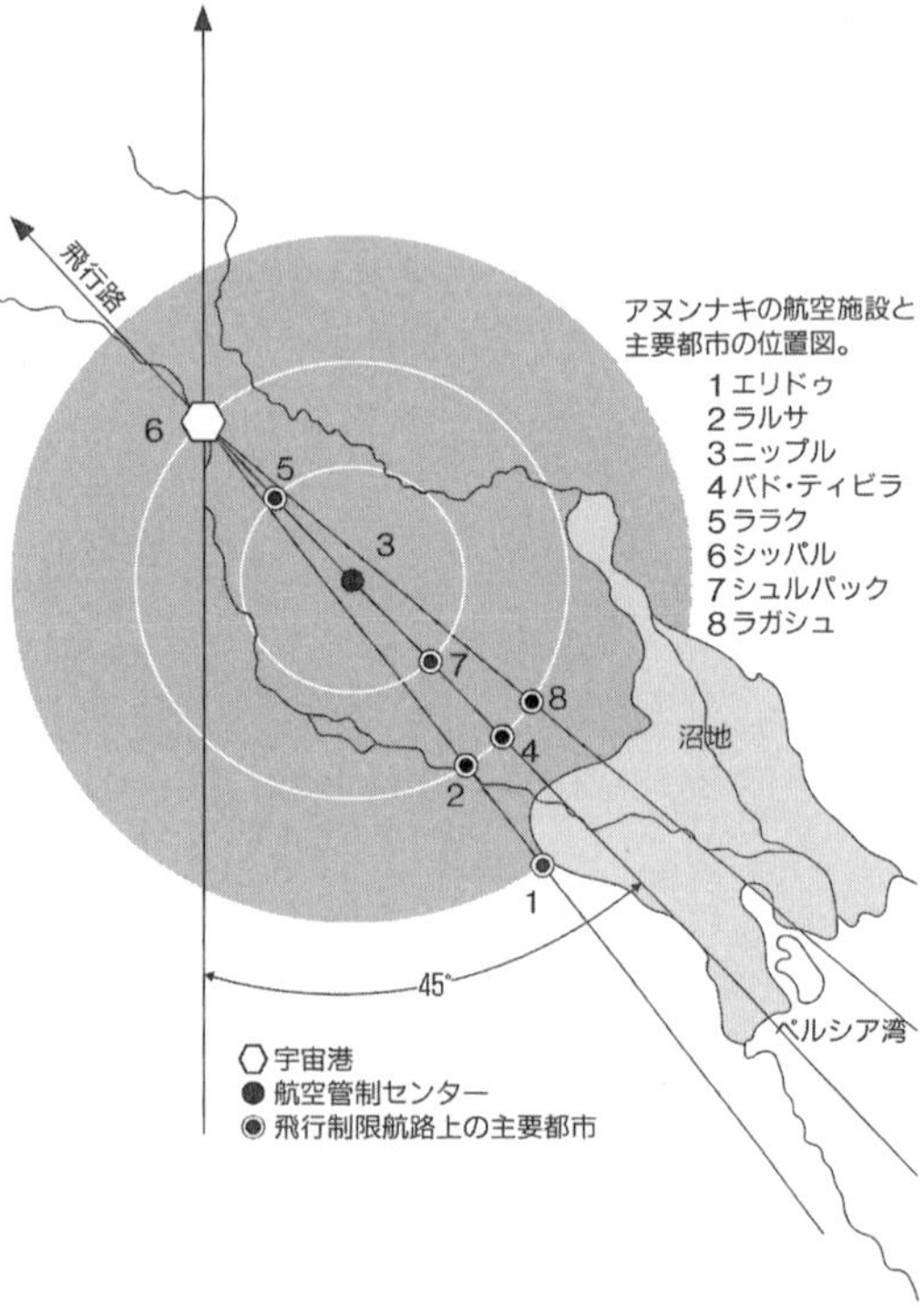

図50：古代シュメールでは、ニップルは航空管制センターとして、ララクとラルサは宇宙船を誘導するビーコン都市として機能していたのだ！（『宇宙人　超文明の謎』（監修・並木伸一郎　学研より）

と、答えてくれました。

そうなのです。いろいろな専門家・研究家たちがこのメノーラは「生命の樹」であると分析していますが、『ゼカリア書』を見る限りでは、そうではないのです。メノーラが「神の眼」、つまり「主の眼」であり、それで世界中を「見ている」、つまり「監視している」となると、話ががらりと違ってきます。メノーラとはどこかの司令センターの「7つのランプ」のような気がします。

神なるエロヒムはとうの昔に遺伝子工学をマスターして生命創造を行ったり、不死・再生をコントロールできるようなテクノロジーをすでに持っていましたので、それがただの7本の枝のあるランプでは何の意味もないとは思いませんか？

古代メソポタミアにあったニップルが古代の「航空官制塔」（図50）であったとはよく指摘されるところですが、私にはメノーラがこの航空官制塔の「7つの表示灯（ランプ）」のような気がします。この説明なら皆さん、「なるほど！」と納得がいくかと思います。やはり、聖書はただの宗教教義書ではなく、他の惑星から地球にやってきたエロヒムとの壮大なコンタクトの記録書でもあったようです。

結果的には、『ゼカリア書』のおかげで、問題のメノーラが「ＤＮＡの樹」ではなさそうだということがわかりました。

⑬すでに旧約聖書の中に記されていた人の寿命

さて、次にもっと大きな問題に移ってみましょう。かの秦の始皇帝も徐福に大金を与えて捜すように命じたといわれる不老不死の薬。これを飲むと若返ることができると信じられていた「変若水《おち》」あるいは「若返りの霊水」。ＢＣ３０００年頃のメソポタミアでかの有名なギルガメッシュ王（ウル第一王朝期）も、一旦は手にしたものの、水浴している間に蛇に取られてしまったといわれる「老いし者が若返る草（シーブ・イッサヒル・アメル）」。そして、崑崙山に住む西王母が弓の名手羿《げい》（嫦娥の夫）に与えた「乎知水《おち》」。インドの神々の飲み物「ソーマ」。仏教の「アムリタ」や錬金術師たちが追い求めた「賢者の石」等、不老不死の薬のテーマは世界中どこの文明にも残されています。本当にそんな不老不死の薬などあるのでしょうか？

人の一生は生命の設計図であるＤＮＡの中に記されており、約１２０歳といわれています（ちなみに、１２０歳の場合、細胞分裂の回数は約60回といわれています）。しかし、このことはすでに旧約聖書の中に記されていたことなのです。「こうして人の一生は１２０年となった」（創世記６：３）。しかし、創世記の５章の「アダムの系図」を見ると、どの人も皆驚異的に長寿の人たちばかりです。例えば、アダムは１３０歳になって初めて自分そっくりの男の子セトを設けましたし、アダム自身も９３０歳、セトも９１２歳、エノシュも９０５歳、ケナンは９１０歳、マハラルエルは８９５歳、イエレトは９６２歳、エノクは３６５歳（ただし、比較的短命なのは神が途中で彼を天に連れていったからです）、メトシェラ９６９歳、そして、一番短命なレメクでさえも７７７歳まで生きたのです！

つまり、平均して、私たちの本来のＤＮＡ寿命の約7～8倍は長生きしていたということです。ということは、創世記の記述は全くの誤りなのでしょうか？　それとも、単なる空想の産物なのでしょうか？　答えはやはりシュメールの中にありました。

⑭あのギルガメッシュ王が探し求めた「老いし者が若返る草」とは、「ＤＮＡの樹」そのものだった！

『ギルガメッシュ叙事詩』（矢島文夫訳、山本書店）を読んでみますと、「永遠の生命を追い求めたギルガメッシュ王はＢＣ３０００年頃、ウル第一王朝期に実在した暴君であり、半神半人の英雄王になっています。ギルガメッシュ王といえば、獅子と戦っているイメージが付きものですが、川崎氏によると「獅子と闘う王」の「ギルガメッシュ」自体がシュメール語では「メ・ウル（闘う）・マフ（獅子と）・ギシュ（王）」といい、それが「ゲ・イル・ガフ・ミシュ・ス」になり、そして「ギ・ルガ・メシュ」→「ギルガメッシュ」になったそうです。名は体を表すとはこのことです。

苦楽をともにしてきたかつてのライバル・エンキドゥが「天の牛」を殺すと、その天罰として天上の神によって死ぬ運命を言い渡されてしまいます。そして、亡くなってしまいます。それ以来、最良の友を亡くしたギルガメッシュは「永遠の生命」を求めて旅に出ます。苦難を乗り越え、やっとの思いで「永遠の命」を得て住んでいるというウトナピシュティムに会います。そして、海に潜り必死の思いで手にしたのが、トゲの生えた「人間が命を新しくすることができる草」でした。

喜び勇んで故郷のウルク市（ウヌグ・キ）に帰る途中、ついうっかり泉で水浴を楽しんでいる間に、その「草」を蛇に食べられてしまい、泣く泣く故郷に帰った、という話です。

では、その「草」とはどんな草なのでしょうか？　海の中にある「草」ですから海藻でしょうか？　バビロニア語ではその「草」を「シーブ・イッサ・ヒルアメル」（矢島氏訳）といいます。正確には「イシブ・イ・シェ・バ・ザ・サル・アメール」で、

「イシブ（椅子・7）・イシェバ（一）・ザサル（3と4）・アメール（木）」

となります。古いシュメール語では「イシブ（椅子・7）」は「イス（iš、椅子）＋シブ（sibu、7）」となり、「ザサル（3＋4）」は「シェシャラム」で「エシュ（eš、3）＋ア（a、と）＋ラム（lam、4）」となります。全体としては、

「椅子（に座って）3（枝）と4（枝）の7（枝）樹」

になります。皆さん、もうわかりましたね？　そうなのです。これは一番初めに紹介しました122ページのシュメールの円筒印章印影図の「DNAの樹モチーフ」と全く同じものなのです！

「蛇女神キと牡牛神ハルが椅子に座って向かい合う、霊験あらたかな3枝と4枝の7枝樹（DNAの樹）」

そのものではありませんか。やはり、不老不死の薬は嫦娥が盗んだ平知水であっても、ギルガメッシュ英雄王が捜し求めた「老いし者が若返る草」であっても、その他呼び名がどう変わっていても、全て「DNAの樹モチーフ」の「DNAの樹」を指していることが判明したのです！　もっと正確には、DNAを操作する知識と技術のことなのだと確信できます。今から5000〜6000年前の古代のシュメールにおいて、「天空から地球にやってきた人々」であるアヌンナキが遺伝子（DNA）操作し

て、生命創造をしたり、寿命を延ばしたり、そしてクローン技術を用いて生命を再生したりしていたであろうことは決して想像に難くないことなのです。比較言語学のおかげで今こうして解読できると、本当にそうだと実感できるのです。

今から５０００年も前にすでに、シュメールの知恵の神エンキである伏儀が八卦表を考案し、その中に20種類のアミノ酸対応言語を盛り込んでいたということが、それを何よりも雄弁に物語ってくれます。「全ての知識はシュメールより始まる」というわけです。「全ての道はローマに通じる」といわれますが、今ここで「全ての道はシュメールに通じる」とはっきりと声を大にして言うことができます。

ちなみに、「ＤＮＡの樹モチーフ」の中で最も大切な「3と4」を表すシュメール語「エシャラム（eš-a-lam）」は、インドのカルカッタでは「サララ」となり、日本に入ると「佐良良《さらら》」となります。そして、この「ＤＮＡの樹モチーフ」と並んで日月画像のモチーフも、古代オリエントだけでなく中国、日本にも見られます。その月の中にはよく桂《かつら》の木が、それも「7本枝」の桂の木が描かれています。「湯津香《ゆつかつ》木《ら》」と呼ばれています（「湯津《ゆつ》」とは「神聖な」の意）。たまに「佐良良木」とも言われます。佐々木小次郎の「佐々木」という姓もこの「ＤＮＡの樹」のことと思われます。つまり、月の中に描かれている「7枝の桂」の木はやはり「ＤＮＡの樹」のことのようです。

でも、ＤＮＡは実際には木あるいは樹ではないのになぜそう書かれたり、記されたり、刻まれたりしたのでしょうか？　これは一つの推測ですが、古代のシュメール人たちはアヌンナキの研究所あるいは実験施設に立てられた大きな樹木のような、そしてとても複雑なＤＮＡの二重ら旋モデルを見てそれが何なのかを教わったのでしょう（第1章で、DNAのことをエロヒムから最初に教わった地球人はアブラハムであると述べました）。しかし、遺伝子操作をする上での基本的な情報である2つのポイント、つまり「4」種類の塩基とアミノ酸対応言語トリプレット（4種類ある塩基のうち「3」つが1組になっている遺伝暗号、コドンともいう）のことは教わったものの、理解できなかったのです。そこで、重要なポイントである単純な数字の「4」と「3」が残り、それを最も身近な樹木であるナツメ椰子で表現したのです。だからこそ、シュメールのいわゆる円筒印章印影図には、左側に4枚の、そして右側には3枚のナツメ椰子の印影図が残されているのです（もちろん、正確には枝ではなく葉ですが）。それがオリジナル樹となって古代オリエント中に、そして遥々《はるばる》古代日本にまでも伝わって来ていたのです。

はるかな昔から人類が常に追い求めて止まなかった「不老不死」あるいは「永遠の生命」にDNA操作技術が必要であることは、これまでの分析でわかりました。しかし、いったいどうやってDNAを、DNAのどこを操作したらいいのでしょうか？　21世紀ミレニアムを迎えたばかりの現在、生命科学は花盛りです。クローン羊ドリーから遺伝子組み換え食品、そしてクローンベビーと話題が豊富です。ヒトのクローンには反対というのが世界中の大方の一致した意見のようですが、果たしてそれが本当に人類にとって正しい判断なのでしょうか？　他方、アメリカの上院での決議事項の中に「科学の進歩を止めてはならない」という判断もあります。

⑮3日後にキリストが復活したのはクローン技術のおかげだった？

人類の過去を振り返って聖書を繙《ひもと》けば、高度の科学技術と知性を携えて「天空より（地球に）やって来た人々」であるエロヒム（Elohim）が地球の住環境を整えた後、次から次へと単純な生命から複雑な生命を創造していったのも彼らがＤＮＡを１００％科学的に人工合成できた賜《たまもの》ですし、磔《はりつけ》になったイエスが3日後に復活できたのも、唯一クローン技術以外には考えられない離れ業です。そして、アダムの系図を見ての通り、ヒトの寿命の操作には遺伝子組み換え技術が応用されているということが皆さんにも十分理解できると思います。

⑯不老不死の薬はどこまで可能か？

さて、シュメールより始まった「ＤＮＡの樹モチーフ」とその思想は、最終的には朝鮮半島と日本にも伝わっていたのでしょうか？　それを確認する前に、果たして不老不死の薬は今現在どこまで可能なのでしょうか？　１９９９年の8月上旬、ＮＨＫで放映されました『ＮＨＫスペシャル　驚異の小宇宙・人体Ⅲ　遺伝子ＤＮＡ』の『第4集　命を刻む時計の秘密～老化と死の設計図～』を観てみましょう。以下はその概略です。

皆さんもご存知のように、私たちの身体は約60兆個の細胞で構成されています。１つの細胞の中に含まれている4種類の遺伝子（A、T、G、C）の数は約30億個対、百科事典にすると約７００冊分に相当するとのことです。人間の寿命は約１２０歳といわれ、１つの細胞は約60回の細胞分裂をするそうです。細胞が分裂する度毎に短くなる「テロメア」という部分がDNAの縄梯子《ばしご》の両端に付いています。テロメアの「テロ」はテロリストのテロではなく、「端」の意で、「メア」は「色素」の意で、その構造は生物によって多少異なっているそうです。そして、約1万個の同じ塩基配列の繰り返しからできています。人間の場合は「TTAGGG……」が繰り返されます。テロメアは約60回細胞分裂をすると最後には消えてしまう、いわば「時限装置付きの時計」みたいなものだそうです。細胞分裂をする、つまり、DNAの二重ら旋の縄梯子が解《ほど》けていくと、その片方の縄に酵素がやって来て、別の縄にその反対側の塩基を複製していきます。ところが、この酵素はこのテロメアの端のところには取りつくことができないのです。従って、細胞分裂の度にその分だけ短くなっていきます。短くなるにつれて、細胞分裂を止めるように指示が出るように「仕組まれて」います。そこで、細胞分裂をしない細胞には老化が起きてしまいます。これが老化のメカニズムなのです。要は、テロメアが短くなるにつれて老化が始まってしまうということです。若い人のテロメアが長く、お年寄りのテロメアが短いのはこのためです。残念なことに、20歳代から急速に老化が早まるウェルナー症候群とはこのテロメアが異常に短くなる遺伝病のことです。まさにテロメアは「命を刻む時計」なのです。

それでは、このテロメアさえ短くならなければ老化は防げるのでしょうか？　アメリカのテキサス大学では、なんと人間のテロメアを長くできることに成功したといいます！　それで、その関連株が一時急上昇したそうです。短くなったテロメアを元通りの長さに修復してくれる魔法使いみたいなこのテロメアの修復酵素は「テロメアーゼ」と呼ばれ、第5染色体の中にあるということです。ガン細胞等はこの魔法のテロメアーゼ酵素をそれ自体で持っていますので、細胞がいつまでも増殖してしまいます。でも一般には、このテロメアーゼという酵素が働くのは精子や卵子等の生殖細胞が作られる時などに限られているといいます。でも、もしこのテロメアーゼを身体全体の細胞にまで機能させてあげることができれば、理論的には不老不死は可能なはずです。しかし、ここにそれを阻む大きな問題が待ち構えていました。

60兆もある細胞の中には活性酸素の余分な電子などによって傷ついて完全に切れてしまったものがあります。そうして傷ついて、欠陥遺伝子を持った細胞は本来ならばそのまま死んでしまうのです。ところが、全身の細胞にテロメアーゼ（酵素）を機能させてしまうと、逆にこれらの細胞を生かすことになり、病気になってしまう可能性が出てくるというのです。あちらを立てればこちらが立たなくなるわけです。まさに、不老不死の夢を乗せたこのテロメアーゼ（酵素）は「両刃の剣」となっています。これが今までにわかっていることです。

時は今2003年の3月27日です。ヒト・ゲノムの解析もほとんど終わりました。先月の2月16日（日）の読売新聞にはアメリカのハーバード大学、バイオベンチャー企業センタジェネティクス社などの共同研究チームが人間の「長寿の遺伝子」を発見したと報じています。長寿者に共通するこの遺伝子は「CGX―1」と名付けられています。きっと近い将来「不老不死の薬」を人類は手に入れてしまうことでしょう。それはもはや時間の問題です。「アダムの系図」のところでも見ましたように、平均寿命800歳~900歳も決して夢物語ではないようです。

第6章　古代朝鮮半島と「DNAの樹モチーフ」

それでは話を元に戻しまして、今度は古代朝鮮半島を見てみましょう。これまで見てきましたように、世界の4大文明にはいずれも「DNAの樹モチーフ」が確認され、それがメソポタミアから古代中国まで東遷していることもわかりました。果たして、首尾よく「DNAの樹モチーフ」は古代朝鮮半島にまで伝わっていたのでしょうか？　それではいよいよ、次の曰《いわ》く付きの国宝・七支刀《しちしとう》をご覧ください（図51）。

①七支刀銘文第一字はシュメールの「DNAの樹モチーフ」そのものだった！

この七支刀は古代朝鮮と古代日本の関係を語る唯一重要な歴史的資料だといわれています。七支刀とDNA。どう見てもミスマッチで共通点など何一つないようですが、いったいどこで結びついてくるのでしょうか？　この七支刀、もし一刀両断して「DNAの樹」が出ていたら、それこそ古代の日韓関係史だけでなく、古代シュメールと日韓との関係史も塗り替えられてしまうで

図51：国宝七支刀（石上神宮所蔵。古墳時代　5世紀）（『石上神宮　七支刀銘文図録』村山正雄　吉川弘文館より）

しょう。やはり、ここでも再び川崎真治氏の比較言語学上の分析が参考になってきます(『世界最古の文字と日本の神々』風濤社)。

まず一般的なこととして、この七支刀は現在奈良県天理市にある石上《いそのかみ》神宮に御神体として奉納されています。国宝です。古代の日韓史を語る上で唯一貴重な考古学的な資料だそうです。ちなみに、石上神宮とは大和政権の武器庫であり、石上氏というのは物部氏のことで、この武器庫を管理掌握していたそうです。

江戸時代に、当時そこで宮司をしていた管政友《かんまさとも》が最初にこの刀の存在を発表したそうです。石上神宮では「六叉鉾《むつまたほこ》」と呼んでいますが、刀身そのものには「七支刀」と刻まれています。日本書紀には「七《なな》枝刀《さやのたち》」と記されています。なお、1971年1月、栃木県小山市の古墳(推定5世紀)でも第2の七支刀が出土しているとのことでしたので、早速資料を取り寄せて調べてみたところ、銘文も刻まれておらず、形も全く違うデコボコした「蛇行剣」であることがわかりました。

さて、この七支刀は全長約75㎝、刀身約65㎝、幅約2㎝で、刀の表と裏に金象眼で刻まれた61文字の銘文があります。専門的な研究書としては『石上神宮　七支刀銘文図録』(村山正雄編著、吉川弘文館)がお薦めです。七支刀全体のカラー写真、X線写真図、そして、各銘文一つずつの拡大カラー写真があり、とても視覚的に接しやすい形式になっています。また、約100年にわたる過去約30人の研究者の銘文解読図と解説があり、とてもわかりやすい構成になっています。それだけたくさんの人が研究してきたということです。裏を返せば、それだけ定説がないということであり、日韓史上謎が多いだけに、この七支刀も古代史研究家の心を魅了して止まないものなのでしょう。それでは七支刀とその銘文をご覧ください。最初の発表者である管政友が銘文を——特に作刀年号等を——故意に削り落としたということもあって、不明な個所がありますが、そしてまた異論も多いとは思いますが、大体次のような銘文解読がなされています。まずはご参考までに。

（表34字）（泰）和四年十□月十六日　丙午正陽　造百練鋼七支刀　宣供供候王　□□□□作
（裏27字）先世以来　未有此刀　百慈王世子　奇生聖（音）故為倭王旨造　伝示　後世
（カッコは筆者が追加した）

年号を表す（泰）と吉祥句、つまりお目出度い文句であるとされる個所の（音）にカッコを付けましたが、それは本書の目的である「DNAの樹モチーフ」に特に深く関わっていると思えたからです。さて、銘文の解釈となりますと矛盾だらけで、百花繚乱という感じですが、大体次のような解釈がなされています。でもこれが正しいという結論が出ているわけではないので、もしかすると、皆さんがこれからする解釈の方が正しいかもしれません。一度チャレンジしてみてはいかがでしょうか？

（表）泰和4年（中国の東普の年号と解釈しますとAD372年）□月16日、丙午《ひのえうま》の正午に、銑鉄を百回も叩いて七支刀を造った。この刀は百兵を避けるように生まれている。候王のような人に与えることが宜しい。

（裏）先世以来、まだこのような刀は存在したことがない。百済王は「奇生聖（音）」（吉祥句だそうですが意味は不明）倭王旨のために特別にこの刀を造った。この刀を後世に伝え示せ。

この七支刀が百済から与えられたこと（銘文を「候王」と解釈しますと下賜《かし》になってしまいます）に言及しているのが日本書紀で、その神功皇后49年条（372年）にはこう記されています。

秋九月丁卯　丙子（十）　久氏等従㆓千熊長彦㆒詣之、則献七枝刀一口、七子鏡一面　及種種重寶、

（以下省略）

概《おおむ》ね、次のような「献上」の意味になります。

秋の9月に、千熊長彦に従って（百済の）久氏《くてい》等がやって来ました。即ち、七支刀一振り、七子鏡一面、そして数々の宝物を献上してきました。

「下賜か？　献上か？」については喧喧諤諤《けんけんがくがく》で、専門家に任せることにしましても、この七支刀の61文字といわれる銘文の解釈には「泰和」や「奇生聖音」等不明な個所が多く、いろいろ物議を醸《かも》し出して

いるようです。私は銘文解釈の専門家ではありませんので、この辺で切り上げて、本題の「DNAの樹モチーフ」に移りたいと思います。

まず、問題点が、それもきわめて重要なものが2つあります。泰和の「泰」と奇生聖（音）の「音」です。何年か前に偶然、東京上野の博物館で七支刀を見たことがありますが、暗い照明の中で、それもガラスケースに入っていましたので残念ながら、銘文などははっきりと確認できませんでした。しかし、何度も引用させてもらいました川崎真治氏は、ご自身の目でしっかりと確認されたと伺っています。先生ならば冷徹な目をお持ちですので、99％は信頼できるかと思います。

それではまず初めに、曰《いわ》くつきの年号といわれている「泰和」です。『晋書《しんじょ》』などの中国の正史には東晋の海西公の年号は「太和」と書かれており、「泰和」という年号は中国にはなかったのだと言われていますが、それ以外の中国の書物では海西公のところは「泰和」と書かれているそうです。つまり、「泰和」という年号は中国で実際に用いられていたようです。

ですから、七支刀の作刀年号が「泰和」になっているということは、七支刀が東晋の海西公の時に作刀されたものだということになります。これは栗原朋信氏の理論です。百花繚乱の「七支刀論」の中でも説得力ある理論の一つです。この他にも、七支刀を実際に作刀させたのは百済王か？　それとも東晋の海西公なのか？　というのも大きな問題です。しかし、です。その「泰和」の「泰」を拡大図でご覧ください。掻き消されている部分があり不鮮明ですが、凄いことがわかります。それでは川崎氏の100㎜に拡大したスチール写真と解析図をご覧ください（図52、53）。

図52：確かに銘文第一字は「泰」の字に見えそうだが……。（『邪馬台国と倭の五王』ぎょうせいより）

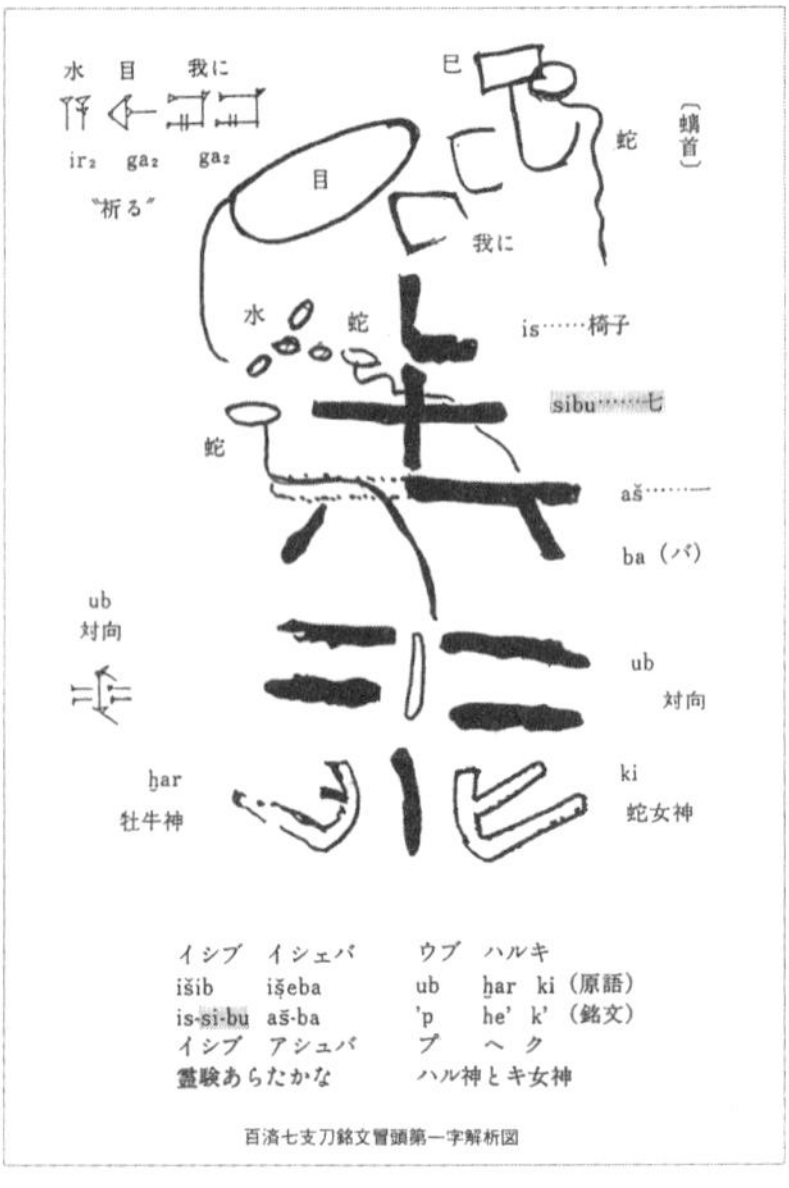

図53：何と曰くつきの銘文第一字は「椅子に座ってDNAの樹に向かい合う蛇女神キと牡牛神ハル」、つまりシュメールの円筒印章に刻まれた「DNAの樹モチーフ」と全く同じ意味として読めるのだ！（『世界最古の文字と日本の神々』より）

先に紹介しました『石上神宮　七支刀銘文図録』の初版が平成8年12月10日になっています。川崎氏が本物の七支刀を見て、拡大スチール写真を撮られたのが、それよりも7～8年早いかと思いますので、川崎氏の方が信頼できるかと思います。それに、これにはNHKの方も関わっているとお聞きしましたので間違いないと思います。もしこの拡大写真が真実なら――もし川崎氏の解釈通りだとしたならば――古代の日韓史も、古代シュメールとの関係史も、大きく変わらざるを得ないと思います。もしそれが真実なら――私は間違いなくそうだと思っていますが――私たちはそれを謙虚に受けとめるしかありません。なぜなら、何人《なんぴと》たりとも歴史をねじ曲げる権利はないのですから。

まず、蛇が3匹いますので、蛇女神キないしは科学者グループ「蛇」が考えられます。「ᄋᆢ」は〃ᄋ〃が目を表し、〃ᆢ〃が水を表し、両方で目の水、つまり「涙」になります。シュメール語ではこれを「イル・ガ・ガ（ir・ga・ga）」といって、「祈る」ことを意味します。王や司祭等が切なる思いで「涙」を流しながら神に「祈っ」て作刀させていたものでしょう。

次は最も大切な項目です。これを理解しないと真実が見えてこないからです。これまで長い間「泰」と考えられていた文字が、どうやらそれだけではないようなのです。比較言語学者の川崎氏によりますと、実は古代の朝鮮半島の粛慎、夫余、高句麗、そして百済には特殊な加臨多《かりんた》文字というものがあったそうです。そして、なんと七支刀の銘文第一字の「泰」とおぼしき文字は、実はこの加臨多文字の「ㄴ、十、一、ハ、ᆿ、ᄀ、ヒ」の合計7つの文字素からなり、次のように読むのだそうです。

し　十　　　　　　　　　一　ハ　キ　ヿ　ヒ
iš・sibu　　　　　　　・aš・ba・ub・har・ki
イシブ　　　　　　　　アシュバ　ウブ　　ハルキ
（椅子）（7「DNAの樹」）（一）（バ）（対向）（牡牛神ハル）（蛇女神キ）

つまり、「椅子（に座って）7（「DNAの樹」に）向かい合う牡牛神ハル（と）蛇女神キ（に祈る）」となります。これはなんと、古代シュメールのギルガメシュ王が探し求めた「人間が命を新しくすることができる草（イシブ・イシェバ・ザサル・アメール）」と同じことであることがわかります！　実はそうなのです。これまでずっとシュメールの円筒印章の「DNAの樹モチーフ」を捜し求めてきたわけですが、それと全く同じものが約3500年後、4世紀後半の朝鮮半島の百済にしっかりと伝播していたということがわかったのです。伝播しているということは「DNAの樹モチーフ」信奉族が恐らくはシルクロードを通って、あるいは海路を通って百済にまでやって来たということになります。それが証拠にこの七支刀が作刀された百済の「百」は「プハク（現音は伯でペェク）」と読み、実はシュメールの「DNAの樹」に「向き合う・牡牛神ハル・蛇女神キ」からの転訛なのです。

ウブ（向き合う）・ハル（牡牛神）・キ（蛇女神）↓プ・ハック↓プハク（百）

何だ、これだけの証拠しかないのか、という疑り深い反論者のために、もう一つ強力な証拠をご紹介します。これは七支刀の銘文の謎を解く上で、もう一つの重要な鍵でもあるのです。それは仏教の吉祥句だとこれまで信じられてきた「奇生聖音」という文句の「音」です。これをご覧ください。全てがわかります（図54、55）。

　これまで「音」とか「普」と解釈されてきましたが、残念ながらそのどちらでもありませんでした。まず、2匹の蛇がいます。甲骨文字の「ヒ」が上と、蛇の頭のところに2個あります。面白いのはここからです。実は、蛇女神キはシュメールのウルク市やウル市では「ニンキ」とも呼ばれていたのです。楔形文字では「𒎏𒆠」と書きます。〝𒊩〟は女（性器）を、〝𒌆〟は4枝を、〝𒆠〟はキ（地球）をそれぞれ表しています。これを七支刀の銘文と見較べてください。否定のしようがない答えがそこにあります。そうです、シュメールの蛇女神キのニンキを表す楔形文字「𒎏」がそっくりそのまま七支刀の問題の銘文の中にちゃんとあるではないですか！　論より証拠です。

　それに、「ヒ」を表す部分と重なって、「キ」を表す楔形文字の「𒄭」があり、ダブルになっていますから、文句のつけようがありません。「聖音」でも「聖普」でもありませんでした。「神聖なる蛇女神キ（壬癸）」を表していたのです！　ちなみに、ニンキは甲骨文字では「ヒ」と書き、漢字では「壬癸」と書きます。十干《じっかん》の最後の「壬癸」です。このことは前に述べてあります。

　もちろん、七支刀の「七」は「ＤＮＡの樹（7枝樹）」のシンボル数の「7」に決まっています。何度もやりましたが、4種類の塩基の「4」とアミノ酸対応言語トリプレットの「3」を足した数の「7」

図54：吉祥句と思われてきた「聖音」・「聖普」だが……。（『石上神宮　七支刀銘文図録』より）

図55：「音」・「普」は何と蛇女神キ（ニンキ・壬癸）のシュメール語「亞⊲目」だった！（『日本最古の文字と女神画像』川崎真治　六興出版より）

です。この七支刀一振りとともに献上されたのが「七」子鏡となっていますので尚更です。八ではなく「七」である、六ではなく「七」である必然性がここにあります。「DNAの樹モチーフ」崇拝思想に基づいて作られたこの七支刀は、たくさんの敵兵をやっつけ、しかも「不死と再生」を約束してくれる「霊験あらたかな」神剣として贈られたものなのです。そして、この「DNAの樹モチーフ」崇拝思想はやがて「聖徳太子謎の錦」といわれた国宝「四騎獅子狩文錦《しきししかりもんにしき》」にも受け継がれていくのです。

これまで多くの研究者たちから東普の年号である「太和《たいわ》」の「泰《たい》」だとずっと信じられてきた文字が、どうやらそれ以上の文字情報であるということが明らかになってきました。それもそのはず、最初の3つの文字素を漢字式に縦に並べてみると「兵」になり、いかにも漢字の「泰」の「夫」

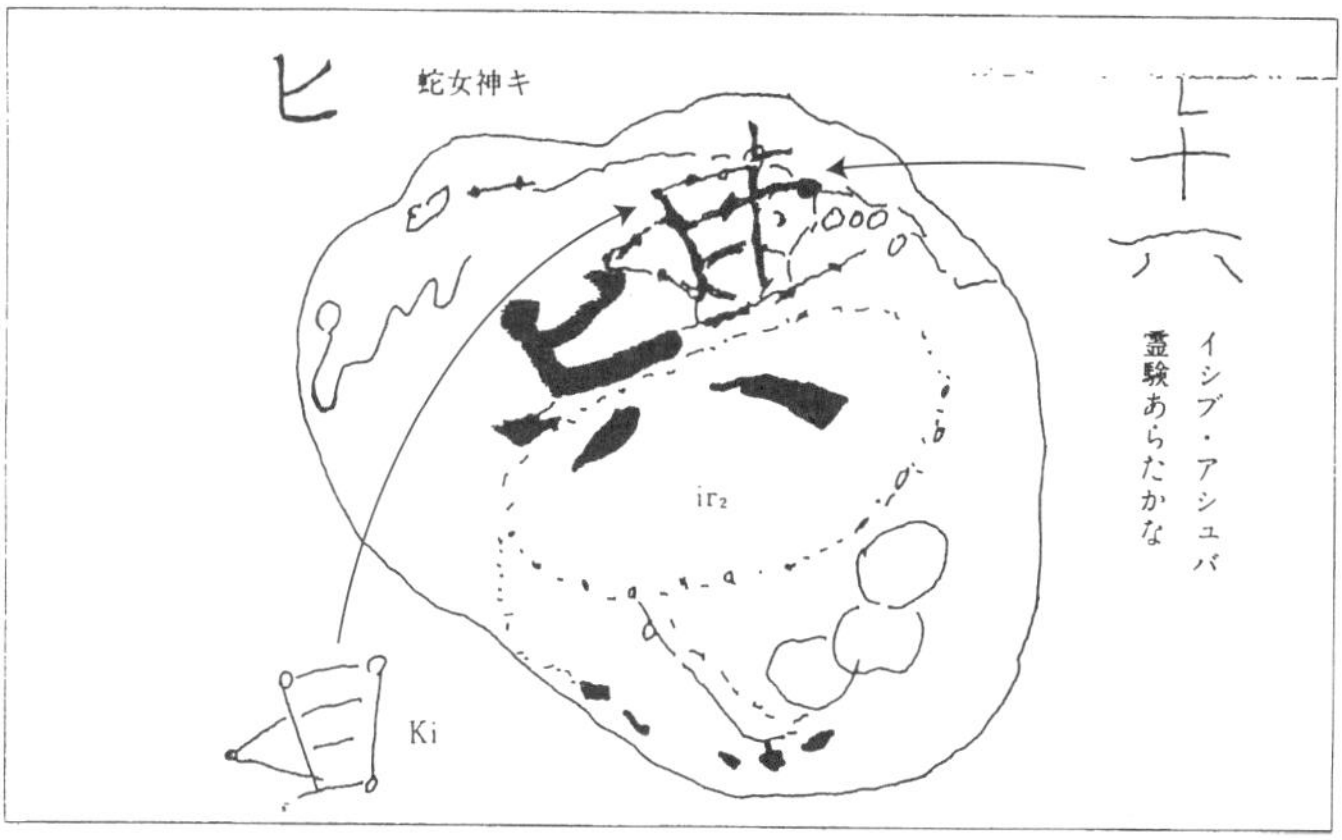

図56：山口県川棚温泉の線刻石。何と七支刀銘文第一字と同じ「DNAの樹モチーフ」が刻まれていた！（『日本最古の文字と女神画像』より）

に見えてくるからです。「そんなの単なる偶然だよ。屁理屈だよ」と反論してこられる皆さんのために、川崎氏はちゃんと同じ証拠を用意されていました。図56をご覧ください。

②山口県川棚温泉の線刻石にも「DNAの樹モチーフ」が刻まれていた

これは山口県川棚温泉の寿旅館の浴場にある線刻石です。先の加臨多文字と殷の甲骨文字とシュメールの楔形文字の混交体です。まず、いつもの蛇が1匹、そして「祈る」を表す「□」（イル・ガ・ガ）が見えます。それから、蛇女神キを表す殷の甲骨文字「ヒ」とシュメールの楔形文字の「□」（ki・キ）が見えます。さて、重要なのは加臨多文字です。その「□」（ki・キ）の右にある、そしてそれと少し重なっている文字をよくご覧ください。確かに「兵」と刻まれているのがわかります。石上神宮の七支刀の最初の文字で、ずっと「泰」と誤解されてきた加臨多文字の「㚑」と全く同一であることがわかりました。それでは並べてみましょう。

（イル・ガ・ガ・祈る）＋ヒ（蛇女神キ）＋「イシブ・アシュバ　椅子（に座って）「ＤＮＡの樹」
（に）」

となり、「椅子に座ってＤＮＡの樹に向かう蛇女神キに祈る」となるではありませんか！　間違いありません。加臨多文字による「ＤＮＡの樹モチーフ」は山口県川棚温泉にもしっかりと伝播していました。面白いことに、加臨多文字の「㚑」（イシブ・アシュバ）はこれだけで「霊験あらたかな」という意味になるのだそうです。全体的には「霊験あらたかな蛇女神キに祈る」となります。ちなみに、手元の辞書を引きますと、「霊験」とは「神仏の不思議な感応」という意味で、「あらたか」というのは「顕著」だそうです。簡単に言うと「ご利益がある」になります。「ご利益のある蛇女神キに祈る」の方がわかりやすいでしょう。

同様に、七支刀の方も、最初の銘文の左上に「」（イル・ガ・ガ祈る）が刻まれていたわけですから、銘文第一字だけでも「ＤＮＡの樹に向かい合うご利益のある蛇女神キと牡牛神ハルに祈る」となります。作刀された時の年号を表しているというこれまでの解釈とは全く違った意味になってきました。当然、古代日韓史も古代世界史も、その様相がかなり違ったものになってきます。それは専門の研究者の方々にお任せ致しましょう。とにもかくにも、シュメールの「ＤＮＡの樹モチーフ」は確実に古代の

図57：百済の金銅製冠（5〜6世紀）。複雑な形状は「DNAの樹モチーフ」で一杯だ！（『週刊　世界の美術館　韓国国立中央博物館』編集・清水満郎発行・講談社より）

朝鮮半島に（そして、日本にも）伝わっていました。

ついでにもう一つ。実はその七支刀以外にも「DNAの樹モチーフ」を表す強力な考古学的資料があったのです。図57をご覧ください。

③百済の金銅製冠に「DNAの樹モチーフ」が印されていた！

これは百済（BC5〜6世紀）の王が被っていた金胴製冠です。全羅南道羅州の古墳から出土されたものです。左右対称の樹木形の立飾りが3本あり、非常に複雑に様式化されています。よくご覧ください。まず、立飾りが3本の「3」は牡牛神ハルのシンボル数の「3」です。遺伝暗号トリプレットの「3」です。その証拠に、その立飾りの一番下にある「枝」のさらにその先の小枝の数が「3」本になっています。その上の小枝の数は「4」本です。蛇女神キのシンボル数の「4」です。4種類の塩基の「4」です。その上の宝珠形の蕾《つぼみ》をつけた樹は「7枝樹」になっています。「生命の樹」です。もちろん「DNAの樹」のことです。さらに、その上の中央に鎮座している樹木もこれまた「7枝樹」になっています。これらが全体としてさらに大きな「7枝樹」になっているのです。大きな大きなシュメールの「DNAの樹」です。その幹も3本になっています。牡牛神ハルのシンボル数の「3」です。蛇女神キがいて牡牛神ハルがいる。そして、「DNAの樹」がある。

これ以上何も言うことはありません。古代シュメールの「DNAの樹モチーフ」の全てがそこにあります。この百済の金銅製冠は非常に複雑かつ精巧なデザインですが、その意味は七支刀と同じで、間違いなくシュメールの「DNAの樹モチーフ」そのものです。ちなみに、このことを裏づけるかのように、百済の武寧王陵出土の金製冠飾（王妃）にも、7枝の「DNAの樹」が見事にデザイン化されていました。

王冠というのは力強さと権力の象徴ですが、その王冠の基調がシュメールの「DNAの樹モチーフ」だと話は少し変わってきます。古代シュメールの都市国家ウルクの守護神である蛇女神キと牡牛神ハルは生命科学と遺伝子工学に長け、生命創造だけでなく、不死と再生をも可能にしていました。きっとこの「DNAの樹」をデザインした金銅製冠には「永遠の生命」の願いも込められていたに違いありません。力強さと権力と「不死と再生」！　支配する者にとってこれ以上望むべくもないものばかりです。

朝鮮半島の覇権を巡って各国の支配者たちが殺戮《さつりく》と略奪を繰り返していた三国時代。そのような状況を考えますと、「ＤＮＡの樹モチーフ」崇拝思想を背景に、支配者たちがこの王冠にそんな願いを込めて作らせたのも当然のことなのかもしれません。

なお、少しフライング気味になりますが、これと同じテーマの銅冠が群馬県の二子山古墳から出土しています。こちらは新羅から来たものです。また、「聖徳太子謎の錦」といわれている法隆寺の「四騎《しき》獅子《しし》狩文錦《かりもんにしき》」（唐時代　7〜8世紀　国宝）も、この百済の金銅製冠と同じコンセプト（力強さ・権力・「不死と再生」）で作られたものです。なぜなら、15個ある同一の円文内には、中央に「7」個の実をつけた「7」葉の「7枝樹」が——つまり古代シュメールの聖樹「ＤＮＡの樹」が——鎮座しているからです。聖徳太子は新羅遠征の際、この錦をたくさんの敵を成敗してくれる、そして「不死と再生」を約束してくれる「霊験あらたかな」御旗として用いていたものと思われます。

七支刀だけでも十分ですが、この金銅製冠によっても、シュメールの「ＤＮＡの樹モチーフ」が確実に古代の朝鮮半島に伝播していたことは否定のしようがありません。昔は今と違ってテレビやコンピュータもない時代でしたから、文化・文明は人が長い年月をかけて運ぶものでした。文字と文化がそこにあるということは、たくさんの人たちが古代シュメールから始まって、海路と陸路を渡って、延々と気の遠くなるような長い時間をかけて、途切れることなくそこに運んだということです。彼らをそこに導いたのはいったい何だったのでしょうか？

④これも謎解き——「仏教線刻画紡錘車」

ここで、最後にちょっとした謎解きの具体例を一つ。学芸員の方々や研究家がいろいろな仮説を出していますが、まずは図58をご覧ください。これは埼玉県北本市の下宿遺跡から出土された「仏教線刻画紡錘車」といわれているものです。9世紀初期、つまり平安時代初期のものです。紡錘車とは糸を紡ぐ時に使うものです。よく見ると、確かに仏像がいて、左手で人の心の平安と慰めを表す「安慰印」という印を結んでいます。仏像の頭に「百」、その印を結んでいる右手に「牛・甘」と刻まれているのが見えます（上の○が「甘」、下の○が「牛」。ただし両方ともさかさまになっている）。埼玉県立博物館にお電話したところ、「百」の意味はわからないようでしたが、「牛・甘《かん》」については「この紡錘車の所有者の名前だろうといわれています。他にもいくつか例がありますから」と丁寧な説明がありました。

なかなか良い線を突いていましたが、私が「どうして〈牛〉なのですか？　どうして〈甘〉なのですか？」とお聞きしたところ、「さあ、どうしてなんでしょうか？」という返事しかありませんでした。それではいったい「甘」とは何のことでしょうか？　また、「牛・甘」とは何のことでしょうか？　いろいろ調べてみたところ、実はこの紡錘車の原型は今からはるかに時を遡ること約4000年前の古代中国の竜山期（約BC2000年〜1500年）にありました！　河南省澠池県不召寨の遺跡から発掘されたものです。気の遠くなるような長い年月をかけて日本にやって来たものと思われます。

この中国にもシュメールの「DNAの樹モチーフ」が伝わっていたということは、これまでずっと皆さんとご一緒に見てきました。もうここまで来ると皆さんにもわかりますよね。きっと何か関係がありそうだなってことが。「牛・甘」の「牛」はシュメールの牡牛神ハルのことじゃないかって？　半分正解です。でも、次に来ている「甘」はどんな意味なのでしょうか？　「𦣻」の方も一緒に少し調べてみましょう。きっと何かがわかるはずです。

まず、「𦣻」という漢字は滅多に見られませんから、漢和辞典の王様『大漢和辞典　巻九』（大修館書店）に聞いてみましょう。417ページにありました。2つ意味があります。一つは「首（しう・しゅ）」で首《くび》・頭《かしら》を表します。つまり、ここでは（牛首）＝牡牛神ハルを表していると考えられます。もう一つは「百（はく・ひゃく）」で、10の10倍の百《ひゃく》・百《もも》を表しています。この「𦣻」は、百済の七支刀の時に説明しましたように、比較言語学上「7（枝樹に）向かい合う牡牛神ハルと蛇女神キ」という意味でした。皆さんまだ覚えておられますか？

ですから、この紡錘車の「𦣻」は百済の「百」と同じで、「自分が牡牛神ハルと蛇女神キを信奉

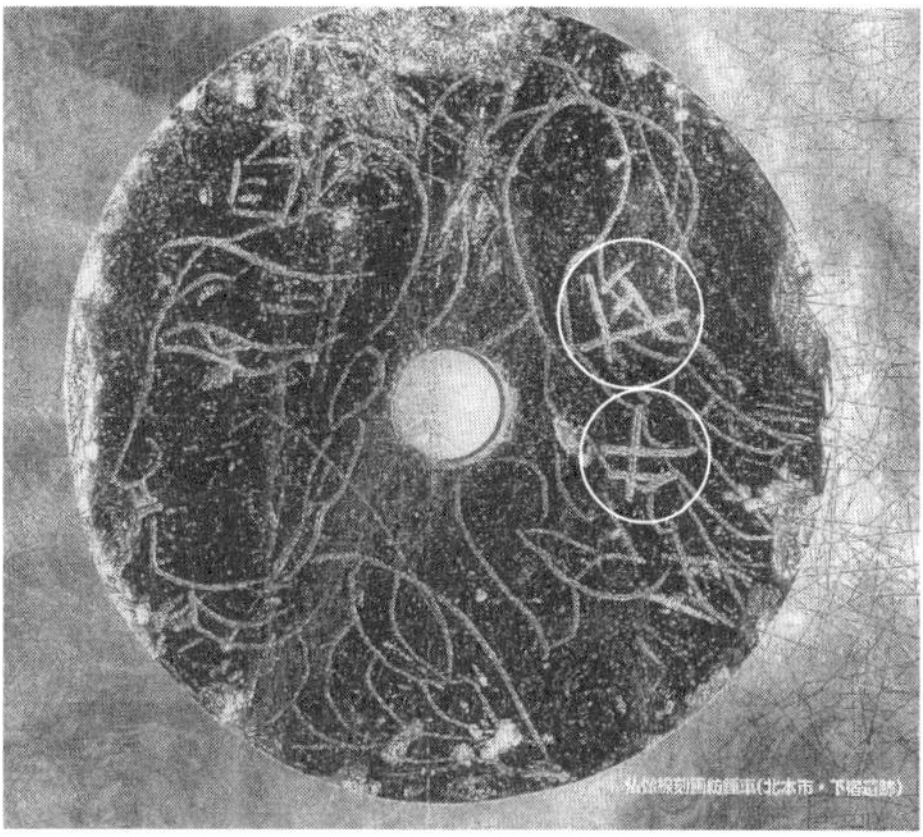

図58：「仏教線刻画紡錘車」（埼玉県北本市下宿遺跡出土）「DNAの樹モチーフ」は埼玉県北本市まで来ていた！（「さいたま最新出土展'99」のポスター　埼玉県立さきたま資料館より）

するトーテム族である」ことを明らかにしています。そして、これに仏教が融合して、人々の心が安らかであることを祈っています。もうここまで来れば皆さん、なぜ「甘」が次に来ているのか？　また、どんな意味なのか？　もわかるのではないでしょうか。

中国の司馬遷がBC90年頃に書いた『史記』（全130巻）によると、伏羲（牡牛神ハル）を信奉する中国人の姓は姜姓《きょうせい》といいます。約8代530年で軒轅氏（黄帝）の時代になります。その後、子孫である11諸侯の氏名には「州、甫、甘、許、戯、露、斉、紀、怡、向、呂」があるそうです。その中にちゃんと「甘」がありました。古事記の中では神功皇后が新羅の国を「御馬甘《みまかい》」と定めていますから、「甘」は「かい」とも読めます。つまり、「牛・甘」は「牛の子孫の甘」を意味し、「（私は）牡牛神ハルを信奉する姜性の子孫の甘（です）」という意味になりそうです。

ですから、この3つの銘文「百と牛・甘」は仏教と融合して、「牡牛神ハルと蛇女神キに祈る　衆生平穏　牡牛神ハルを信奉する姜性の子孫の甘」という祈願文を概ね表していることになります。こうして、シュメールの「DNAの樹モチーフ」は埼玉県の北本市の下宿遺跡にまで確実に伝播していたことが明らかになったのです。

さあ、これでいよいよ余すところ倭国・日本だけになりました。途中これまで、日本のことにも少し言及してきましたので、答えはもう予測できるかとは思います。しかし、何が出てくるかはこれからのお楽しみ、ということになります。

第7章　倭国・日本と「ＤＮＡの樹モチーフ」

「ＤＮＡの樹モチーフ」発見の旅もとうとう余すところ極東の地・倭国日本だけになってしまいました。これまで皆さんとご一緒に見てきましたように、古代メソポタミアのシュメールに始まった「ＤＮＡの樹モチーフ」は古代エジプト→古代インド→古代中国→古代朝鮮半島と、綿々と繋《つな》がっていました。「ＤＮＡの樹モチーフ」を介して、「世界は一つ！」と言えるようなそんな気がしてきましたが、皆さんはどうですか？　線刻石も日本にはそれこそたくさんあり、その半分近くにこのシュメールの蛇女神キ（ニンキあるいはニンティ）が刻まれているとのことです。

図59：群馬県矢瀬遺跡（縄文晩期）の祭場に立つ線刻石（筆者撮影）

それだけ私たちの日本では、このシュメールの12神のアヌンナキのうち、特にニンキあるいはニンティが「ご利益」をもたらしていたということがわかります。地母神キと五穀豊穣の女神キとして崇められ、新嘗祭の対象になっていたのです。なぜなら、

図60：「椅子に座ってDNAの樹に向かい合う蛇女神キと牡牛神ハル」。なんと七支刀銘文第一字と全く同じではないか！「DNAの樹モチーフ」で一杯だった。（『世界最古の文字と日本の神々』より）

「嘗」の中にはちゃんと蛇女神キを表す例の両腕を相手に差し出したポーズの「ヒ」が入っているからです。つまり、新嘗祭というのは、その年初めて収穫したものを供えて、五穀豊穣を約束してくれた蛇女神キに対する感謝の気持ちを表すお祭りだったのです。

　さて、それでは「DNAの樹モチーフ」はいつ、どこに、どんな形で日本に伝わっていたのでしょうか？　すでに七支刀の分析は終わりましたし、鳥取県の旧名「伯耆」のところでも少し匂わせましたので、多分皆さんはもう肯定的な答えを期待されているかとは思いますが、まずは次の写真と画像をご覧ください（図59、60）。

①群馬県月夜野町矢瀬遺跡の線刻石は「DNAの樹モチーフ」そのものだった。あの「甲乙丙丁」は「DNAの樹モチーフ」そのものだった！

図60は新潟県の苗場スキー場手前にある群馬県月夜野《つきよの》町の矢瀬《やぜ》遺跡（平成9年3月17日に国の史跡に

指定）の線刻文字です。祭場に立っている石に描かれた文字と絵です。これは平成4年に当時の群馬県教育委員長の了解を得て、川崎真治先生がご自分で撮影（カメラはニコンF1、マイクロニコールという接写用レンズ装着）された時のフィルムのネガを、その上からなぞらえたものだそうです。縄文晩期（BC1600年頃）のもので、シュメールの「DNAの樹モチーフ」から約1400年下っています。ちょうど古代中国の殷の時代に当たります。しかし、論より証拠です。

たくさんのシュメールの楔形文字と甲骨文字と絵が記されています。まず、蛇が3匹、「」（イル・ガ・ガ祈る）、シュメール楔形文字「」（祈る・母）、そして蛇女神キの絵と「ヒ」＋「」（子）＋牛の頭と「」です。なんと、殷墟の「㠯子伯」（183ページ・図43）と全く同じではありませんか！

これだけでもすぐに「DNAの樹モチーフ」だとはっきり言えます。

セミ・ロングヘアーに首飾りをした蛇女神キが外国人、特に西欧人の女性の容貌をしていることが注目に値します。中央左側にあるシュメールの楔形文字「」（キ）はもちろん蛇女神キであり、すぐその右横に甲骨文字で「ヒ」と刻まれています。もっと注目に値するのが左側上部にあるシュメール文字の「」と「」です。「」は「シブ（7）」で「DNAの樹」を表し、漢字の「甲」に発展していきます。「」は「ウブ（向き合う）」で、漢字の「乙」に発展していきます。その2つの文字を合わせると「7（枝樹）に向き合う」の意味になります。殷で作られた十干の「甲乙《こうおつ》」になります。また、誰が「向き合う」かといいますと、当然牡牛神ハルと蛇女神キです。ですから、シュメール文字で

「⊠(7) に≑(向き合う)♊(牡牛神ハル) と⊲(蛇女神キ)」

となっています。牡牛神ハルは漢字では「丙《へい》」と書き、蛇女神キは「丁《てい》」と書きます。つまり、2人で十干の「丙丁《へいてい》」となります。そして、この4つのシュメール文字を合わせると、「7（「DNAの樹」）に向き合う牡牛神ハルと蛇女神キ」になります。まさしく、古代シュメールの円筒印章の「7（「DNAの樹」）に向き合う牡牛神ハルと蛇女神キ」そのものになります！　そしてこれが十干の「甲乙丙丁《こうおつへいてい》」になります。ですから、今一度甲骨文字で下の方に、

「☨(＝七（7）＝「DNAの樹」）に乙(向き合う)♆(牡牛神ハル) とヒ（蛇女神キ）」

と繰り返され、強調されています。全体としての意味は「「DNAの樹」に向き合う霊験あらたかな蛇女神キと牡牛神ハルに祈る」となります。シュメールの楔形文字であっても甲骨文字であっても、まさしくどちらも古代シュメールの「DNAの樹モチーフ」そのものなのです。それがそっくりそのまま縄文時代の矢瀬遺跡の祭壇の立石に、それもシュメールの楔形文字と甲骨文字のダブルで刻まれているのです！　ということは、私たちの直接の祖先である縄文人が信奉していたものというのは紛れもなく古代シュメールの「DNAの樹モチーフ」であり、彼らの守護神も、古代中国の殷（商）と同じように、蛇女神キと牡牛神ハルであるということです。これは大変なことになりました。これまでの古代史の既

成概念がその根底から揺らぎ、音をたてて崩壊しそうです。

もちろん、このことは何も群馬県だけの話ではないのです。実は、日本全国どこの縄文時代の遺跡でも同じことなのです。そして、このことは本書に続くシリーズ第2弾で、日本全国の約1万年に及ぶ縄文時代の土器・土偶の具体例をたくさん挙げて証明しようと思っています。日本人のルーツと精神文化に関わる重大なことなのです。縄文土器・土偶の革命的な分析が皆さんを待っています。楽しみにしていてください。そして、このことを、読者の皆さんはこの後で述べる古事記のところで早くも実感することになるのです。

(注)当の川崎先生に確認していただきましたが、残念なことに、現在の遺跡に立っている立石は明らかに別物だそうです。発掘当時の写真と見比べてみると、そのことがよくわかります。ある時点ですり替えられたようです。しかし、そのすり替えられている現在の立石には、夫婦道祖神の典型的なパターンの一つである「握手像」(特に群馬県・長野県・神奈川県などに多い)の原型と思われる図像が刻まれていました。そのことについては、いつか機会がありましたなら触れてみたいと思います。

ちなみに、矢瀬の遺跡には「7(枝樹)」の情報がたくさんあるとのことです。例えば、シュメールでは7枝樹の「7」だけを表す場合、「ウブ・イ・ミン(5+2)」と表現していました。つまり、「5+2」=聖数の「7」です。当然のこと、この聖数の「7」信仰が矢瀬にも見られるのです。先ほど紹介しました祭祀場に立つ3個の立石の前に4畳半ほど敷き詰められた割と平たい川原石も、少なくとも入り口2~3列は横に「7」個並んでいます。「7」=神樹「DNAの樹」のシンボル数の「7」です。

また、ここには「四隅袖付炉」という変わった炉があります。この炉の四隅には複数の小石がセットになって置かれています。「石置き文字」とも呼ばれています。この炉の3隅の小石の数を数えてみると、どれも皆「5＋2＝7」になっています。シュメールの「ウブ・イ・ミン（5＋2＝7）」そのものです。これは単なる「袖付炉」ではなく、「7枝樹（DNAの樹）炉」なのです。祭祀場にありますから、多分「DNAの樹」2神である牡牛神ハルと蛇女神キに捧げるために、この炉で何らかの犠《いけにえ》が焼かれたものでしょう。「DNAの樹」2神の聖数である「7」は欧米のラッキーセブン（7）であり、尊重される必要がありました。その証拠に、住居址の柱穴数もちゃんと「7」個になっています。「DNAの樹」（7枝樹）及びその2神を奉る姿勢が、その村全体に徹底していたことがよくわかります。

シュメールの「DNAの樹モチーフ」が約1400年もかかって、BC1600年頃には早くも縄文時代の日本にまで伝播していたということは何人《なんびと》にも否定しがたい歴史学上の、そして考古学上の確かな事実なようです。ちなみに、「DNAの樹モチーフ」の基本である「7（「DNAの樹」に）向き合う（牡牛神）ハル（と）（蛇女神）キ」が殷代（BC1300年頃）の十干《じっかん》の「甲乙丙丁」になっていることは、234ページで述べたばかりですが、まだ覚えていますか？「甲＝7（「DNAの樹」）、乙＝向き合う、丙＝牡牛神ハル、丁＝蛇女神キ」だということを。

つまり、シュメールの「DNAの樹モチーフ」の漢字化が「甲乙丙丁」なのです。そして、なんと漢字一字では「商」と書きます。なぜそう書けるのかと言いますと、「商」は殷（王朝）の正式名ですが、驚いたことにその甲骨文字は4つの文字素から構成されていたのです。ご覧ください。語源的にも歴史学的にも、「商」の方が殷よりも「DNAの樹モチーフ」にずっと忠実で正確であることがわかります。

商＝
＝〰＋▽＋冂＋□
＝〰（蛇）＋▽（3）＋冂（牡牛）＋□（4）
＝〰（蛇女神キ）＋▽（3）＋冂（牡牛神ハル）＋□（4）
＝〰（蛇女神キ）＋▽（DNA樹の3枝＝遺伝暗号トリプレットの「3」）＋冂（牡牛神ハル）＋□（DNAの樹の4枝＝4種類の塩基の「4」）
＝

つまり、「商」は十干の「甲乙丙丁」と同じように、古代シュメールの転がし式ハンコの印影図「DNAの樹に向かい合う蛇女神キと牡牛神ハル」の漢字化に他ならないのです。「甲乙丙丁」は漢字4文字ですが、「商」は1文字です。つまり、「商」こそは古代シュメールの「DNAの樹モチーフ」である「DNAの樹に向かい合う蛇女神キと牡牛神ハル」を世界で最も簡潔に漢字化したものに他ならないのです！「商」は十干の「甲乙丙丁」と同じ意味ですから、その商（殷）で始まったとされる十干の「甲乙丙丁」の本当の意味が「商」そのもの、つまり「（椅子に座って）DNAの樹に向かい合う蛇女神キと牡牛神ハル」であっても何の不思議もないのです。まさに「漢字は歴史の証人である」と言えるのです。

「名は体を表す」とはこのことです。「漢字力」をまざまざと見せつけられたような気がしました。商(殷)王朝を支えていたものも、そして古代日本の縄文時代を支えていたものも、どちらも紛れもなく古代シュメールと同じ「DNAの樹」と蛇女神キと牡牛神ハル、つまり「DNAの樹モチーフ」そのものだったのです。古代シュメールの「DNAの樹モチーフ」がペルシャ・インドを渡り、それから中国・朝鮮半島と渡り、そして最後に、遥々古代日本の縄文時代にまで東遷していたという動かぬ証拠が、そこにあります。

ちなみに、商の甲骨文字の文字素である「▽(3)+□(4)」=「七(7)」は「DNAの樹」(シンボル数7)のことで、「甲乙丙丁」の「甲」になると書きました。なぜなら、「甲」の甲骨文字は「田」と書き、国構えの中にある「十」(これも甲骨文字)が数字の「七(7)」の意味だからです。「十=七」は意外かもしれませんが、「十」の縦棒の下をほんの少し右に曲げれば簡単に「七」になりますから、理解できるかと思います。要は、古代シュメールの「DNAの樹」(シンボル数7)は商王朝によって作られた甲骨文字の「十」であり、漢字の「甲」であり「孔」なのです。ところが、「DNAの樹」(シンボル数7)を表す漢字がもう一つあることをつい先日偶然見つけてしまいました。これは中国の言語学史の革命になるかもしれません。それは私たちの誰もが見て・知って・書いて・使っている、学問と科学の基本的な態度である探求心の「求」です。なぜそうなのか? その答えは次の機会に譲りますが、ヒントの一つは次の項目に、もう一つはスペインのアルタミラの洞窟壁画にあります。「マタイの福音書」流にいうと、「十の中に七を求めよ。甲の中に孔を求めよ。さらば、与えられん」。それほど「求」は単純かつ巧妙で、奥が深いのです。

②古フェニキア文字にもすでに遺伝暗号トリプレットの3枝（ヨ）があった！　アルファベットの「E」は遺伝暗号トリプレットの3枝（∃）だった！

それから、ここにもう一つ注目に値する絵文字があります。「子」（子）の上にある「ヨ」です。3枝のヨは殷の「貝子伯」のところでも説明しましたように、DNAの「アミノ酸対応言語トリプレット」のことです。でも、以前この説明をするのを忘れていました。ちょうど良い機会ですので、このヨのことを説明したいと思います。ひょっとしたらこれは比較言語学の、アルファベットの革命的な解釈になるかもしれません。

今年（二〇〇三年）の1月、ふと近くの書店で『ARCHEOアーキオ　ビジュアル考古学』（編集主幹・吉村作治、ニュートン・プレス）の5号「約束の地」を手にしてみました。その29ページには古代のアルファベットの一覧表が載っていましたのでご覧ください（図61）。

古フェニキア文字の段の上から5個目の文字に注目してください。「ヨ」があります。3枝の角度を上げると、まさに殷の青銅器の銘文に出ていた「ヨ」であり、「ヨ」そのものです！「古代ヘブル文字の異形」という段を見るとはっきりと「ヨ」（「ヘー」と読む）となっていました。ちなみに、古フェニキア文字というのは紀元前1500年頃（殷の青銅器の銘文がBC約1300年頃ですから、同時代か

古代の中近東で用いられたアルファベット

図61：なんとアルファベットの「E」の原型とは「DNAの樹」の右側の「遺伝暗号トリプレット（３枝）」（ヨ）のことだった！（『NEWTONアーキオビジュアル考古学　約束の地』編集主幹・吉村作治　発行・ニュートン・プレスより）

幾分早いくらいでしょうか）、24個の文字からなる「原シナイ文字」ができて、それから派生したカナン文字、古代ヘブル文字、古アラム文字と並ぶ文字の一つだそうです。

それはともかく、牡牛の頭の形が∀になり、∀→A（発音アレフ・牡牛）になり、これが現在のアルファベットの「A」になっていることは世界の常識ですから、皆さん簡単に理解できます。しかし、「ヨ」あるいは「𐤄」となると、大変わかりづらいのではないかと思います。当然のこと、意味となると尚更です。『世界の文字の図典』（既出）の「シナイ文字」の一覧表には「ヨ・𐤄」の元の意味は「歓喜」であり、人が顔を天に向けて両手を挙げている仕草のヒエログリフ（古代エジプトの聖刻文字）「」→シナイ文字「」→フェニキア文字「𐤄」を載せています。他方、同書の78ページの「フェニキア文字」（1）では初期フェニキア文字「ヨ」の元の意味は「?」、つまり不明とあります。明らかに矛盾しています。

最後のフェニキア文字「𐤄」はわかるのですが、本当でしょうか？ 怪しいですね。もしも「歓喜」だとしますと、「3枝（ヨ）」を手に持っている人（ここでは神）「」が「歓喜を手にしている人」となってしまい、全くとんちんかんな意味になってしまいます。これではこの絵文字の人（ここでは神）が「3枝（ヨ）」（遺伝暗号トリプレット）をシンボルとするシュメールの牡牛神ハルであるという歴史的な事実が説明できなくなります。だから、今やエジプト考古学の世界的な権威であり、エジプトの象形文字にめっぽう強い吉村作治教授や編集者の方も、その意味を（?）としか書かないのです。いえ、書けないのです。有名な辞書・辞典・百科辞典にそう書いてあるから「いつも正しい！」というわけではないのです。

しかし、ここまで読んでこられた読者の皆さんならその意味がもう何なのか見当がつきますよね？そうです。古代シュメールの「DNAの樹モチーフ」の右側の「3枝」です。「アミノ酸対応言語トリプレット」の「3（枝）」です。大正解です。そして、この遺伝暗号トリプレットを表す「ヨ」の縦棒が短くなり、そして左右反転してアルファベットの「E」になっているのです。アルファベット「E」の正体とはまさしく「DNAの樹モチーフ」の右側の「3枝（ヨ）」＝「遺伝暗号トリプレット（3）」のことだったのです！

世界中のどんな言語学者も古代史研究家も、ここまではわからないと思います。それもそのはず、アルファベットの「A」のルーツも「E」のルーツも、ともに古代シュメールの「DNAの樹モチーフ」にあったという情報を教わったことがないからです。「DNAの樹考古学」上（勝手にそう呼ばせてもらいますが）、DNAのアミノ酸対応言語トリプレットの「3」が神聖な3枝の「ヨ」となっていたのは、世界的な共通認識であったようです。これまで分析してきましたように、少なくとも古代シュメール―古代中国―古代朝鮮半島―縄文時代の古代日本を結ぶ歴史の流れの中ではそれは明白なことのようです。

③2枝（ヨ）を持つ司祭

最後にもう一つ。この3枝（ヨ）（アミノ酸対応言語トリプレット）を手にしている「」が牡牛神

ハルでしたが、それでは、それよりも枝が1本少ない2枝（ヨ）を持っている「〓」なら誰だと思いますか？「7枝樹に向かい合う牡牛神ハルと蛇女神キ」に対して国家安泰と五穀豊穣のために「涙」を流しながら、心から切に「祈る」人です。そうです。「司祭者」です。祭祀を司る人です。

この「司祭者」も元はシュメールから来ました。シュメールでは司祭者を、特に手に枝を持つ司祭者を「エン・シ（en司祭者・si枝）」と呼んでいたそうです。トリプレットを表すその3枝より1本少ない2枝（ヨ）を持っているのが特徴です。安陽市殷墟の青銅器銘文等その他数多く見られるようです。漢字では尹司《いんし》、偃師《えんし》となり、古代沖縄では按師《あんし》と書いたそうです。

どうして1本少ない2枝なのかといいますと、司祭者は蛇女神キと牡牛神ハルと人間を「結ぶ」仲介的な役割をしていました。そして、甲骨文字では「結ぶ」＝「ドゥブ（2）」でしたから、その「2」をもって「2枝」と象形化したものと考えられます。司祭者はその仲介的な役割から占いの仕事をしていました。漢字の「占」は今でこそ上の部分が1枝になっていますが、これでは歴史的な意味合いが正しく伝わりません。それが証拠に「占」の元々の甲骨文字は「〓」で、「2枝＋牛の頭（D）」と書きます。「牡牛神ハル（の口）と（王などを）結ぶ」という意味です。また、さらに司祭書記となりますと、同じく2枝で「〓」と書きます。シュメール語では「エン・シ・ドゥブ・サル」と読み、殷代には「エン・シ・ドゥブ・シン」と変わり、漢字では「尹司徒辛」となり、短くは「徒辛」になりました。3司（司馬、司使、司空）のうちの司使で、文部大臣クラスの高官とのことです。

さて、司祭の「司」の「ヨ」が2枝の象形文字であることは、見れば誰にでもわかりますが、その下

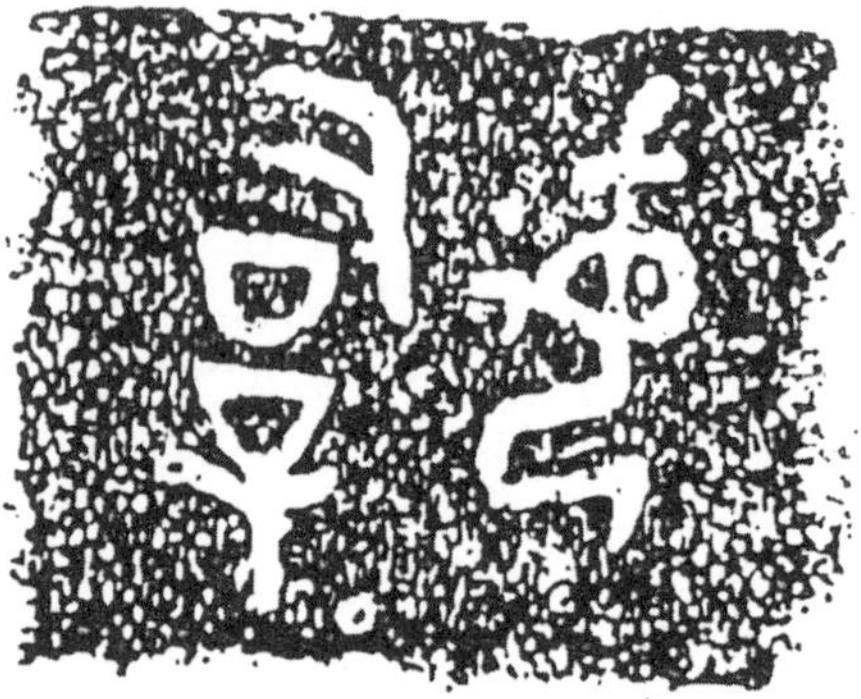

図62：「司祭書記＝2枝（ㄱ）を持って、（神の言葉を）筆で粘土板に書き記す人」（『世界最古の文字と日本の神々』より）

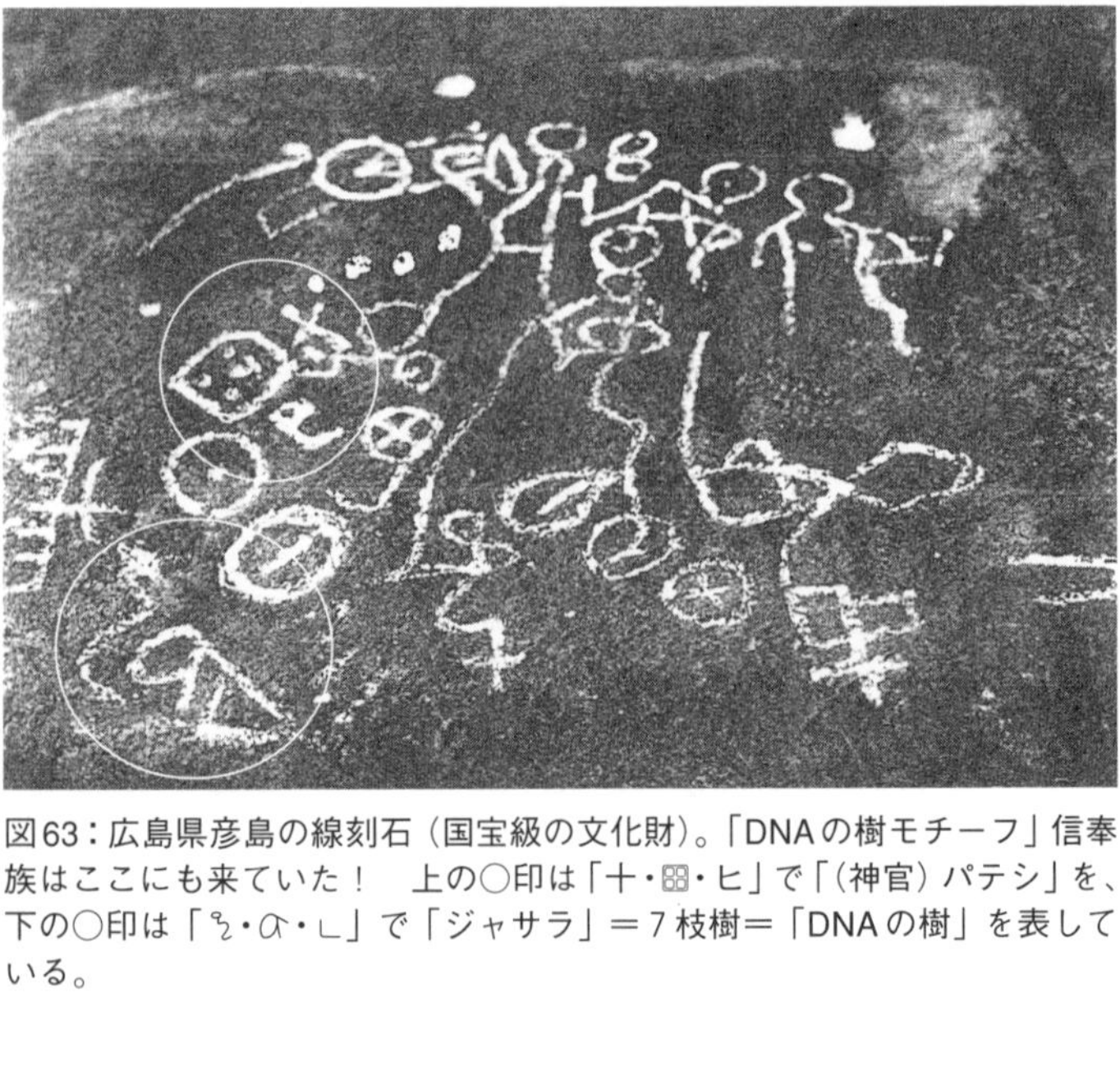

図63：広島県彦島の線刻石（国宝級の文化財）。「DNAの樹モチーフ」信奉族はここにも来ていた！　上の〇印は「十・⊞・ヒ」で「（神官）パテシ」を、下の〇印は「ᘔ・ɑ・∟」で「ジャサラ」＝7枝樹＝「DNAの樹」を表している。

の「ロ」が穴（hole）なのか、または口《くち》（mouth）なのかわかりません。そこで、『新版　漢語林』（大修館書店）を引いてみますと、

「司はヲ＋ロ。ヲはまつりの旗の象形。神意をことばによって祈りうかがい知る、祭事をつかさどるの意味から、つかさどる。つかさの意味を表す」

とありました。しかし、ここには「ヲ」が2枝の象形文字であるとは書いてありません。「口」は「ことば」である、つまり「口《くち》」であると説明してあります。これでは「司」の説明自体が怪しくなってきます。しかし元がシュメールですから、シュメールの「司祭書記」を調べてみればわかります（図62）。すぐ前で紹介しましたように、シュメール語の「司祭書記」は「エン（司祭）・シ（枝）・ドゥブ（粘土板）・サル（筆）」といいます。つまり、「（神の御言葉を）筆で粘土板に書き記す司祭」なのです。「司」は「2枝＋粘土板」という合成語なのです。だから、司の字の「ロ」は司祭書記が筆（とはいっても、先端の尖った固い棒のこと）を使って書いた「粘土板」のことなのです。シュメールの円筒印章印影図と同じ「粘土板」だったのです。決して「祈りうかがい知る」ための「口（ことば）」ではありませんでした。

また、「ヲ」は2枝を表していますので、「まつりの旗の象形」でもありませんでした。さて、こうなってきますと、有名な辞典・辞書といえども怪しくなってきますね。先ほどの「歓喜」ではありませんが、

やはり比較言語学、あるいは歴史言語学に裏打ちされた一つの歴史思想でないと少し的外れになってしまうようです。

④下関市の彦島ペトログラフに刻まれた「DNAの樹モチーフ」と神官パテシ

司祭と司祭書記と来ましたので、ちょうど良い機会ですから、ここで「DNAの樹モチーフ」に関わるシュメールの神官パテシの話をしてみたいかと思います。「DNAの樹モチーフ」の主人公はなんといっても4種類の塩基を表す「4枝」と、遺伝暗号トリプレットを表す「3枝」の、合計「7枝」です。この「7枝」が大切なのです。BC4000年頃のウルク市の人たちはこの「7枝」を「イ(5)・ミン(2)・シ(枝)」とか、「ウ(5)・ムン(2)・シ(枝)」と呼んでいました。そして、この「DNAの樹モチーフ」の7枝樹に関わる神官のことを「ウ(5)・ムン(2)・パテシ(神官)」と呼んでいました。

それではその「DNAの樹」神官パテシの具体例を2つここでご紹介致します。一つは下関市の彦島にある線刻石です。昭和61年頃から「彦島ペトログラフ」の名で国内外で一世を風靡《ふうび》した線刻石です。以前、七支刀(国宝)の銘文解読の時に、古代朝鮮半島の粛慎、夫余、高句麗、そして百済には特殊な「加臨多《かりんた》文字」というものがあったという話をしましたが、その「加臨多文字」が、実は当時の日本にも見られたのです! それが彦島の線刻石なのです。まずはご覧ください(図63)。国宝級の文化財です。

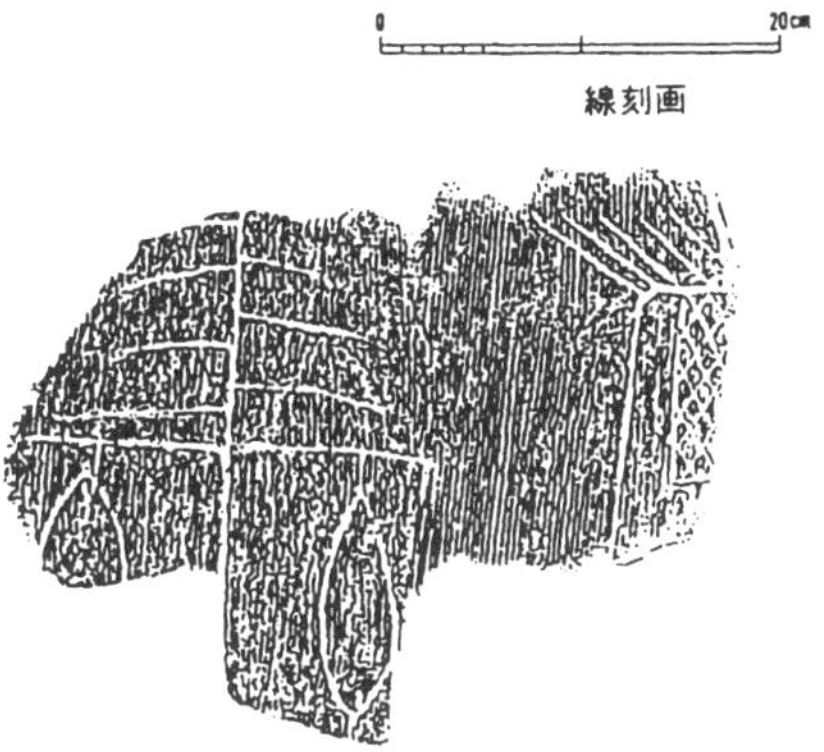

図64：鳥取県淀江町角田遺跡出土の甕型の大型土器（弥生中期　2世紀頃）。条件付きだが、これも「DNAの樹」か？　鳥取県の旧名「伯耆」（はっき）＝「（牡牛神）ハル・（蛇女神）キ」が転訛したものだった！（『日本最古の文字と女神画像』川崎真治　六興出版より）

この大きな石に加臨多《かりんた》文字が刻まれたのは約4～5世紀頃と思われますが、実はいろいろな絵文字とか外来文字（バビロニア文字やエジプト文字やウルク文字等）が刻まれていたのです。神官パテシを紹介する前に、本書のテーマである「DNAの樹モチーフ」の重要な要素の「7枝樹＝DNAの樹」が刻まれていますので、それから先にご紹介します。本来ならば、歴史年代順に百済の七支刀のところで扱うのが筋だったのでしょうが、遅ればせながらここで説明致します。

まず、左の「⊤」。これはもう誰が見ても7枝ですから、「DNAの樹」であることは一目瞭然です。真っすぐ下にあるのが「ᘓ（dja-）・ơ（sa-）・」（la）」で「ジャ・サ・ラ」と読みます。これは2000年前後のバビロニア語の「ザサラメール（3と4の枝の樹）」がサララ（BC1500年頃の梵語）になり、倭人語のジャサラになったものです。右上にはオッパイの付いた蛇女神キがいます。〝ȣ〟は牡牛神ハルです。もうこれだけでも「DNAの樹モチーフ」が全部揃っていることになります。

さて、肝心の「神官パテシ」はというと〝⊙〟（太陽）の上にあり、加臨多文字で「＋（パ）・⊞（テ）・

ヒ(シ)」とありました。ただ、ここで興味深いことは、蛇女神キ、つまり壬癸(ニンキ)の他にイシュタル神(あるいはイナンナ女神)も刻まれていることです。先に紹介しました山東省丁公村の陶片文字の中にもイシュタル女神(あるいはイナンナ女神)等が見られましたが、「DNAの樹モチーフ」に別な要素が加わった珍しい例かもしれません。

さて、全体の意味ですが、川崎氏によりますと、「7枝樹」「祈る」「司祭パテシ」「司祭ラ・ガル」「日子(彦・王)」「蛇女神キ・4枝」「託宣の司祭者、パブ・ラ・バル」「託宣司祭、パブ・イシブ」「日・子(彦)」「女神キ・ヒ(シ)」「女主キ(壬癸)」「女神」となるとのことです。この巨石には実に多くのシュメールの神々とそれに関わった人々の名前が刻まれていたのです。これによって、シュメールに始まった「DNAの樹モチーフ」が倭国へと東遷《とうせん》していたのは、少なくとも考古学上・比較言語学上は明白なことであると言えそうです。なお、この国宝級の文化財である彦島の巨石については当時NHKによる取材と収録があったとのことです。

もう一つの「DNAの樹」神官「パテシ」の具体例は、1968年埼玉県行田市の稲荷山古墳から出土した115字の金象眼のある鉄剣です。当時は「世紀の大発見!」とまで言われたそうです。銘文によると、乎獲居《おわけ》から始まってその6代目に「半弓比《パテシ》」と呼ばれるシュメールの「DNAの樹」神官「パテシ」の名が刻まれています。

こうして、シュメールに端を発した「DNAの樹モチーフ」は長い年月をかけ、河を渡り、山を越え、野を越え、そして海を渡って倭国まで綿々と続いていました。でも、それ以後はどうなったのでしょうか？　途絶えてしまったのでしょうか？　それとも、時代を越えて伝わっていたのでしょうか？　先の矢瀬の線刻石よりも約1200年時代は下りますが、視覚的にも「DNAの樹モチーフ」の東遷を強力に支持してくれるものがあります。それではどうぞご覧ください（図64）。

⑤鳥取県淀江町の大型土器には「DNAの樹モチーフ」が印されていた。福岡県「宇美」町は「DNAの樹モチーフ」そのものだった

これは昭和55年鳥取県淀江町の角田《かくた》遺跡から出土された一種の壺棺の大型土器です。2世紀頃（弥生中期）の絵画土器です。高さが1・5mもあります。太陽、船、動物、高床式の建物、倉庫のような建物等、一つの土器にこのようにたくさんのモチーフが描かれているのは大変珍しいことだそうです。読者の皆さんならよく見慣れた「樹木」がそこにあることにすぐ気が付かれるかと思います。早速淀江町文化センターから資料を取り寄せてみましたところ、肝心の「樹木」のことについては、「木に何かを吊す様子」とか「木に吊しているものは銅鐸」という説があり、「神木に銅鐸を吊す祭りの様子ではないか」というもっともらしい説明がありました。

答えは簡単そうです。ただし、この土器は肝心な部分が欠けていますので、確認できる範囲で、という条件付きですが。「DNAの樹モチーフ」の原版である122ページ・図18のシュメールの円筒印章印影図と比較すればわかります。左に4枝・右に3枝（この部分が少しはっきりしないのです）そして実が2個。もう何も説明する必要はありません。まさに「DNAの樹」そのものです！

シュメールの「DNAの樹モチーフ」は何も変わらず、何も変えられることなく忠実に極東の地、それも弥生中期の倭国に再現されていたのです。このことは、この大型絵画土器が発見された鳥取県の旧名が「伯耆」であり、それはシュメールの「DNAの樹モチーフ」2神である牡牛神ハルと蛇女神キが「ハル・キ→ハク・キ（伯眞）→ホウ・キ（彭眞）→ホウキ（伯耆）」と転訛《てんか》してきたという比較言語学上の経緯にはっきりと見ることができます。

なお、「DNAの樹モチーフ」は他にも茨城県茎崎町と東京都杉並区大宮前出土の弥生式土器にも、そして、九州は福岡県宇美《うみ》町の宇美《うみ》神社の境内に置かれてある手洗い用の大石にも見られるそうですが、私はまだ見たことはありません。でも、たとえ「DNAの樹モチーフ」をこの目で確認できなくても、宇美神社の場合は比較言語学でわかります。今の宇美町は3世紀頃「不弥《ふみ》国」と呼ばれていました。これはなんとシュメール語から転訛したものなのです。

ウブ・イ・ミン　ウブ・ウ・ムン　フ・ウ・ムン　フ・・ミ　ウ・・ミ　ウミ
ub-　i-　min→ub-　u-　mun→'h-ru-　mun→'h-u-mi'→w-u-mi'→'wumi'
（向かい合う）（5）（2）｛=7（「DNAの樹」）｝　不弥《ふみ》　宇美

やはり、シュメールの「DNAの樹モチーフ」のうち、「7（「DNAの樹」）に向かい合う」が福岡県の宇美町（旧不弥国）にしっかりと残されていました。

⑥金印「漢／委奴／国王」の「奴」は「ＤＮＡの樹」そのものだった

先に進む前に、「福岡県」と書いて、もう一つ重要な考古学資料を提案するのを思い出しました。時代は紀元後の倭国です。どうぞご覧ください。皆さんが高校の日本史の時間に一度は見たり聞いたりしたことがあろうかと思います。あの有名な「漢／委奴／国王」と刻まれた金印です。劉床の氾曄《はんよう》（ＡＤ３９５～４４５）が編纂した『後漢書』の東夷倭伝《とういわでん》の一説にこう記されています。

「建武中元2年、倭の奴国、奉貢朝賀す。使人自を大夫と称す。倭国の南界なり。光武、賜うに印綬を以てす」（建武中元2年＝ＡＤ57年、光武＝光武帝）

さて、江戸時代の元明４年（１７８４年）、筑前国の志賀島村（現在の福岡市の志賀島）の農民・甚兵衛によって発見されたといわれている「金印」とはこの『後漢書』に記されている金印のことでしょう。金印には3行にわたり漢篆で「漢／委奴／国王」と刻まれており、一般には「かんのなのわのこくおう」と読みます。ちなみに、『後漢書』の中の「奴」を「ぬ」とか「ど」と今日私たちは読んでいますが、これを「奴＝な」と解釈したのは何を隠そうかの有名な江戸時代の国学者の本居宣長《もとおりのりなが》だったのです（『馭戒概言（上）』より。１７７７年）。

確かに本居宣長は「奴＝な＝儺県《なのあがた》」と比定しましたが、肝心の「儺県」が何なのかがさっぱりわかりません。やはり、ここは川崎真治氏に再び登場してもらいましょう。「奴国」とは「儺県」で、今日の福岡県のことです。さて、1～10までの昔の数え方「ヒ・フ・ミ・ヨ・イツ・ム・ナ・ヤ・コノ・トオ」、この「ナ（7）」はいったい何だと思いますか？ 勘の良い読者の方なら「シュメールの7（イ＝5、ミン＝2）」と答えるでしょう。正解です。

イ・ミン↓ウ・ムン↓ナ・ムオン↓ナ・マン↓ナ・ナ↓ナ
i- min　u- mun　na- mon　na- man　na- Na'　Na'
（5）（2）}＝7（「DNAの樹」)}　（7）　（7＝「DNAの樹」）

これでわかります。奴国の「奴《な》」も儺県の「儺《な》」も、どちらもシュメールの「イ・ミン（5＋2＝7）」を――もちろん「DNAの樹モチーフ」の「（牡牛神ハルと蛇女神キが向かい合う）「DNAの樹」の「7」」を――表していたのです。さらには、筑紫も、（シュメール語）「キ（蛇女神キ）・グドゥ（牡牛神ハル）・ウル（動物の牛）・イ（の）」↓チク・ウシュイ↓チ・ク・ウ・シ↓チクシ（竺紫）とツクシ（筑紫）となっていました。当然のこと、「7」は「DNAの樹」の神聖なシンボル数なのです。「霊験あらたかな」聖数なのです。

このようにして、シュメールの「DNAの樹モチーフ」の「DNAの樹（7枝樹）」を信奉するトーテム族はアラル海近辺を通り、アルタイ、チベット、モンゴルと進み、さらには山東省と殷の安陽市へと流れ、最終的に極東の地・倭国へと辿り着いていたということがわかったのです。

さて、シュメールに始まった「ＤＮＡの樹モチーフ」発見の旅もそろそろ終わりに近づいてきました。シュメールから約４０００年以上も旅をしたことになります。これまで皆さんとご一緒に縄文晩期の矢瀬の線刻石、弥生中期の角田遺跡の大型土器、ＡＤ57年の「漢委奴国王」の金印、そして4世紀後半の七支刀と、旅を続けてきました。さあ、旅の終わりは何といっても日本の古代史を語る上でなくてはならない『古事記』と『日本書紀』の記紀になります。もし、ここに首尾良くシュメールの「ＤＮＡの樹モチーフ」を発見することができれば――比較言語学的に証明できれば――声を大にしてはっきりこう言えます。

シュメールの「ＤＮＡの樹モチーフ」を信奉するトーテム族は何千年もの長い年月をかけて、何千キロもの距離を移動して、アラル海近辺を通り、インド、中国、朝鮮半島、そして倭国・日本までやって来たのだ！　と。

記紀の分析に入る前に、蛇足かもしれませんが、記紀の概略を紹介しておきましょう。まず、どちらも奈良時代（７１０年～７９４年）のものですが、『古事記』の方は上・中・下の3巻からなり、７１２年に完成しています。天武天皇の勅令によって、記憶力に優れた稗田阿礼《ひえだのあれい》が調べ正して読み上げたものを、太安万侶《おおのやすまろ》が書きとめて編集したものです。上巻は天地開闢《かいびゃく》から鵜葺草葺不合命《うかやふきあえずのみこと》までを、中巻は神武天皇から応神天皇までを、下巻は仁徳天皇から推古天皇までを扱っています。

この中でも特に本書の目的である「ＤＮＡの樹モチーフ」発見の旅に関わってくるのが上巻の「伊耶

那岐命と伊耶那美命」の個所です。一方、『日本書紀』の方は全30巻からなり、720年に完成しています。日本最古の「勅撰《ちょくせん》の正史」といわれています。舎人親王《とねりしんのう》等が選び、神代から持統天皇までを扱っています。しかし、ここでは『古事記』を中心に「伊耶那岐命と伊耶那美命」の個所だけを扱います。
それでは、『古事記』の「伊耶那岐命と伊耶那美命」の分析に入ります。まずは本文をご覧ください。

⑦『古事記』の「伊耶那岐命と伊耶那美命」の項は「DNAの樹モチーフ」で一杯だった！

「伊耶那岐命《いざなぎのみこと》と伊耶那美命《いざなみのみこと》」（『古事記』校注・訳者　山口佳紀・神野志隆光　小学館）

［一］**淤能碁呂島**
是《ここ》に、天《あま》つ神諸《かみもろもろ》の命《みこと》以《もち》て、伊耶那岐命《いざなぎのみこと》・伊耶那美命《いざなみのみこと》の二柱の神に詔《のりたま》はく「是《こ》のただよへる国を修理《つくろ》ひ固《かた》め成せ」とのりたまひ、天《あめ》の沼矛《ぬぼこ》を賜《たま》ひて、言依《ことよ》し賜ひき。故《かれ》、二柱の神、天《あめ》の浮橋《うきはし》の立たして、其《そ》の沼矛《ぬぼこ》を指《さ》し下《おろ》して画《か》きしかば、塩《しお》こおろこおろに画《か》き鳴《な》して、引《ひ》き上《あ》げし時に、その矛の末《すゑ》より垂《したた》り落《お》ちし塩は、累《かさな》り積《つも》りて島と成りき。是《これ》、淤能碁呂島《おのごろしま》ぞ。

［二］**神の結婚**
其の島に天降《あまくだ》り坐《ま》して、天《あめ》の御柱《みはしら》を見立《みた》て、八尋殿《やひろどの》を見立き。是《ここ》に、其の妹《いも》伊耶那美命《いざなみのみこと》を問《と》ひて

曰《い》ひしく、「汝《なむち》が身は、如何《いか》にか成れる」といひしに、答《こた》えて白《まを》しく、「吾《あ》が身は、成《な》り成りて成り合わぬ処一処《ところひとところ》在《あ》り」とまをしき。爾《しか》くして、伊耶那岐命《いざなぎのみこと》の詔《のりたま》ひしく、「吾《あ》が身は、成《な》り成りて成り余《あま》れる処一処在り。故《かれ》、此の吾《あ》が身の成り余れる処を以《もち》て、汝《なむち》が身の成り合わぬ処を刺《さ》し塞《ふさ》ぎて、国土《くに》を生《う》み成さむと以為《おも》ふ。生むは、奈何《いか》に」とのりたまひしに、伊耶那美命の答えて曰《い》ひしく、「然《しか》、善《よ》し」といひき。爾《しか》くして、伊耶那岐命の詔《のりたま》ひしく、「然《しか》らば、吾《あれ》と汝《なむち》と、是《こ》の天《あめ》の御柱《みはしら》を行き廻《めぐ》り逢《あ》ひて、みとのまぐはひを為《せ》む」とのりたまひき。如此《かく》期《ちぎ》りて、乃《すなは》ち詔《のりたま》ひしく、「汝《なむち》は、右《みぎ》より廻り逢へ。我《あれ》は、左《ひだり》より廻り逢はむ」とのりたまひき。約《ちぎ》り竟《をは》りて廻りし時に、伊耶那美命《いざなみのみこと》の先《ま》づ言はく、「あなにやし、えをとこを」といひ、後《のち》に伊耶那岐命《いざなぎのみこと》の言ひしく、「あなにやし、えおとめを」といひき。各《おのおの》言ひ竟《をは》りし後《のち》に、其《そ》の妹《いも》の告《の》らして曰《い》ひしく、「女人《をみな》の先《ま》ず言《い》ひつるは、良《よ》くあらず」といひき。然《しか》れども、くみどに興《おこ》して生《う》みし子は、水蛭子《ひるこ》。此《こ》の子は葦船《あしぶね》に入れて流し去《さ》りき。次に、淡島《あはしま》を生みき。是《これ》も亦《また》、子の例《つら》には入れず。是《ここ》に、二柱《ふたはしら》の神の議《はか》りて云はく、「今吾が生める子、良くあらず。猶《なお》天《あま》つ神《かみ》の御所《みもと》に白《まを》すべし」といひて、即《すなわ》ち共に参《ま》ゐ上《のぼ》り、天つ神の命《みこと》を請《こ》ひき。爾《しか》くして、天つ神の命以《みこともち》て、ふとまにに卜相《うらな》ひて詔《のりたま》ひしく、「女《をみな》の先《ま》ず言ひしに因《よ》りて、良くあらず。亦《また》、還《かえ》り降《くだ》りて改《あらた》め言へ」とのりたまひき。故爾《かれしか》くして、返り降《くだ》りて、更《さら》に其《そ》の天の御柱を往《ゆ》き廻《めぐ》ること、先《さき》の如《ごと》し（囲み筆者）

すぐにでも「ＤＮＡの樹モチーフ」の分析に入りたいのですが、その前に気になる分析を一つ。それは伊耶那美命を指す「妹」という漢字です。今では普通「姉妹」の「妹《いもうと》」として使われていますが、元々はそういう意味ではないのです。実は、やはりシュメールの「DNAの樹モチーフ」と関係がありそうなのです。これをご覧ください（図65／『日本最古の文字と女神画像』川崎真治著　六興出版）。

シュメールに始まった「DNAの樹モチーフ」の原図はもう何度も説明してきましたので、皆さんの脳裏にしっかりと焼き付いているかと思います。見比べてみてください。そうです。左の4枝側に蛇女

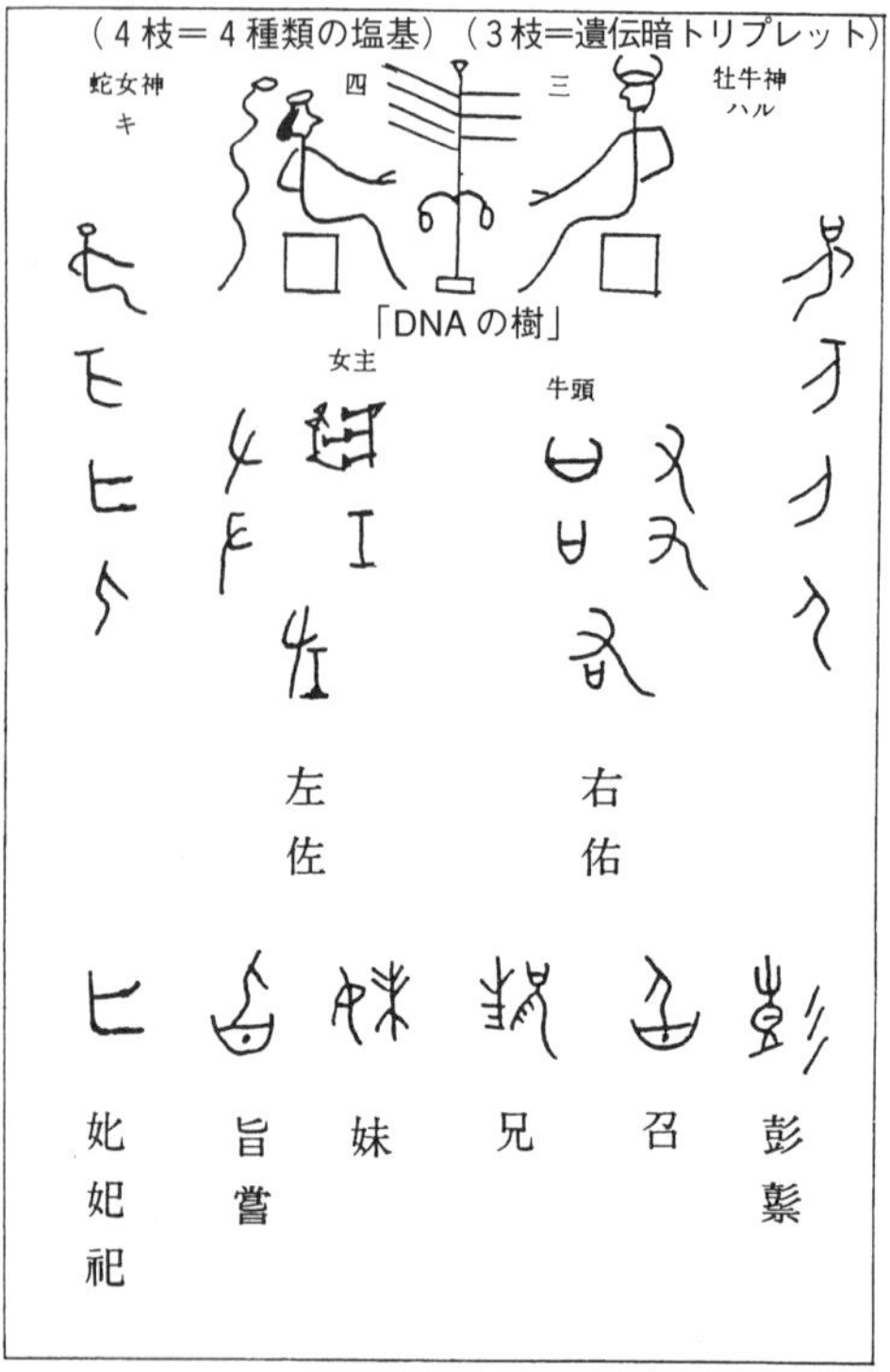

図65：元々、兄妹の「兄＝（「DNAの樹」の右側にある3枝の）牡牛神ハル」であり、「妹＝（「DNAの樹」の左側にある4枝の）蛇女神キ」だった！（『日本最古の文字と女神画像』の図を改変）

神キがいます。そして、反対側の右の3枝側に牡牛神ハルがいます。大切なのは、中央下のところにある甲骨文字です。

「4枝の蛇女神キ→→妹」となり、他方、「3枝の牡牛神ハル→→兄」となっています！

これで皆さんにもわかりましたね。そうなのです。「妹」という漢字は元々「4枝の蛇女神キ」を表し、「兄」という漢字は「3枝の牡牛神ハル」を表していたのです。それが証拠に、「妹」の旁の「未」は12支の「未《ひつじ》」ですが、甲骨文字では「」と書き、「牡牛神ハルの3枝（遺伝暗号トリプレット）の樹」を表していました。そして、上部の2本線が横に開いて現在の「未」になったと考えられます。これで「DNAの樹」を表しています。古代シュメールの円筒印章（122ページ・図18）の「DNAの樹モチーフ」にあるように、蛇女神キはこの「DNAの樹」の左側に位置していますので、「未の左側の女」、つまり「妹」と書いているのです。実に単純明快です。元々がこの「「DNAの樹」の左側の蛇女神キ」の意味でしたが、これが後に姉妹の「妹《いもうと》」に転用されます。

他方、「兄」の方は牛角冠をかぶった牡牛神ハルですから、その甲骨文字は「」となります。そして、牡牛神ハルが「3枝（遺伝暗号トリプレット）」の右側に位置していましたから、「3枝の牡牛神ハル」は当然上記の甲骨文字「」になります。樹も腕もどちらも「3」本線が付いているので「3枝の牡牛神ハル」であることがすぐにわかります。「3」＝「遺伝暗号トリプレット（3）」なのです。それが後になって、肝心要《かんじんかなめ》の「3枝（遺伝暗号トリプレット）」が省略され、牛角冠をかぶった人だけになり、今日の「兄」になっています。ちなみに、「兄」の上部は「口」になっていますが、本来は口では

なく牡牛神ハルの牛角冠（ᗡ）です。

ですから、伊耶那岐命の「兄」と伊耶那美命の「妹」が夫婦神というと、いかにも近親結婚のように思われがちですが（後世においてはあながちそれも全く否定しきれませんが）、実はそうではなかったのです。「兄と妹」は元々シュメールの「DNAの樹モチーフ」の「牡牛神ハルと蛇女神キ」という意味だったのです！

ちなみに、蛇女神キの甲骨文字は「ヒ→→旨→嘗」となります。つまり、新嘗祭というのは五穀豊穣を蛇女神キに感謝するという意味の新穀感謝祭なのです。他方、牡牛神ハルの甲骨文字は「→召」となります。つまり、「召」は牡牛神ハルを祭る酒の宴になります。そして、「兄」と「妹」が「DNAの樹モチーフ」を表す一対の文字であったように、「召」と「旨」も――そして「彭・髟」と「妣・妃」も――「DNAの樹モチーフ」を表す一対の文字だったのです。

⑧「天の沼矛」はシュメールの「DNAの樹モチーフ」そのものだった！

さあ、それでは大変長らくお待ちどうさまでした。それでは本文の核心部分の分析に入ってみましょう。伊耶那岐命と伊耶那美命の2神が漂える国をかき回したという道具の「天《あめ》の沼矛《ぬほこ》」です。比較言語学上では、これでいったい何がわかるというのでしょうか？　川崎氏の分析を参考にしてみましょう。

イ・ミン・ナ・ハル・キ　→ア・マン・ヌ・ホル・コ　→ア・マの・ヌ・ホ・コ→天《あめ》の沼矛《ぬほこ》

i- min- na- Har -Ki　a- man- n'- Hor- Ko　a- mano- n'- Ho'-Ko

（5＋2＝7）（牡牛神ハル）（蛇女神キ）　｛7（「DNAの樹」に向かい合う）蛇女神キと牡牛神ハル｝

なんと恐ろしいことに、「天の沼矛」という言葉はシュメールの「DNAの樹モチーフ」の主人公である「7（「DNAの樹」）に向かい合う蛇女神キと牡牛神ハル」からできていたのです！「う〜ん。こんなの言語学上、都合のいいように勝手に操作したに決まっている！」とおっしゃる疑い深い方もたくさんおられるかと思いますので、もう一つ分析例をご紹介します。擬声語と思われる「塩こおろ」です。そうすれば多少は納得できるのではないかと思います。

キ・ハル・キ・ハル→シ・ホル・コ・ホル→シ・ホ・コ・ヲロ→塩こをろ

Ki- Har　Ki- Har　Si- Hor　Ko- Hor　Si- Ho'　Ko- Horo

（蛇女神キ）（牡牛神ハル）　（蛇女神キと牡牛神ハル）

どうです？「塩こをろ」も、ものの見事に解析され、これまた「DNAの樹モチーフ」の主人公である「（DNAの樹に向かい合う）蛇女神キと牡牛神ハル」からできていることがわかりました！　ここまで好都合な分析結果になってしまいますと、逆にかえって余計に疑りたくなるのが人情というものです。さあ、ここで少しタネ明しをしましょう。

⑨転訛《てんか》の法則――「グリムの法則」

比較言語学上、ある音が転訛する場合にはちゃんとした一定の法則というものが働いています。例えば、子音が「p↕t↕s↕k」と変化していくのが世界共通の転訛の法則なのです。それが「グリムの法則」と呼ばれるものなのです。皆さんもよくご存じの「グリム童話」で有名なグリム兄弟が発見した法則ですから、そう呼ばれるのです。彼らは言語学者でもあったのです。例えば、「塩こをろ」の「塩」は海の塩ではなく、「(蛇女神) Ki-(牡牛神) Har→Si-Hor→Si-Ho'塩」と転訛するからくりも、実はこの「グリムの法則」なのです。こちらの都合のいいように勝手に操作しているわけではないのです。少しはおわかりいただけたでしょうか? それでは話を先に進めましょう。

⑩「淤能碁呂島」は「DNAの樹モチーフ」の故郷シュメールのウルグ・キそのものだった!

すると、その天の沼矛でかき回してできたという「淤能碁呂島《おのごろしま》」はこうなります。「DNAの樹モチーフ」の故郷はメソポタミアのウヌグ・キ(ウルク市、現在はワルカ市)ですから、

ウヌグ・キ→ウルグ・キ→オロゴのキ→オノゴ・ロ(市)→淤能碁呂(島)

となります。なんと、伊耶那岐命と伊耶那美命の夫婦神が天の沼矛でかき回してできたという「淤能碁呂島」は「DNAの樹モチーフ」の故郷ウルグ・キ（ウルク市）そのものだったのです！　そうなると、ウルグ・キの守護神牡牛神ハル＝伊耶那岐命《いざなぎのみこと》で、伊耶那美命《いざなみのみこと》＝蛇女神キであることは間違いありません。それでは早速そのことを比較言語学で確認してみましょう。

⑪伊耶那岐命は「DNAの樹」の男で牡牛神ハル、伊耶那美命は「DNAの樹」の女で蛇女神キのことだった！

まず、伊耶那岐命《いざなぎのみこと》ですが、シュメール語では「DNAの樹モチーフ」の「3（枝）と4（枝）の男」は、

エシュ・ア・ラム・ギシュ→エシュ・ア・ナン・ギ→イシャ・ナ・ギ→イザ・ナ・ギ→伊耶那岐《いざなぎ》

eš-　a-　lam-　gis　　iza-na-ˈki

（3）（と）（4）（男）（＝「7の樹」の男　「DNAの樹の男」＝牡牛神ハル

と転訛します。シュメール語では「男」を「ギシュ」と言いますが、「木」の「ギシュ」と同一文字なのです。だから、その「ギシュ」が日本に来るとギ→キ（木）と転訛するのです。伊耶那岐が「木の男」、つまり「3（枝）と4（枝）の（樹）木の男」となっているのは道理なのです。これで伊耶那岐《いざなぎの》

命《みこと》がシュメールの「DNAの樹モチーフ」の3枝側にいる牡牛神ハルと同一人物であることが判明しました。つまり、知恵の神エンキその人です。他方、シュメール語では「女」は「ミ」であり、日本に来ると「ミ（美）」と「メ（賣）」の2つに分かれました。そこで、「DNAの樹モチーフ」の「3（枝）と4（枝）の女」は、途中は同じですから省きますと、

イシャ・・・ナ・・ミ↓イザナ・ミ↓伊耶那美《いざなみ》（「DNAの樹」の女＝蛇女神キ）

となります！　これで伊耶那美命《いざなみのみこと》が「DNAの樹モチーフ」の4枝側にいる蛇女神キであることも判明しました。知恵の神エンキの妻ニンキ、つまり「甲乙丙丁……壬癸」の最後にある「壬癸《じんき》」その人です（ただし、ニンティを指す場合もあります）。

以上、これまで分析してきたように、「伊耶那岐命と伊耶那美命」「二」の「淤能碁呂島」の項目は、どれもシュメールの「DNAの樹モチーフ」で一杯でした。信じられないかもしれませんが、これが比較言語学による分析結果です。厳然たる事実がそこにあります。

⑫『古事記』の「天《あめ》の御《み》柱《はしら》」はシュメールの「DNAの樹」そのものだった!!

さて、これだけ状況証拠が出揃ったわけですから、「二」の「神の結婚」の中にある最大級の問題点

「天《あめ》の御柱《みはしら》」が「ＤＮＡの樹」を表していることはほぼ間違いないと思われます。しかし、最後の詰めですから、高まる胸の鼓動を押さえながら、慎重に分析してみましょう。いよいよ本丸の「天の御柱」です。この牙城さえ崩せれば、勝利の女神は――「真実の女神」は――私たちのために微笑んでくださることでしょう。それでは歴史的な解釈をどうぞお楽しみください。

ウブ・イ・ミン・ナ・ギシュ・エシュ・ラム　↓ウブ・ア・マン・ナ・ム・ヒ・ハシュ・ラム↓
ub-　i-　min-na-gis-si-　eš-　lam　ub-　a-man-　na-mu-hi-has-　lam
（向き合う）（5）（2）（の）（樹）（木）（3＋4＝7）（向き合う）｛7の樹（ＤＮＡの樹）｝
’・ア・マン・ノ・ム・イ・ハシ・ラ　↓　天《あめ》の御柱《みはしら》
’-a-man-no-m’-’i-has-la
（蛇女神キと牡牛神ハルが向き合えし）「ＤＮＡの樹」

伊耶那岐命と伊耶那美命の「兄妹神」が廻って国ならぬ子供を作ったというその「天の御柱」こそは、なんと「5＋2＝7」の7枝樹を、つまり右に3枝、左に4枝の「ＤＮＡの樹（7枝樹）」そのものでした！「3枝側の蛇女神キと4枝側の牡牛神ハルが向かい合っているＤＮＡの樹（7枝樹）」、つまり、私たちがこれまで4000年の時空を超えてずっと追い求めてきた古代シュメールの「ＤＮＡの樹モチーフ」の核心部分だったのです。

これは大変なことになってしまいました。世界の古代史のイメージが一変してしまいました。しかし、これが比較言語学の威力なのです。歴史の真実を看破する力を持っています。まさに「驚き・桃の木・DNAの樹」です。念のため、『日本書紀』の方も確認してみましょう。『日本書紀』では「天の御柱」が「国中《くになか》の柱《みはしら》」となっています。「柱（DNAの樹）」は同じですから省略します。

ク・グ・ヌ・アグ・ヌ　→　クグヌアグヌ　→　クニュナカヌ　→　国中《くになか》の
Ku-Gu-n-ag-n　Ku-nu-n-aka-n　Ku-ni-n-aka-no
（蛇女神）（牡牛神）（婚の）（蛇女神キと牡牛神ハルが結ばれし）

やはり、『日本書紀』の「国中の柱」も『古事記』の「天の御柱」と同じでした。伊耶那岐命（シュメールの牡牛神ハル）と伊耶那美命（蛇女神キ）が結婚して、子供を作るために廻ったというその「柱」とは、なんと「DNAの樹」だったのです！　古代シュメールの「DNAの樹モチーフ」が古代日本の記紀の中にはっきりと受け継がれているということ、また、伊耶那岐命《いざなぎのみこと》＝古代シュメールの「DNAの樹」の「3枝（遺伝暗号トリプレット）」側にいる牡牛神ハル（知恵の神エンキ）であり、伊耶那美《いざなみの》命《みこと》＝「DNAの樹」の「4枝（4種類の塩基）」側にいる蛇女神キ（知恵の神エンキの妻・ニンキ／壬癸）であるということは、何人《なんびと》にも動かしがたい比較言語学上の事実なのです。しかし、それをどう受け止めるかは皆さん次第です。皆さんの勇気と知性に期待しています。

多分、伊耶那岐命と伊耶那美命は生命創造をするためこの地球に派遣された、まだ若い科学者・蛇女神キと牡牛神ハルだったのでしょう。非常に複雑な塩基構造をした「DNAの樹」、つまり二重ら旋をしたDNAの複雑な分子構造モデルの柱を廻っていろいろ研究したのでしょう。最初の子供を作ろうとしたのですが、生命操作技術が不完全であったのでしょう。残念ながら、最初に生まれてきたのはぐにゃぐにゃした「水蛭子《ひるこ》」と「淡島」という2人の奇形児だったようです。何事にも失敗は付きものです。失敗は成功の始まりなのです。

時は今、遺伝子（DNA）組み換えとクローンの時代です。俄然《がぜん》、シュメールの「DNAの樹」が――旧約聖書の「生命の樹」が――古代エジプトのアンク十字とジェド柱が――古代中国の殷時代の青銅器の銘文「眞子伯」と丁公村の陶片文字11字が――百済の七支刀が――そして日本の古事記の「天の御柱」が、現実味を帯びてきました。

古代において、少なくとも世界4大文明において、DNA技術を駆使したバイオテクノロジーによって生命創造の実験が行われていたのは間違いないと思われます。でなければ、これほど「DNAの樹＝7枝樹＝生命の樹＝世界樹」が世界中にあるはずがありません。日本だけを見ても、群馬県月夜野町の矢瀬遺跡には「DNAの樹」のシンボル数「7」がたくさん見られますし、鳥取県淀江町の弥生時代の大型土器に「DNAの樹（7枝樹）」があったり、国宝の七支刀に「DNAの樹（7枝樹）」が刻まれていたり、そして今分析してきましたように古代の記紀に「DNAの樹（7枝樹）」がはっきりと記されていたりと、それこそ日本中にシュメールの「DNAの樹モチーフ」がたくさん見られるのも当然のことと思われます。数を上げれば切りがないくらいです。

⑬東大寺正倉院「鳥毛立女図屏風」の「樹下美人」は「樹」が「DNAの樹」で、「美人」が蛇女神キだった！

それでは最後にもう一つのダメ押しのダメ押しを。奈良時代の聖武天皇（在位724〜749年）のご遺愛の品々を納めた東大寺正倉院御物の中に「鳥毛立女図屏風《とりげりゅうじょのずびょうぶ》」があります。「鳥毛」とありますように、日本のヤマドリの鳥毛が使われていたようですが、今ではそのほとんどが剥がれ落ちているということです。高さ163㎝。余りにも有名で、皆さんも高校生の時、日本史の教科書で一度は目にされた方も多いかとは思います。どうぞご覧ください（図66）。

このモチーフは中国に多く見られますが、出所はインド、ペルシャを越え、やはりシュメールまで遡《さかのぼ》ることができます。それでは、この鳥毛立女図の唐風「樹下美人」をよくご覧ください。額に青緑のくすんだ点が4つ菱形に付いています。『見る・読む・わかる　日本の歴史　原始・古代から近代・現代まで』（朝日出版社）を見ますと、これは「つけぼくろ」とあります。確かにそう見えます。でも本当にただの「付けぼくろ」なのでしょうか？　分析してみましょう。

額にある菱形（◇）の「4」個の点「⁘」は、その昔、唐の都長安で流行したといわれる、額に花形を描く化粧法「花鈿《かでん》」と同じものだと考えられます。ある日のこと、王妃がうたた寝をしていると、その額に花びらが散ってきて花形をなしたと言われています（『彩絵木胎女舞俑《さいかいもくたいじょぶよう》』『中国文明展』編集：N

図66：なんと「樹下美人図」の「樹」は「DNAの樹」であり、「美人」は「蛇女神キ」だった！（『太陽シリーズ　正倉院と東大寺』監修：松島順正・木村法光　表紙より）

HK・NHKプロモーション)。もちろん「4」個の点「∴」はシュメールの「DNAの樹モチーフ」の「4枝」の「4」です。蛇女神キのシンボル数の「4」です。菱形(◇)も蛇女神キのシンボルです。唇の左右に点が「2」個付いていますが、それは「つけぼくろ」ではなく、描き「えくぼ」のことです。それは「DNAの樹モチーフ」の「3枝」と「結ばれる」、つまり「3枝の牡牛神ハル」と「結ばれる」という意味の「タブ(2)」だったのです! それが証拠に、当時の女性が結い上げていた流行の髪型は「V」字型をしており、その「V」字型=牡牛神ハルのシンボル記号だからです。唐代の女性に流行であった髪型とメイクとはまさに「(「DNAの樹」の前で)結ばれし蛇女神キと牡牛神ハル」を表していたのです! ですから、当然この「樹下美人」の「樹」は「DNAの樹」を表していますし、この「美人」が「蛇女神キ」を表しているということは言うまでもありません。

ここにもシュメールから始まった「DNAの樹モチーフ」が、記紀が編纂されたのと同時代にしっかりと残されていました。「残されて」というよりは、正確には「受け継がれて」いました。余談になりますが、旧三菱財閥のシンボルマーク「◬」は「DNAの樹」の観点からは次のように分析できます。4辺からなるダイヤモンドの菱形(◇)=蛇女神キ(シンボル数4)、それが3個=牡牛神ハル(シンボル数3)。その3個が合体しているので、シュメールのウルク市の守護神である蛇女神キと牡牛神ハルとの聖婚を祝っている、大変お目出たいシンボルマークである、と。

⑭シュメールの時代より「樹」=「DNAの樹」、木=普通の木だった!

それにしても、「樹下美人」と書くのに、なぜ「木下美人」と書かないのでしょうか？　語呂が悪いからでしょうか？　もっと奥が深そうです。ちょうど良い機会ですので、「樹」と「木」の違いを見てみましょう。図67をご覧ください。

一	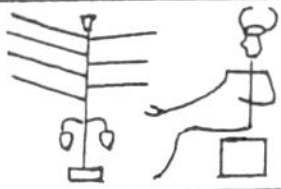	1	 giš mu	ウルク市 絵文字 B.C. 3000
二	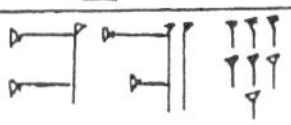 u-mun-si	2	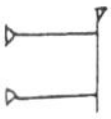 giš is iz mu	ウル市 楔形文字 B.C. 2800
三	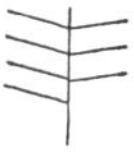	3		中国 彩陶符号 B.C. ?
四		4		中国 甲骨文字 B.C. 1400
五		5		中国 金文 B.C. 1000
六		6		中国 篆文 B.C. 300
七	樹	7	木	漢字 B.C. 200
音価	中句切 チュ ちゅ	き	莫卜切 ボク ぼく，もく	(上)中国音 (下)日本音

図67：「樹」と「木」では雲泥の差！　シュメールの時代より「樹＝「DNAの樹」」であり、「木＝普通の木」だった。（『日本最古の文字と女神画像』より）

目から鱗《うろこ》が落ちてしまいます。歴史の証人がそこにいます。ＢＣ３０００年頃に残されたシュメールの絵文字・「ＤＮＡの樹モチーフ」がＢＣ２００年頃の漢字の「樹」になっていく様子が手に取るようにわかるではありませんか。「樹」とはずばり「ＤＮＡの樹」そのものだったのです！「樹」という漢字の真ん中に鎮座する鉢に入った聖なる「ＤＮＡの樹」「」が動かぬ証拠です。

他方、「木」の方は昔から普通の木を表していたのです。雲泥の差がそこにあります。また、この「美人」というのがシュメールの「ＤＮＡの樹」の左側にいる蛇女神キ、あるいは壬癸《にんき》ですので、「木下美人」とは言わずに「樹下美人」と記す必然性がそこにあります。ですから、「ＤＮＡの樹」のことを、例えば日本語に翻訳された旧約聖書のように、「木」の字を使って「生命の木」と表すのは比較言語学的にも歴史学的にも間違いなのです。正しくは「生命の樹」なのです。

⑮王とそのクローン人間の狭間に鎮座する「ＤＮＡの樹」

いよいよこれが最後の項目になります。「ＤＮＡの樹」の故郷がシュメールでしたので、最後に今一度シュメールの円筒印章の「ＤＮＡの樹」と、新アッシリアのニムルド遺跡で発掘された「ＤＮＡの樹」をご紹介して、結びとします。とくとご覧ください（図68、69、70）。図68には「生命の樹崇拝」というタイトルが付いていますが、「7枝樹」になってはいませんが、「ＤＮＡの樹」のバリエーションです。図69は古代アッシリア時代から盛んに用いられていた王宮の装飾レリーフです。アラバスタ（雪花石膏）製です。これはＢＣ9世紀頃のものですが、左右にいる聖獣グリフィン（有翼鷲頭精霊）が「聖なる樹

図68：円筒印章「生命の樹崇拝」（アッシリア出土　BC 8 世紀〜7 世紀）。「DNA の樹」のバリエーション（『メソポタミア文明展』編集：世田谷美術館・NHK・NHK プロモーション　発行：NHK・NHK プロモーションより）

図69：王宮の装飾レリーフに用いられた「聖なる樹木」を礼拝する聖獣グリフィン（アッシリア出土。BC 9 世紀）「聖なる樹木」の中も外も全て7枝の「DNA の樹」になっている！（『生命の樹・花宇宙』杉浦康平　NHK 出版より）

図70：聖なる樹を崇拝するアッシュール・ナシルパル２世と翼を持つ神（ニムルド発掘のアラバスターのレリーフ。新アッシリア、BC 9 世紀）。「聖なる樹」の外側は全て７枝の「DNAの樹」になっていて、アッシュール・ナシルパル２世とそのクローンの間に鎮座している。（『イメージの博物誌ー15　生命の樹』ロジャー・クック　平凡社より）

木」を崇拝しているのが見えます。中央にあるナツメ椰子を図案化したモデル樹は、その外側が全部「7枝樹」になっており、また内側の中心にある大きな樹も「7枝樹」になっています。そして、核酸の構造である「リン酸―五炭糖―塩基」（ヌクレオチド）―「塩基―五炭糖―リン酸」（ヌクレオチド）の複雑な構造を様式化していますから、間違いなく「DNAの樹」のことだと思います。

図70には面白いことに、アッシュール・ナシルパル2世（BC883年～859年。世界帝国の礎を築いた新アッシリアの偉大な王）が、中央の「DNAの樹」を挟んで自分そっくりのクローン（人間）を見て、そしてクローン（人間）の方もオリジナルのアッシュール・ナシルパル2世を見て、「あれっ！お前は俺じゃないか！」とお互いに驚いて人差し指を指していると思われる様子が描かれています。中央に鎮座する「不死と再生」のシンボルである「DNAの樹」がそれを可能にしています（このレリーフは、それまでのただ単に「DNAの樹」を挟んだ伝統的な左右対称のモチーフではないような気がします）。

彼らの背後では、そのクローンを行った有翼神が「聖水を注いで」祝福しています（ひょっとしたら、この「聖水を注いで」という表現も、古代エジプトの「息を送る」と同じように、クローン技術の第3段階のことで、再生したクローンの脳細胞に生前の記憶や性格をインプットすることを表しているのかもしれません）。

この書物は、図らずも結果的には、世界の古代史の中にクローンによる生命創造が行われてきたものであることを証明する試みにもなってしまいました。クローンなど歴史上本当にあったことなのでしょうか？　いみじくもこのことに関して、ＤＮＡの二重ら旋構造の発見者の一人で、ワトソンらとともに１９５３年にノーベル生理学医学賞を受賞したフランシス・クリック氏は、その20年後の１９７３年に発表した論文の中でこう述べています。

「地球上の全ての生き物は、地球外から来たたった一つの有機体のクローンである」（傍点　筆者）

終章　21世紀は「神と等しくなる」時代

さあ、これで皆さんとご一緒に探し求めてきた「DNAの樹《いのちのき》モチーフ」約400年の旅も、ようやく無事ここに終わることができました。皆さん、どうでしたか？　十分に楽しんでいただけましたか？

高校や大学では絶対に教わらなかったことばかりで、頭の中がまるで「ビッグ・バン」のように「脳内爆発」を起こしてしまった方も中にはいらっしゃるかと思います。

いつの時代にも、新しいニューロン回路を、それも大部分の古い回路を取り壊して、新しい回路を再構築する場合には、特にそうなってしまいます。知性が高い人や天才的な人はそれが「楽しんで」できる、と聞いています。なぜなら、全ての行動は快楽中枢に繋《つな》がっているからです。

カバラの「生命の樹」のミステリー・サークルとの出会いから始まり、世界最古のDNAの解説書『創造の書』第1章の世界初の完全解読。つづいて、古代シュメールでは円筒印章の「7枝樹」、古代エジプトでは「アンク十字」と「ジェド柱」とピラミッド。古代インドでは「生命と知恵の樹」と仏陀とUFO。さらに古代中国では丁公村の陶片文字、殷時代の青銅器の銘文「貴子伯」。古代朝鮮半島では百済の「七支刀」と金銅製冠。そして古代日本では『古事記』の「天の御柱」等。

皆さんとご一緒に楽しく「神々の暗号」の解読を進めてきましたが、どれもが皆シュメールの「DNAの樹《いのちのき》」という一本の赤い糸で結ばれていることがわかりました。

少なくとも今から約1万5000年前に、アヌンナキ（「天空より地球にやってきた人々」が——特に知恵の神エンキ（牡牛神ハル）とその妻ニンキ（蛇女神キ）を中心とする科学者「蛇」グループが——DNAを操作して生命創造を世界中で行い、私たち人類に知恵と文明と人間の尊厳を授けてくださいました。世界中の至るところに「神々の暗号」で印された「DNAの樹《いのちのき》モチーフ」が受け継がれ、残されているのはこのためなのです。

人間が猿から進化したなどという馬鹿げた神話ならぬ「猿話」が世界中に一つもないのはこのためなのです。彼らはすでに遺伝子の組み換え技術や不死・再生（クローン）をコントロールする技術も手中に納めていました。21世紀ミレニアムを迎えたばかりの地球を見渡すと、それは私たち人類が今行っていることなのです。イギリスのウィルムット博士によるクローン羊ドリーの誕生に始まり、今やバイオ関連企業のクロネイド社によってクローンベビーがすでに5人も誕生したと報じられています。今や私たち人類の生命科学の技術はほとんど「神の領域」にまで達しています。まさしく今や「神と等しくなる」時代に入っているのです。しかし、その先は?

「人はどこから来て、どこへ行こうとしているのでしょうか?」

結局、「生命の営み」とは何なのでしょうか? 明治時代、日本に帰化した小泉八雲《こいずみやくも》ことラフカディオ・ハーンにその答えの一部を語ってもらいましょう。

「生命の営みとは原子・分子の離合・集散に他ならず、形態だけが高度のテクノロジーによって変えられていく」

あとがき

約5000年の歴史を持つこの禁断の「生命の樹」。生命科学というメスで恐る恐る切り開いてみたところ、中から出てきたのは神々《こうごう》しい光を放つ「DNAの樹」という神剣一振りでした。この神剣をこの手にしたおかげで——さらには、比較言語学という強力な助っ人を得たおかげで——長い間歴史の闇に封印されてきた「DNA暗号」を一つ一つ読み解くことができたのです。

正直言いまして、研究したものをまとめ、原稿を書いている時から毎日が興奮の連続でした。DNAの説明書であるカバラの『創造の書』を解読している時などは、まるで10億円の宝くじにでも当たるかのような興奮状態でした。それこそ毎晩心臓がドキドキしていました。真夏の真夜中、一人黙々と解読に耽っていたものです。本当に楽しい毎日でした。あの時のあの感動と興奮を読者の皆様に少しでも味わっていただけたらと思い、初めてパソコンのキーボードを叩いてみました。

なぜ古代史を探求するのか。それは単純に面白いからです。古代史の中に、現代を遥かに凌ぐ生命科学の情報が、「DNAの樹」情報が発見できるからです。縄文土器も例外ではありません。自然界の中で最も単純で基本的な「形」(○・△・□)、「数」(3・4・7)、そして「動き」(変化)の中に「DNA暗号」はそっと隠されていました。本当に古代史は面白いです。知識の宝庫です。古いものから新しいものが出る「打ち出の小槌」そのものです。まさに「温故知新」です。

でも、ここまで来るのにいろいろな人からの援助がたくさんありました。まず、カバラの「生命の樹」のことで私の知性のスイッチをＯＮ（オン）にしてくれた戸来優次さん。「三つの母なる文字」に気がつかせてくれた生物の鶴岡先生。忙しい最中、最初の汚い手書き原稿をフロッピーに入力してくれた同僚のＫさん。いろいろとアイデアを提供してくれた東田元さん。私の食事と健康面をいつも気遣ってくれたパートナーののんちゃん。比較言語学の面では圧倒的に川崎真治先生。先生の研究書と出会わなければ、ここまで来ることはできませんでした。まだまだ書き足りませんが、お世話になった方々へはこの場をお借りして感謝の意を表したいと思います。ありがとう。

そして、辛抱強く原稿を待ち続けてくださったたま出版の中村専務取締役さん、細かいところまで目を通してくださった編集担当の高橋さん、ありがとうございました。

2004年3月27日

南伊豆にて　桂樹 佑

追伸

ここにビッグニュースがあります！　これは縄文時代の「革命」です！　ＢＣ1万3000年頃から

約1万2000年も続いたといわれている縄文時代。この縄文時代の全期にわたる土器・土偶になんと「DNA暗号」が刻まれていました！　国宝「縄文のビーナス」や「火焰土器」までもがそうでした！

5つのルールさえ覚えれば誰にでも簡単に解読できます。すでに小学校の生徒たちも楽しく解読しています。そして、つい最近「究極のオーパーツ土器」と言えるようなものまでも発見してしまいました!!　只今第2弾として執筆中。読者の皆様からの篤いご要望をお待ちしています。乞うご期待。

引用文献・参考文献

『カバラ』　箱崎総一・著　青土社
『世界の宗教大事典』　総監修　荒木美智雄・田丸徳善　ぎょうせい
『細胞の分子生物学　第3版』　監訳・中村桂子以下3名　教育社
『エジプトの死者の書』　石上玄一郎・著　人文書院
『古代エジプトの神々』　三笠宮崇仁・著　日本放送出版協会
『古代エジプトの遺産』　撮影・仁田三夫　ぎょうせい
『エジプト神話シンボル事典』　マンフレート・ルルカー著　山下主一郎訳　大修館書店
『死者の書』　矢島文夫・著　遠藤紀勝・写真　社会思想社
『図説 世界の考古学2　古代オリエントの世界』　監修・江上波夫　福武書店
『インダス文明の流れ』　モーティマー・ウィラー著　小谷仲男訳　創元社
『増補最新　図表生物』　浜島書店
『新詳　生物図表』　浜島書店
『新訂　化学ＩＢ』　大日本図書
『ヒト・ゲノムの暗号を読む』　軽部征夫・著　河出書房新社
『聖書の暗号は本当か』　久保有政・著　徳間書店
『「謎解き」聖書』　戸来優次・著　徳間書店
『オーパーツの謎』　南山宏・著　二見書房

『ミステリー・サークルが解けた!!』 並木伸一郎・著 学習研究社
『真実を告げる書』 ラエル著 無限堂
『聖書和英対照』 日本聖書協会
『ヴェールを脱いだカバラ』（S・L・マクレガー・メイザーズ著 国書刊行会）
『太古の宇宙人』 エーリッヒ・フォン・デニケン著 松谷健二訳 角川書店
『日本語の語源』 川崎真治・著 風濤社
『世界最古の文字と日本の神々』 川崎真治・著 風濤社
『日本最古の文字と女神画像』 川崎真治・著 六興出版
『日本の史記』 川崎真治・著 風濤社
『原始仏典』 中村元・著 筑摩書房
『仏典とＵＦＯ』 山本佳人・著 大陸書房
『ブッダの生涯』 ジャン・ボワスリエ著 富樫瓔子訳 創元社
『神話』 ニール・フィリップ著 松村一男訳 同朋舎
『イメージの博物誌―15 生命の樹』 ロジャー・クック著 植島啓司訳 平凡社
『生命の樹・花宇宙』 杉浦康平・著 ＮＨＫ出版
『世界大百科事典』 平凡社
『万有百科大事典』 小学館
『世界の博物館―20 インド国立博物館』 講談社
『太陽正倉院シリーズⅢ 正倉院と東大寺』 監修・松島順正／木村法光
『日本百科全書』 小学館

『アエラ』（93年2月23日号）　朝日新聞社
『古事記』　校注・訳者＝山口佳紀・神野志隆光　小学館
『別冊日経サイエンス　遺伝子技術が変える世界』　日経サイエンス社
『大辞林』　松村明・三省堂編集所　三省堂
『大漢和辞典巻九』　諸橋轍次・著　大修館書店
『週刊読売』（72年8月19日号）　読売新聞社
『新版漢語林』　鎌田正・米山寅太郎・著　大修館書店
『海外視点　日本の歴史2　邪馬台国と倭の五王』　ぎょうせい
『新潮古代美術館10　鬼神と人間の中国』　新潮社
『世界の文様5　インド・ペルシャ・イスラム』　監修・高見堅志郎　青菁社
『新選日本史B』　東京書籍
『MOKU』（96年8月号）　エモーチオ21
『プロムナード世界史』　浜島書店
『世界の神話1　メソポタミアの神話』　矢島文夫・著　筑摩書房
『第12号　調査研究報告』　埼玉県立さきたま資料館
『Mythology　神話』　MOKU
『世界考古学体系5　東アジアI』　平凡社
『石上神宮七支刀銘文図録』　村山正雄編・著　吉川弘文館
『原色日本の美術1　原始美術』　斉藤忠・吉川逸治　小学館
『文化庁監修　国宝12　考古』　毎日新聞社

『見る・読む・わかる 日本の歴史』 編集・井上勲以下9名 朝日新聞社
『縄文宗教の謎』 吉田敦・著 大和書房
『縄文のくらしを掘る』 阿部芳郎・著 岩波ジュニア新書
『逆説の日本古代史』 監修者・水野祐 KKベストセラーズ
『干支の漢字学』 水上静夫・著 大修館書店
『十二支物語』 諸橋徹次・著 大修館書店
『日本の歴史：1』 家永三郎・編 ほるぷ出版
『新版朝鮮の歴史』 朝鮮史研究会・編 三省堂
『物語朝鮮の歴史』 崔南善・著 山田昌治・訳 三一書房
『古代の韓と日本』 坂田隆・著 新泉社
『世界各国史17 朝鮮史』 武田幸男・編 山川出版社
『姓氏・地名・家紋 総合事典』 丹羽基本二・著 新人物往来社
『家紋で読み解く日本の歴史』 鈴木亨 学習研究社
『学研漢和辞典』 藤堂明保・編 学習研究社
『広開土王碑と七支刀』 李進熙・著 學生社
『聖書の暗号』 マイケル・ドロズニン著 木原武一訳 新潮社
『聖書の暗号2』 マイケル・ドロズニン著 アーティストハウス
『生命の暗号』 村上和雄・著 サンマーク出版
『脳内革命』 春山茂雄・著 サンマーク出版
『人類を創成した宇宙人』 ゼカリア・シッチン著 竹内慧訳 徳間書店

『謎の惑星ニビルと火星超文明』　ゼカリア・シッチン著　北周一郎編　学研
『神話・伝承事典』　バーバラ・ウォーカー著　山下主一郎他・訳　大修館書店
『ギルガメシュ叙事詩』　矢島文夫訳　山本書店
『金石文で見る百済武寧王の世界』　蘇鎮轍著　円光大学校出版局
『ＡＲＣＨＥＯアーキオ　ビジュアル考古学』編集主幹・吉村作治　ニュートン・プレス
『ミステリーサークル２０００』　パンタ笛吹・著　たま出版
『大系世界の美術３　エジプト美術』　責任編集・杉勇　学研
『世界美術大系大２巻　エジプト美術』　編集・新規矩男　講談社
『21世紀世界百科　カロラマ第1巻』　遠藤左介・編集　主婦と生活社
『図説　世界の宗教大事典』　総監修・荒木美智雄・田丸徳善　ぎょうせい
『グラフィック版　古事記　日本の古典１』　編集・鈴木勤　世界文化社
『口語訳　古事記』訳・注釈＝三浦佑之　文藝春秋
『ＮＨＫスペシャル　四大文明［メソポタミア］』　編著・松本健　ＮＨＫ出版
『ＮＨＫスペシャル　四大文明［エジプト］』　編著・吉村作治／後藤健　ＮＨＫ出版
『ＮＨＫスペシャル　四大文明［インダス］』　編著・近藤英夫　ＮＨＫ出版
『ＮＨＫスペシャル　四大文明［中国］』　編著・鶴間和幸　ＮＨＫ出版
『世界四大文明　メソポタミア文明展』　編集・世田谷美術館・ＮＨＫ・ＮＨＫプロモーション　発行・ＮＨＫ、ＮＨＫプロモーション
『世界四大文明　エジプト文明展』　編集・東京国立博物館・ＮＨＫ・ＮＨＫプロモーション　発行・ＮＨＫ、ＮＨＫプロモーション
『世界四大文明　インダス文明展』　編集・ＮＨＫ、ＮＨＫプロモーション　発行・ＮＨＫ、ＮＨＫプロモーション
『世界四大文明　中国文明展』　編集・ＮＨＫ、ＮＨＫプロモーション　発行・ＮＨＫ、ＮＨＫプロモーション

『NHKスペシャル　文明への道　ヘレニズムと仏教』著者・NHK「文明の道」プロジェクト以下9名　日本放送協会出版
『文化財保護法50年記念　日本国宝展』編集＝文化庁・東京国立博物館・読売新聞社　読売新聞社
『日中国交正常化30周年記念　特別展　シルクロード　絹と黄金の道』編集・東京国立博物館・NHK・NHKプロモーション
発行・NHK、NHKプロモーション
『中国王朝の誕生』監修＝樋口隆康・徐苹芳　読売新聞社
『週刊　世界の美術館　大英博物館Ⅰ』監修・千足伸行　講談社
『週刊　世界の美術館　大英博物館Ⅲ』監修・千足伸行　講談社
『週刊　世界の美術館　大英博物館Ⅲ』監修・千足伸行・東山健吾　講談社
『週刊　世界の美術館　韓国国立中央博物館』監修＝千足伸行・吉田宏志　講談社
『縄文時代草創期　資料集』編集・発行＝横浜市歴史博物館・埋蔵文化財センター
『八王子の歴史と文化』編集・八王子市郷土資料館　発行・八王子市教育委員会
『土器の造形―縄文の動・弥生の静―』編集・発行＝東京国立博物館
『縄文の美―火焔土器の系譜―』編集・十日町博物館　発行・十日町博物館友の会
『櫛形町文化財調査報告№12　鋳物師屋遺跡』編集・発行＝櫛形町教育委員会
『甲骨文字字典』小林石寿・編　木耳社
『東京大学東洋文化研究所蔵甲骨文字　図版篇』編者・松丸道雄　東京大学出版会
『甲骨文字字釋綜覧』松丸道雄・高嶋謙一編　東京大学出版会

〈著者紹介〉
桂樹 佑（かつらぎ ゆう）
新潟県生まれ。文学修士号を持つ。埼玉県在住。約10年間、翻訳・字幕スーパーの仕事を行う。５年前から本格的にDNA情報の観点から古代史の研究を始める。TV出演は７回ほど。著書に『縄文土器に刻まれたDNA暗号』（たま出版）がある。

古代史に秘められたDNA暗号

2004年５月15日　初版第１刷発行
2005年５月11日　初版第２刷発行

著　者　桂樹 佑
発行者　韮澤 潤一郎
発行所　株式会社 たま出版
〒160-0004　東京都新宿区四谷4-28-20
☎03-5369-3051（代表）
http://tamabook.com
振替　00130-5-94804
印刷所　図書印刷株式会社

ISBN4-8127-0098-1 C0022